中公新書 2587

小山俊樹著

五・一五事件

海軍青年将校たちの「昭和維新」

中央公論新社刊

まえがき

「話せばわかる」「問答無用、撃て！」

一九三二年（昭和七）五月一五日、首相官邸で海軍青年将校の放った銃弾が、犬養毅《いぬかいつよき》首相の命を奪った。いわゆる五・一五事件である。

犬養首相の残した冒頭のやりとりは、あまりにも有名である。官邸で首相が殺害された衝撃もさることながら、襲撃犯が現役軍人であることも、人々を驚かせた。

銃を向けた侵入者に「話せばわかる」と語りかけた犬養首相の言葉は、いかにも「憲政の神様」と謳われた演説を武器とする議会政治家らしい。それに対して、軍人は本物の武器で戦う。犬養の死後、台頭する軍部に圧された政党は二度と政権の中枢を担うことなく、敗戦後まで勢力を回復できなかった。時代の主役が政党から軍部へ、言論から武力へ移り変わる様子を、これほど対照的にとらえた言葉はないだろう。

ところで、右の言葉で知られている五・一五事件だが、よく考えると、すんなりと理解できないことがいくつも浮かび上がる。事件の発生によって、戦前の政党政治は終わり、軍部が台頭した。事実の経過はそうだとしても、「なぜ」そうなったのか。そもそも海軍青年将校たちは、どうして事件を起こしたのか。事件後に政党政治を続けることは、何ゆえできなかったのか。そして国民の多くがなぜ青年将校たちに同情し、減刑を嘆願したのか。これらの問いに答えるのは、実はそれほど簡単ではない。

第一に、海軍青年将校たちはどうして事件を起こしたのか。

官邸まで乗り込んで殺人を犯すのだから、よほど犬養首相を怨《うら》んでいたのか。だが次のような供述がある。

犬養首相を銃撃した三上卓《みかみたく》海軍中尉は、事件後の公判で「首相個人に対する怨みは毛頭ない」と述べた。命まで奪っておきながら、彼らは犬養首相は立派な人物で、個人的なうらみはない、と口々に言う。ならば、なぜ首相を殺さねばならなかったのか。

青年将校たちが事件の際、市中で撒《ま》いた「檄文《げきぶん》」と題するビラがある。この一節には、「国民の敵たる既成政党と財閥を殺せ！」「奸賊《かんぞく》、特権階級を抹殺せよ！」などと書かれている。

政党財閥などの「特権階級」への激しい憤り、農民や労働者を困窮させる昭和恐慌の深刻な影響……。だが青年将校の撒いたビラに、犬養首相を直接糾弾する語句はない。

実際に彼らは、首相官邸にとどまらず、内大臣官邸・政友会本部・日本銀行・三菱銀行・

警視庁など、政財界の中枢組織を襲った。これらの行動には、海軍青年将校のほか、陸軍の士官候補生が加わり、茨城の農村青年らも各地の変電所を襲った。首相の襲撃は、あくまで事件の一側面にすぎない。

事件の背景には、日本国家の改造をめざし、明治維新をやり直す意味での第二の維新、すなわち「昭和維新《しょうわいしん》」を断行するとの思想があった。そこには北一輝《きたいっき》・大川周明《おおかわしゅうめい》らの革新思想、権藤成卿《ごんどうせいきょう》・橘孝三郎《たちばなこうざぶろう》らの農本思想、井上日召《いのうえにっしょう》らの直接行動論などが影響していた。

また海軍青年将校らは、一九三〇年（昭和五）のロンドン海軍軍縮条約調印を大きな動機として挙げた。政党内閣による軍縮条約の締結を、彼らは政党による軍への圧迫ととらえた。ところが海軍と同様、陸軍も政党による軍縮圧力を受けていた。昭和初期は軍人の肩身が狭い時代である。しかし海軍将校らと思想的に近かった陸軍青年将校（のちに大部分が二・二六事件でクーデター未遂を起こす）は事件の計画に乗らず、むしろ距離を取る姿勢さえ見せた。海軍が起《た》ち、陸軍は抑えた。その違いはどこにあったのか。

大恐慌に沈む暗い世相のなかで高まる、政党・財閥などの「特権階級」に対する不満や反発。軍の若きエリートたちが感じた世の中の理不尽さ。それを醸成した「昭和」の日本。さまざまな要因が重なって、事件は起きた。だがそれだけでは、わからないことがたくさんある。事件の真相を探るには、複雑な事件の全体像はもちろんのこと、事件が起きるまでの経緯や、当時の時代状況を知らなければならない。

第二に、なぜ政党政治は終わったのか。

死去した犬養首相は、立憲政友会の党首・総裁であった。当時の政友会は、衆議院の圧倒的多数を占める巨大政党で、有権者の信を得た、国民の代表である。党首が亡くなっても、政友会が信任を得ている事実に変わりはない。

たとえば、犬養と同じ政友会の総裁であった原敬《はらたかし》首相は、一九二一年（大正一〇）に東京駅で刺殺された。次の首相は、原を継いで政友会総裁となった高橋是清《これきよ》だった。一九三〇年（昭和五）に東京駅で狙撃され、重傷を負った浜口雄幸《おさち》首相は、傷が癒えず半年後に辞職した。そこで浜口から立憲民政党の総裁を受け継いだ元首相・若槻礼次郎《わかつきれいじろう》が、次期首相となった。

政治的なテロリズムが首相を襲ったといって、そのたびに政権与党を動かせば、政権を替えるための暗殺が横行する。これを防止するために、襲撃された首相と同じ政党の後継党首が、首相を継ぐ。当時の「憲政の常道」といわれた政権運用の重要なポイントである。ところが犬養の死のみが例外となった。なぜこのときだけ、政権が引き継がれなかったのか。

一九三二年五月二三日付の『東京朝日新聞』は、次のように記す。

首相の兇難《きょうなん》、内閣総辞職――日本の憲政史は必ずしもこの前例なしとしない。しかし今度の政変のように深刻にして複雑なるものは正に空前である〔中略〕。特筆すべきことは軍部の結合的意思が極めて強力に政界に働きかけたことが、今度の政変を特殊性なものとした最大の原因でもあった。

犬養死後の政変ほど「深刻にして複雑」なものは、かつてなかった。そして政党政治が中断した「最大の原因」は「軍部」の意思にあった、と記事は書いている。

では、何がどう「複雑」であったのか。軍はなぜ、どのように政界に働きかけたのか。政党や政界の中枢は、それに屈したのだろうか。軍と政党の対立、中国大陸での問題、国際社会で孤立し始めた日本。そして、政界を跳び回る策士たち……。戦前政党政治の終わりには、ただ「首相が殺された」というだけではない、複雑怪奇な蠢《うごめ》きが見え隠れする。これらの動きを、本書では新たな史料解釈などを通じて確認整理し、なぜ政党が政権を失ったのかを考えたい。

第三に、なぜ国民の多くが青年将校たちに同情し、減刑を嘆願したのか。

事件を裁く法廷の場に立った青年将校たちに対して、多くの国民が助命を嘆願したことは知られている。そして五・一五事件で、死刑に処せられた者は出なかった。そのことが後に与えた影響は大きいともよく言われる。

それではなぜ、と問う前に事実を確認したい。

事件に関わったのは、海軍青年将校、陸軍士官候補生、茨城愛郷塾《あいきょうじゅく》の青年たちを含む民間人の三グループである。このうち求刑された最高刑は、海軍将校三名への死刑であった。ところが判決では、これが禁固一五年以下に減刑される。実際の判決で最も重かったのは、愛郷塾長・橘孝三郎への無期刑であった。橘は事件の当日、満州に逃れて東京にいなかったにもかかわらずである。

事件で死刑に処せられた被告はいなかった。それだけでなく、民間人と軍人の間には不均衡なまでの量刑差が出て、民間人が一様に重く罰せられた。そこには軍人を裁く独自のシステム、軍法会議の理解が欠かせない。事件の裁判は、海軍・陸軍・民間人がそれぞれ別の法廷で裁かれ、軍法会議では陸海軍の意向が強く働いたのである。では、陸海軍の意向とはどのようなものだったのか。

国民の減刑嘆願運動についても、不思議な点がある。裁判が始まる前、実は運動は盛り上がりを欠いていた。世間は犬養首相に同情し「暗殺行為そのものに嫌悪をすら感じ」ていた。事件の概要が公表された一年後になっても「一般民衆の関心やや薄らぎ」、特段の動きは見られなかったと特高警察は分析している。それがなぜか、軍法会議の内容が連日報道されると運動はにわかに盛り上がり、世論は沸騰していく。

なぜ国民は青年将校たちを支持したのか。それは、人々が青年将校のどこに共感し、どのように支持が広がったのかを考えなければ明らかにはならない。本書では国民の減刑嘆願が本当に判決に影響を与えたのかという疑問も含めて、これらの点を考察したい。

以上のように、五・一五事件は複雑な構造を持ち、いくつもの謎が残されている。そして事件の深淵《しんえん》を探ると、当時の日本が置かれた政治・外交の状況や、社会の諸相も見えてくる。戦前日本の転換点となった事件を、私たちはもう少し詳しく知ってもよさそうである。

目　次

五・一五事件

——海軍青年将校たちの「昭和維新」

凡例

- 引用文中の旧漢字は新漢字に、旧かなは新かなに、カタカナはひらがなに、基本的に改めた。また表記を改変し、ルビを適宜振り、句読点を補ったところがある。
- 引用文中の〔　〕は筆者による補足である。
- 引用文中の〔中略〕、〔後略〕は、筆者が引用文を略したことを示す。
- 人名表記は新字を基本とした。
- 年齢は数え年を基本としたが、第二次世界大戦後については満年齢とした。
- 年表記は西暦を基本とし、和暦を適宜補った。
- 引用文中には、現在では不適切な表現があるが、歴史用語としてそのまま引用した。ご理解頂きたい。
- 敬称は略した。

第1章　日曜日の襲撃――一九三二年五月の同時多発テロ

第一組――首相官邸襲撃

一九三二年（昭和七）五月一五日――午後五時五分頃。帝国海軍の軍服に身を固めた、三上卓（海軍中尉）と黒岩勇（海軍予備役少尉）が、靖国神社に着いた。陸軍士官候補生たちはすでに境内で待っていた。

互いに軽く会釈すると、一団は神社の拝殿に向かった。参拝をすませると、黒岩が一同にこれからの行動を説明した。

三上と黒岩が表門から、山岸宏（海軍中尉）と村山格之（同少尉）が裏門から、首相官邸を襲撃する。表門組は、士官候補生三名（後藤映範《ごとうてるのり》・八木春雄・石関栄）を加えて五名、裏門組は士官候補生二名（篠原市之助・野村三郎）を含む四名、総勢九名である。

一団は九段下でタクシーを二台拾い、首相官邸に行くよう指示し分乗した。裏門組の車内では、山岸が候補生たちに行動を説明した。篠原が「犬養首相は『支那ゴロ〔大陸浪人出身〕』だから度胸がすわっています。面と向かうとこちらが敗けはしませんか」と言う。山岸は

「飛び込んだら文句をいわず、すぐやればよい」と答えた。

拳銃・手榴弾などの分配は車中で行われた。ところが表門組の車内に、三上の拳銃がない。もう一台の車にあるのかもしれない。三上は車二台を駄菓子屋の前で停め、運転手に怪しまれぬよう、一人でキャラメルを買いに降りた。そして山岸のもとに近寄って、キャラメル箱を渡すと、「これはどうした」と言い、人差し指をはじく仕草をした。拳銃をよこせ、という意味である。山岸は自分の持っている壊れた銃と弾丸を三上に渡し、「故障があるから、〔弾が〕一発しか入っていない」と告げた。

「これからいよいよやるぞ。用意はいいか」

三上の声に、山岸がうなずいた。車に戻った三上は、首相官邸へと車を向かわせる。だがどの建物が官邸なのか、三上にはわからない。黒岩に教えられて、やっと車は官邸から五〇メートルほどの場所まで来た。

「いまから、俺のいう通り動け」と三上は、運転手の肩口を拳銃で叩きながら言った。「表門にきたらスピードを出して、門を通過し、表玄関の前に横づけにしろ。いうことを聞かぬと、これ〔拳銃〕でやるぞ」。それでも運転手は、表門前でスピードを落としそうになった。「この野郎、スピードを出さんか！」三上が運転手の肩を、拳銃で殴りつける。とたんに車は猛スピードを出して、首相官邸の表門に立つ守衛二人の間を通り抜けた。

車から降り立った三上ら五人は、官邸の表玄関を開けて入り込み、犬養毅首相を探そうとした。

「なにか御用ですか」

廊下の奥から、村田嘉幸（巡査部長）が声をかけた。とっさのことで、一同は返答に窮した。すると三上が、「われわれは海軍大学校の副官である。校長の指揮をうけて、名刺はも

五・一五事件，実行犯一覧

	人名	年齢	備考
第１組（首相官邸）	三上 卓	28	海軍中尉
	黒岩 勇	26	海軍予備役少尉
	山岸 宏	25	海軍中尉
	村山格之	25	海軍少尉
	後藤映範	24	陸軍士官候補生
	八木春雄	23	陸軍士官候補生
	石関 栄	23	陸軍士官候補生
	篠原市之助	23	陸軍士官候補生
	野村三郎	22	陸軍士官候補生
第２組（内大臣官邸）	古賀清志	25	海軍中尉
	池松武志	23	陸軍士官学校中退
	西川武敏	22	陸軍士官候補生
	菅 勤	22	陸軍士官候補生
	坂元兼一	22	陸軍士官候補生
第３組（政友会本部）	中村義雄	25	海軍中尉
	中島忠秋	24	陸軍士官候補生
	金清 豊	23	陸軍士官候補生
	吉原政巳	22	陸軍士官候補生
第４組	奥田秀夫	23	明治大学学生
農民決死隊	大貫明幹	23	愛郷塾生
	横須賀喜久雄	21	愛郷塾生
	温水秀則	20	愛郷塾生
	矢吹正吾	21	愛郷塾生
	小室力也	21	愛郷塾生
	塙五百枝	21	愛郷塾生

註記：年齢は事件時の数え年

っていないが、総理に面会したい。取り次いでくれ」と言った。

村田は「どうぞこちらへ」と言って、玄関左手の応接室に一行を案内し、「首相にご用事であれば承りましょう」と告げた。三上は「君ではわからんから、首相に直接会いたい。校長から電話で通じてあるはずだ」と言うと、村田は不審そうに一同を見て、「ではしばらくお待ちください」と応接室を出て行った。

表玄関のほうに二、三人の守衛が集まってきた。黒岩が「もう駄目だ」と三上に小声で言うと、三上は拳銃を取り出した。もはや実力行使しかない。他の者も次々と凶器を取り出した。

「ついていけ」との三上の声で、一同は村田の後を追いかけた。玄関前の二階へ上がる階段付近で、三上と黒岩が村田を捕まえ、拳銃を突き付けて「首相のいる所はどこだ」「早く案内せぬか」とこづきまわした。ボタンがとび、チョッキとワイシャツが破れて村田はよたよたとなる。

すると玄関の入り口に、二名の守衛が官邸内を覗き込むように入ってきた。そのとき、後藤映範の拳銃が火を噴いた。弾はそれて玄関の庇《ひさし》に当たり、守衛も、村田も逃げ出した。

もう来客を装う必要はない。だが、時間の余裕もなくなった。五人は手当たり次第に部屋の扉を開けていった。二階の書記官長室、閣議室にも入った。だが犬養首相は見当たらない。あちこちを探した挙句に、五人は奥に通じる廊下を見つけて進んだ。

何者かが、ガシャガシャと鍵をかける音がした。

直観的に三上は、音がしたと思われる方向へ飛び出した。廊下にある大きな厚い杉の板戸の裏で、なおも鍵をかける音がガチャガチャしている。首相の居館である日本間に通じる戸であった。

三上は板戸に手をかけ、開けようとした。「誰か」と、戸の向こう側から声がする。三上は返事をするかわりに、軍靴を履いた右足で思い切り戸を蹴った。割れそうもない分厚い板戸が、音を立てて割れていく。人間が通れるくらいの穴が開き、戸の裏にいた巡査（田口早太郎）が「やあ、来ました」と逃げていった。戸の穴を三上が、続いて黒岩がくぐりぬける。長身の黒岩が落とした帽子を拾う間に、三上はどんどん先に進み、日本間にある応接用の洋間に入った。そこには、田中五郎巡査がいた。三上は田中に銃をつきつけた。

三上 卓（1905〜71）

「首相の居所をいえ」

「首相のいるところなんか、知るもんか」

反抗的な態度！　三上はすぐさま銃の引き金を引いた。銃弾は脇腹を貫き、撃たれた田中はその場にうずくまった。

「やられた、やられた、横暴だ」。三上は田中に目もくれず、ただちに奥に進み、黒岩が追った。

遅れて日本間に入った士官候補生たちも、後に続いた。

廊下の奥に進んだ黒岩と八木は、白髪の背広姿の男を見つけて「首相はどこか」と問うたが、男は「私は医者であります、いま来たばかりで何も知りません」と答えた。この医師（大野喜伊次）は、実は官邸奥の居間で犬養首相の診察を終えたばかりであった。

銃声が轟いた頃、裏門組の山岸ら四名も官邸の敷地内に侵入していた。山岸が門番の巡査に拳銃と手榴弾を見せて「玄関に案内せい」と脅すと、巡査は抵抗せず素直に案内した。

裏門から通じる日本間の玄関を開けると、なかから腹を押さえた田中巡査と男が出てきた。

「やられた、やられた……」

篠原が一発空に威嚇射撃し、村山・野村が邸内に飛び込む。山岸も「篠原、玄関を固めてくれ」と命じて、後に続いた。篠原が玄関に残ると、植え込みから男が二人、木刀とホウキを持って出てきたが、篠原が銃口を見せると、それ以上動くことはなかった。

官邸に侵入した篠原を除く八人は、官邸日本間の内部を探し回った。だが犬養首相は見当たらない。「逃がしたか……」と残念がる声が漏れる。一同の襲撃計画によれば、最重要事項は警視庁での「決戦」にある。ここで時間をかけすぎては、間に合わなくなる恐れがある。皆が焦りを覚え始めていた、そのとき。

「いたぞいたぞ！」

三上の声がした。日本間の最奥まで進み、この辺りの部屋を片はしから探してやろうと思いながら、三上が板戸を開けると、粗末な食堂のテーブルの奥に、犬養はいた。

「話せばわかる」

「たいへんでございます！」

——午後五時三〇分頃。大野医師の診察を受けた後、犬養毅首相は官邸日本間の居間にいた。そこへ台所のほうから千葉あさ子（女中）が、あわてた様子で駆けてきた。

「なんじゃなんじゃ、どうした」

犬養が問うと、あさ子はそのまま引き返していった。あさ子は、巡査が「大変だ」と駆けてきたので、様子もわからないまま、とにかく知らせに来たのだ。だが犬養が落ち着いた様子であったために、慌てているのは自分ひとりかとも思って、もう一度様子を見に戻った。

犬養が山本照《てる》（女中）とともに食堂にくると、田口巡査が「大臣はどこか、兇漢《きょうかん》がきた、逃げてください」と叫びながら食堂に駆けてきた。「誰がきたか」「軍人が大勢でピストルを持ってきて……」。すると犬養は「会って話をする」と言った。田口は「逃げなさい」と言って犬養の手をとろうとした。

すぐに、三上卓が食堂の戸を開けた。

犬養を見つけた三上は、銃口を向け、ためらいなく引き金をひいた。カチッと音がしたが、弾は出なかった。すでに田中巡査を撃ったこと、そして弾が一発ずつしか出ない銃を自分が持っていたことを、失念していたのである。

首相官邸要図（日本間）

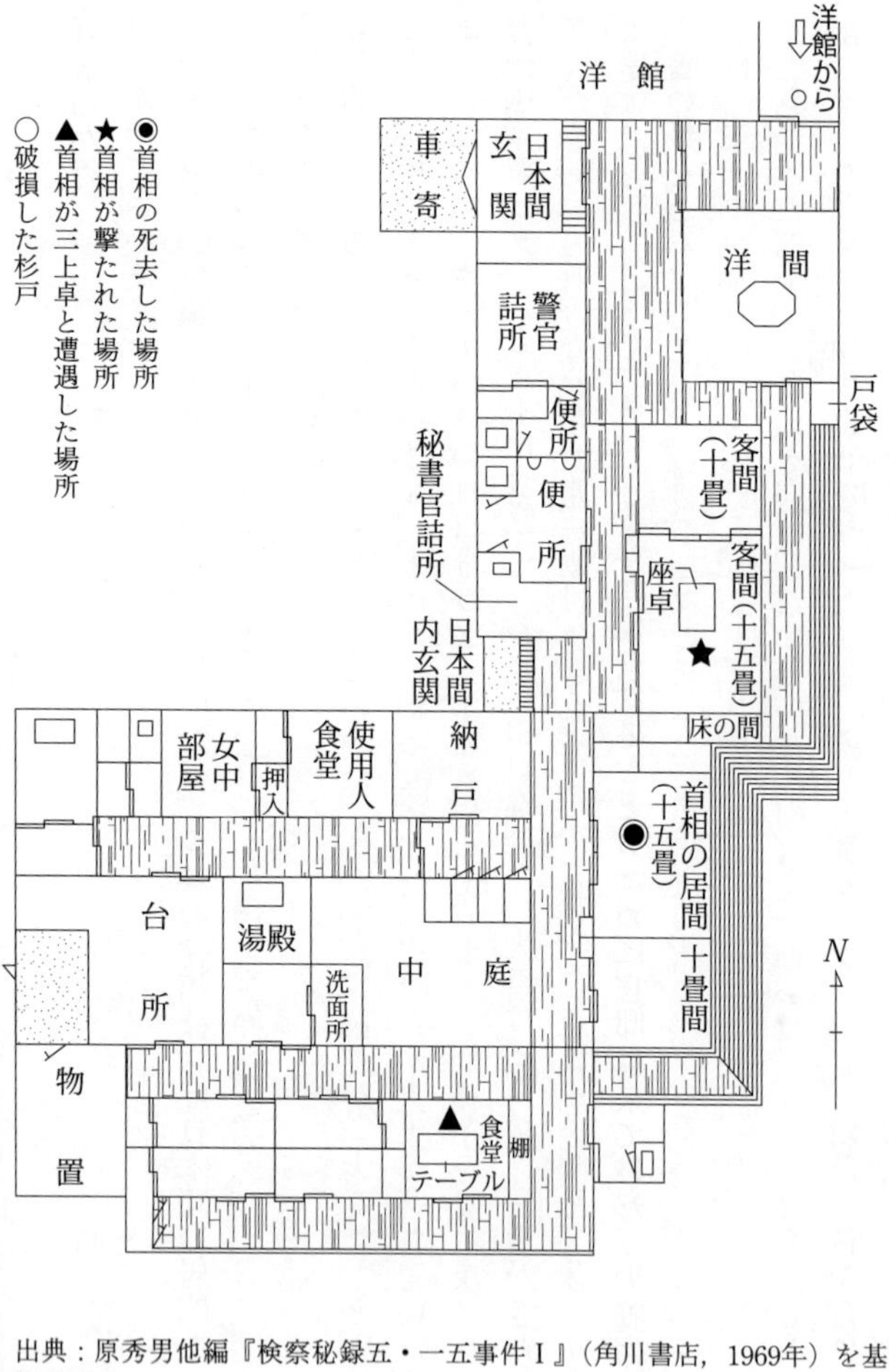

出典：原秀男他編『検察秘録五・一五事件Ⅰ』（角川書店，1969年）を基に筆者作成

三上は狙いを犬養に向けたまま、左に銃を持ちかえた。短刀でやるか、それとも、やはり銃のほうが苦しみも少なくてよいか。頭のなかで考えをめぐらせ、三上は銃口を向けたままの銃に、弾を静かに装塡した。

「そう騒がんでも、静かに話せば解るじゃないか」

これまで無言だった犬養首相が、両手を前に出し、声を出しながら三上に歩み寄ってきた。

「騒がんで観念せにゃならんのは、お前の方じゃないか」

三上が言い返し、「しかし今になって文句があれば聞いてやろう」と応じると、犬養は「あちらへ行こう」と食堂を出ようとして、「話せばわかる。話せばわかる……」と繰り返す。

三上のなかに、犬養の最期の言葉を聞き届けてもよいか、との心情が生まれた。三上は首相の肩に手をあてて「いたぞいたぞ」と叫んだ。犬養が三上を客間へ誘導する。

この様子を見た黒岩勇も、犬養の左後ろに付いて客間に向かった。すると、後ろから幼い子どもを抱いた女が付いてきた。犬養首相と食事をとるために官邸に来ていた、犬養仲子（犬養健《たける》の妻）と四歳の康彦（犬養毅の孫）であった。黒岩は殺害の様子を見せたくないと思い、側の女中に「君たちには別に危害を加えないから、あちらに行っていてもらいたい」と告げた。この間、黒岩の銃は康彦に突き付けられていた。

犬養は客間の床の間を背に、座卓を前にして座った。そして「まあ話を聞こう」と言って、目の前の軍人たちにも座れという態度をとったが、軍人たちは立ちながら首相を取り囲んだ。

犬養 毅（1855～1932）

犬養は卓上にあった煙草入から巻煙草を出そうとし、それを軍人たちにすすめるような恰好をして、

「靴ぐらいは脱いで上ったらどうじゃ」と言った。

「こいつ、靴なんかの心配は後にしたらどうじゃ」

　三上が言い返し、しばしの沈黙。そして、三上がそれを破る。

「この場に及んで、犬養首相として何か言い残すこと〔は〕あるか」

　三上は犬養に向けていた銃口を下げた。犬養はうなずきながら、座卓に両手を置き、やや少し身体を前に乗り出して、何ごとかを話そうとした。

　そのとき、山岸宏が叫んだ。

「問答無益、撃て！」

　先刻の車内での篠原市之助との会話が、山岸の脳裏に浮かんだのか。その刹那《せつな》、首相の前方に入ってきた黒岩が、銃弾を発射した。山岸の発声に「よし」と応えた三上も、黒岩とほぼ同時に、首相の頭を狙って銃弾を撃ち込んだ。右こめかみから血が流れ、犬養は座卓に打ち伏せた（三上卓「獄中記」傍点筆者）。

「引き上げろ」

山岸の号令以下、一団はただちに現場から立ち去った。

このとき、士官候補生たちは撃たなかった。海軍将校の弾が仕留めて本懐を遂げた以上、それをかき消すような追撃は武士道に反する。動かない犬養の様子を見て、三上は即死と思い込んだ。他の者もそう考えたろう。

ところが、犬養はまだ息があった。

一団が立ち去ると、山本照が駆け寄って「旦那様！」と連呼し、「傷は浅いからしっかりあそばせ」と、後ろから犬養を抱きかかえた。

犬養は「うん」と力強く返事をして、左目だけを開け、右手を伸ばし、「あの若者を呼んでこい、話せばわかる」と、三たび繰り返した。そして卓上の巻煙草をとって、火をつけてくれと頼んだ。照は煙草を犬養の指にはさんで火をつけたが、犬養は煙草を口に近づけられず、手からポトリと取り落した。

首相官邸から警視庁へ

犬養首相を襲った一団は、日本間玄関に待機していた篠原市之助と合流し、裏門へ向かって逃走しようとした。そこに、木刀を振りかざした平山八十松（巡査）が、日本間玄関に飛び込んできた。黒岩勇と村山格之が一弾ずつ銃撃し、平山は負傷して倒れた。

官邸の裏門を出た一団は、さらに通りの交番にいた二人の巡査に見つかった。巡査の一人が尋問しようとしたのであろう。一団に近づくと、三上卓が「撃つぞ」と威嚇した。さらに篠原が拳銃を突き付けて言った。「貴様らがバタバタ騒いでもダメだ。陸軍が三個大隊も出て来ているんだぞ！」

巡査は驚いて両手を上げた。

一団は、赤坂溜池に出る急な坂を下り、電車通りの角でタクシーを拾った。最初の一台に、三上・山岸宏・後藤映範・石関栄・篠原が乗った。走り出してから「どこへいきましょうか」と運転手が尋ねた。士官候補生たちが「警視庁へ行きましょうか」「牧《まき》野《の》〔伸顕《のぶあき》〕邸に行きましょうか」などと言うと、山岸が「警視庁の前を通って、憲兵隊本部に行け」と命じた。すると三上が「交通整理にかまわずに行け」と、拳銃を運転手に見せて付け足した。

日本の警察は優秀――のはずである。五分や十分あれば、警官が大勢呼集されているだろう。一団は警視庁の前で、他の同志たちとともに、政党・財閥ら支配階級の手先となった警官たちと存分に斬り合い、討ち死にしようと覚悟した。

「ここが警視庁です」

タクシー運転手が言った。午後五時五〇分、桜田門の警視庁では、玄関前の巡査が、のんびりと空を見上げていた。あまりにのどかな光景で、斬り合いなどできる状況ではない。仕方なく、三上らは麴町《こうじまち》の憲兵隊本部へ車を走らせた。

三上らより遅れて、四名（黒岩・村山・八木春雄・野村三郎）を乗せた二台目のタクシーが警視庁に着いた。

このときには、すでに他の同志の襲撃があったと見えて、街路樹の前に負傷者をふくむ三名の巡査がいた。玄関前の階段には鮮血が付いていた。四人はタクシーを止めて降り、警視庁の玄関奥にある階段をかけあがると、二階の各部屋はすべて鍵がかかり、人影はほとんどない。広間にいた男に「警視総監はどこか」と村山が聞いたが、「今日は日曜で誰もおりませぬ」との答えであった。黒岩は腹いせにガラス扉を蹴り割ったが、それまでだった。

階下に待たせていたタクシーに再び乗り込み、四名は憲兵隊本部へ自首しようとした。ところが着いてみると憲兵隊は静かで、他の同志が到着した様子もない。一同は物足らない様子で、村山が「これから牧野〔伸顕〕のところへ行こう」と言った。だがすでに牧野邸には担当の同志が向かっているはずである。そこで黒岩が「日本銀行へ行って手榴弾を投げて来よう」と提案し、一同は賛成した。

日本橋の日本銀行正門前で四名は車を降り、野村三郎が前庭から手榴弾を玄関口に投げ込んだ。手榴弾は轟音《ごうおん》を発して爆発し、玄関付近を破壊した。一同はそれ以上の行動案もなく、ふたたび憲兵隊本部へ車を走らせた。

第二組――内大臣官邸襲撃

五月一五日――午後五時前。古賀清志《こがきよし》（海軍中尉）は西川武敏（士官候補生）・菅勤（同）と、高輪泉岳寺で赤穂義士の墓参りを済ませた。

山門を出ると、坂元兼一（士官候補生）がいた。四名は合流して山門外の茶店の二階に上がり、サイダーを注文して、女中を席から遠ざけた。そして牧野伸顕（内大臣）の官邸を偵察している池松武志（元士官候補生）を迎えに、西川が店の表へ出た。しばらくして、茶店に着いた池松は「牧野は在邸しているようだ」と報告した。少し前にはいなかった護衛巡査が、官邸門前で警備に就いていたことが、判断の理由であった。

古賀は第二組の行動予定について説明を始めた。その内容は、「内大臣官邸に着いたら、私と池松君が車を降りて手榴弾を投じ、外から威嚇するだけにとどめて、警視庁に向かう。警視庁では、私と菅君が手榴弾を投げる」であった。

池松が、怪訝《けげん》な顔をして聞いた。「どうして殺《や》らないのですか。牧野はいないのですか」。牧野内大臣を斃《たお》すものと入念に偵察を重ねた池松は、急に「威嚇するだけ」と言い出した古賀に対して「少し不思議に思った」。

他の陸軍士官候補生たちも「牧野を殺さないで何の決起か」と胸中で感じた。ロンドン海軍軍縮条約の経緯などから、牧野こそは陛下の大御心を覆う君側《くんそく》の奸物《かんぶつ》の筆頭とみなされていた。

だが古賀は「牧野がおるともいえん、おらんともいえん、わからない」と告げ、「警視庁で決戦するので、ここは威嚇にとどめる」と、再度繰り返した。

泉岳寺集合の第二組は、桜田門の警視庁から最も遠い。たしかに手間取れば「決戦」に遅れるかもしれない。そして海軍側と候補生の約束では、先輩である海軍の指揮に「絶対服従」である。従わないわけにはいかない。

午後五時二五分、一団は三田の内大臣官邸前にタクシーで着いた。正門の右手にいた橋井亀一巡査が、車から降りてくる古賀と池松を見ていた。古賀は正門の屋根越しに手榴弾を邸内に投げ込んだ。轟音とともに、正門から官邸に通じる小路の上で爆発が起きた。驚いた橋井巡査が走ってくると、古賀は拳銃を向けた。あわてて背中を見せる橋井巡査の肩口に、古賀の放った銃弾が命中した。その間、池松も手榴弾を投げ込んだ。だが、こちらは不発であった。

古賀清志（1908～97）

襲撃に使われた手榴弾は、上海陸戦隊から三上卓中尉が持ち出したものであったが、扱いが非常に難しかった。「三十五度以上の角度で弓なりにフワリと投げればよい」が、ただ落ちただけでは爆発しない。しかし投げる側は興奮して、つい直線的にぶつけてしまう。五・一五事件で手榴弾の不発が目立って多いのは、そのためだ、とのちに古賀は回想している（「初めて語る五・一五の真相」）。

玄関口での騒ぎの間、牧野内大臣は邸内の奥座敷で碁をうっていた。だが、自身が襲撃されたとの認識はなかったようである。異変を聞いた木戸幸一《きどこういち》（内大臣秘書官長）が駆け付けると、玄関口には池松の投げた不発弾が、まだそのまま転がっていた。

古賀ら第二組は、内大臣官邸からタクシーで移動。途中で三上らが作成したビラを三度、街頭に撒布《さんぷ》した。運転手には芝公園付近で一〇円紙幣を渡して「釣りはいらない。お前達に迷惑はかけない」と伝え、午後五時四〇分過ぎには警視庁に到着した。

すでに別の組（第三組）の車が、三〇メートルほど前に停車しており、第三組の士官候補生（金清豊）が投げた手榴弾が歩道脇の電柱に当たって炸裂するのが見えた。

ただちに坂元・菅の両士官候補生が、車を降りて手榴弾を投げたが、二個とも不発だった。そのうちに、第三組の車は立ち去ったので、古賀らの第二組は車を前進させ、古賀が車から上半身を乗り出して様子をうかがった。

すると、制服巡査が車に近づいて「どうしたんですか」と声をかけてきた。そこで古賀は巡査に拳銃を向けて一発を撃った。「アッ」と巡査は声をあげると、背を向けて逃げ出した。車から降りた西川と池松が、警視庁玄関に出てきた背広姿の群衆に向かって銃弾を浴びせた。群衆は驚いて庁内に逃げ込んだ。この銃撃で、同庁書記（長坂弘一）が下顎と右膝を、読売新聞の記者（高橋巍）が脚を撃たれて負傷した。

戦闘が始まりながらも、巡査たちが非常呼集で集まってくる様子はなかった。予期した「決戦」は、拍子抜けであった。

さらに襲撃側は警視庁前での集合時刻も事前に決めておらず、他の組の様子さえわからない。古賀は、自らが苦心した計画の重大な欠陥を思い知らされた。だが、いまさらどうにもできない。引き揚げを決意した古賀は、第二組の全員を車に入れて、運転手に東京憲兵隊本部へ行くように告げた。

池松が「これではどうにもならないから、民政党本部へでも行こう」と提案したが、古賀は「下らぬ代議士などやっつけても駄目だ」と却下した。

また憲兵隊へ行く途中、古賀らは坂下門で宮中の武道大会から退出する数台の自動車を見かけた。このなかに牧野伸顕がいたら襲おうとの話も出たが、それらしい姿は確認できなかった。

古賀らが憲兵隊本部に着くと、前後して第一組の三上らが到着した。古賀が「首相官邸はどうだった」と聞くと、三上は「犬養をやった。牧野はどうした」と聞き返した。「牧野はやらなかった。手榴弾を投げ込んだ」と古賀がいうと、三上は残念そうな顔をした。「いないはずはない、もう一度行こう。今度は俺が行く」とまで言った。だが周囲は「いまいけば〔警察に〕捕まる」と止める。憲兵も「行くな」と制止し、三上は断念した。

三上の反応を見て、古賀にも「こんなことであれば、官邸内に侵入すればよかった」と、後悔の念が起こった。憲兵隊に集まった海軍同志一同に、古賀は「牧野の屋内に乗込まなかったのは悪るかった」と謝罪した。だがのちに牧野の襲撃が「手温《てぬる》かった」ことについて、牧野伸顕―大川周明―古賀のつながりから、大川の示唆をうけた古賀が、牧野の助命を画策したとの「疑惑」が出た。「墓場までもっていくつもりか」とまで言われた古賀は、後々まで大変気に病んだ。

なぜ第二組が標的を撃たなかったのに、第一組は執拗《しつよう》に捜し出せたのか。古賀は、次のように回想している。

「〔牧野が〕おるともいえん、おらんともいえん」ということは、実は首相官邸の場合も同じだったのだ。官邸の偵察は池松〔武志〕が受け持っていたが、確証はつかんでいない。鼻の治療のために〔犬養〕首相は外出しないはずだが、という程度で私自身ははなはだ自信がない。しかし、その自信のなさを同志の誰にも話してはいなかった。というより話す時間を持たなかった。首相官邸を襲撃した第一組の同志たちは、だから、犬養は在宅する、という確信を失ってはいなかった。結局その確信が首相を捜し出すことになったのであった。

（「初めて語る五・一五の真相」）

また「私の身になって考えても欲しい」と古賀はいう。

計画の期間は二ヵ月。それも厳しい航空隊の訓練のなか、土日しか自由にならない。陸海民の同志と連絡し、武器と資金を調達し、目標を偵察して、計画を作っては改める。しかも、誰にも知られないように……。

数々の制約のなかで、極限状態になりながら「同時多発テロ」を計画し、実行に移さねばならないという重圧。周囲から不思議に見える決断を下したとしても、それを合理的に説明することは、本人にも困難なことかもしれない。古賀の弁明にも、一定の信憑《しんぴょう》性はあるだろう。

それに、次のようにも言える。たしかに顕官の暗殺は、犬養首相一人にとどまった。「時の首相を斃す」ことは、国家改造運動の「象徴」でもあったから、計画者の古賀も首相官邸の襲撃計画を重要視した。

だが古賀が最も苦心したのは、海軍・陸軍・民間が合力した「決起」にすることであった。そうして初めて、恐慌に苦しむ農民と、軍縮に憤る軍人とが一致して、腐敗した政党・財閥ら上層階級に異議を唱える「大義名分」が生まれる。橘孝三郎ら民間の愛郷塾を必死で口説き、陸軍士官候補生の協力を強く求めたのも、そのためであった。海軍・陸軍、そして民衆の三者が国家のために起《た》つという、古賀の計画の核心部分を考えたとき、牧野の殺害計画は否定されないまでも、そこからやや外れる優先度の低い標的だった。

したがって事件計画者である古賀の構想は、犬養殺害に執念を燃やした三上卓らとも、のちに陸軍の兵力のみで決起した二・二六事件の陸軍青年将校とも、重要な点で異なっていた。そして、愛郷塾生ら民間人が関わっていたことは、恐慌に憤る当時の民衆が抱えた憤懣《ふんまん》の一部を引き入れて、事件の被告に対する「同情」や「支持」へとつながったと言える。

五・一五事件の計画者は、君側の奸《かん》を討ち果たすという「実」を捨てて、決起の「名」を採った。究極の状況におけるその選択は、いくぶん非合理であったとしても、それもまたひとつの見解と言えるものではないだろうか。

第三組——目立った行動はなく

午後四時三〇分頃。新橋駅の二等待合室に、中村義雄（海軍中尉）が現れた。しばらくして、中島忠秋・吉原政巳・金清豊の士官候補生三名が集まった。第三組は相互に会釈し、構内駐車場でタクシーに乗り、一〇円紙幣を支払った。予定時刻まで時間があったため、一同は日比谷公園から青山墓地、神宮外苑などを回り、標的である芝の政友会本部に到着した。だがまだ時刻が早かったので、銀座まで車を走らせた。

青山辺りを通る車内で、中村は計画を説明した。まず政友会本部を襲撃するが、これは牽《けん》制《せい》のためである。手榴弾一個を投げる程度にして、速やかに警視庁に行き、そこでの「決戦」に全力を注ぐ。機を見て憲兵隊に自首する。ビラは走行中の車内から撒布すると。そして一同は車内で武器を分けた。

午後五時三〇分前、再び政友会本部に着いた第三組は、交差点の角に車を止めた。日曜でもあり、本部には人影がほとんど見えない。中村が車から降り、本部の門からなかへ数歩入ったところから、玄関に向かって手榴弾を投擲《とうてき》した。だが砂利に落ちた手榴弾は不発。中村はすぐにこれを拾い、再び元の位置に戻って投げ直したが、やはり不発であった。

やむをえず、車に引き返そうとした中村に、中島が手榴弾を携えて近寄った。「やりましょうか」「よし、やれ！」。中島は中村と同じ位置から投擲し、玄関露台の砂利の上で爆発させた。第三組はすぐに車に乗り、現場を立ち去った。

警視庁前に到着した第三組は、車を停め、金清・吉原の二名が下車して、投擲によい場所を探して歩き回る。金清が庁舎二階の窓ガラスをめがけて、手榴弾を投げたが、爆発しないままに街路樹の近くへ落下した。これを拾った金清は、再び元の位置から投擲し、建物前の電柱上部に命中、爆発させた。この様子を、庁舎正面玄関前にいた巡査が一名、呆然《ぼうぜん》と眺めていた。

先述したように第三組の襲撃を、古賀清志ら第二組も車内から見ていたが、第三組はそれに気づかず、その場から車で走り去った。憲兵隊本部に向かう途中で、第三組はビラを撒布した。予期された警視庁との「決戦」もなく、政友会本部の襲撃も牽制であったことから、中村に率いられた第三組に、特筆すべき行動はほとんどない。

海軍将校に陸軍士官候補生を交えた一八名は、前後して憲兵隊本部へ自首した。休日の午後、のどかな雰囲気に包まれていた本部は、ピリピリピリピリッ！と鳴り響く非常警笛とともに、にわかに騒がしくなった。外では警官が憲兵隊へ押し寄せ、問答となっていた。「なんだこいつら、よりによってわざわざ日曜日にやりやがって……」と文句を言う憲兵もいた。

牧野を再度襲いに行くと言っていた三上も、すっかり大人しくなった。ただ、一同は憲兵隊本部に入った後も、武装を解いてはいなかった。

午後七時には、愛郷塾生の別動隊――「農民決死隊」が変電所を一斉に襲い、「帝都暗黒化」を実行する。そうなれば戒厳令発動を見極め、憲兵隊の野郎どもも動員して、死に場所を求めて全力で戦おう。さあ来い、と三上らは機をうかがっていた。

しかし、七時を過ぎても電灯は消えない。別動隊は失敗したのか。ついに一同は武装を解き、憲兵隊に差し出した。

古賀と中村の二名は、渋谷の憲兵隊分隊に移送された。そこに秦真次《はたしんじ》憲兵司令官（陸軍中将）が来た。秦司令官は「きみたちはどうして上層部へ連絡しておかんのだ」と言った。古賀は「私ら海軍には、こんなこと言ってもわかる上層部はいませんよ」と答えた。

秦司令官は、渋谷分隊の憲兵隊長に「この連中は国士待遇にするんだ」と命じた。古賀らにはウイスキーなどがふるまわれ、その晩は「たいへんなごちそう」になったという。

第四組・農民決死隊——「帝都暗黒化」失敗

第四組——といっても、ここには奥田秀夫（明治大学学生）ただ一人が属する——は、午後四時頃に行動を開始した。明治大学の学生服を着た奥田は、手榴弾二個を風呂敷に携え、中野駅から新宿へ向かい、タクシーで馬場先門へ移動した。三菱銀行まで歩き、様子を探った後に、道を隔てた三菱本店の裏に回った。日曜だが本店の一階は人が多かった。

日没まで時間があるので、奥田は日比谷「美松」で夕食をとり、屋上に昇った。午後五時半頃である。すると警視庁の方角で「ドーン」と音がした。いよいよ軍人がやった、と奥田は決意を固め、エレベーターで降りて自らの標的に向かった。途中、丸の内警察署では大勢の制服警官が出動を始めていた。

三菱本店にはまだ人がいた。ところが三菱銀行には誰もいない。奥田は自分の役割について、「帝都の混乱」を引き起こし、戒厳令につなげればよいので、爆弾を投げれば十分だと考えていた。そこで人を殺傷しなくてすむ銀行に標的を定め、まだ日が高かったのでさらに東京駅に行き、便所で手榴弾を風呂敷から出して一個ずつ上衣のポケットに入れ、風呂敷は腰に巻いた。

三たび三菱銀行に至った奥田は、前の歩道で手榴弾一個を取り出し、安全弁を外して銀行の裏庭に投擲した。ところが樹木にあたって弾は庭に届かず、三菱銀行の手前の道路に落ちて爆発した。

人だかりがしたので、奥田は東京駅へ戻って、電車で代々木に行った。そこで友人がよく行く雀荘に入り、首尾よく出会った友人宅で一泊。麻雀やビリヤードなどを楽しむ。翌一六日午後七時頃に自分の下宿へ帰ったところ、待ち受けていた刑事に逮捕された。

五月一五日午後七時頃――「農民決死隊」も行動を開始した。

午後五時半頃から、ラジオは「首相官邸襲撃」の臨時ニュースを繰り返していた。高まる緊張のなかで、愛郷塾の塾生たちは自分たちに課せられた役割を果たすことを決意した。

彼らは六ヵ所の変電所を襲い、「帝都暗黒化」の計画を担っていた。東京変電所（尾久）では、大貫明幹が配電盤の電源を切り、金槌でスイッチを叩き壊すと、同伴した友人に手榴弾を投げさせた。だが弾は不発に終わる。鳩ヶ谷変電所では、横須賀喜久雄が手斧で配電盤を壊し、手榴弾を投げて炸裂させた。淀橋変電所では、温水秀則が配線一本を切断、手榴弾を投げて板囲の一部を破損させた。亀戸変電所では、矢吹正吾がポンプを止め、手榴弾を投げたが不発だった。目白変電所に向かった小室力也は、現場まで行くも恐怖心で襲撃することなく逃走した。田端変電所では、塙五百枝がポンプを止め、金槌で配電盤の電圧計四個を破壊した。変電所員が気づいたため、塙は手榴弾を投げずに逃走した。

「農民決死隊」は、こうして東京各地の変電所を襲撃したものの、送電機能にほとんどダメージを与えられなかった。

都会の人びとが日頃当たり前に享受している「文明」の利器＝電気を止めることで、農村の窮状をわからせようとした彼らの計画は、あっさりと失敗した。襲撃後も綿密な計画があったわけでなく、ただ漠然と満州に行くとの青写真があるのみであった。ある者は自首し、ある者は潜伏先や移動中に逮捕された。

陸軍青年将校たちの予感

その日、五月一五日。代々木にある西田税《にしだみつぎ》（国家改造運動の指導者）の自宅に、朝から陸軍青年将校が詰めかけていた。菅波三郎（陸軍中尉）・村中孝次《むらなかたかじ》（同）・栗原安秀《くりはらやすひで》（同）らである。そこに大蔵栄一《おおくらえいいち》（陸軍中尉）が加わり、昼すぎに朝山小二郎（同）がきた。朝山はほっとした表情で、「ようやく池松〔武志〕をつかまえた」と言った。

前日の夜にも、菅波・村中・朝山・大蔵の四人は西田の家に集まっていた。話題は海軍の様子である。この年の二月、三月に井上準之助《いのうえじゅんのすけ》（前蔵相）、団琢磨（三井合名理事長）を「一人一殺」のもと殺害した血盟団の検挙で、非合法活動への追及が激しくなり、焦った海軍が大川周明と結んで決起する可能性が強まった。陸軍の将校たちは参加を見合わせるつもりであったが、まだ若い陸軍の士官候補生たちは、海軍の挙動に巻き込まれるかもしれない。

朝山は数日前から、士官候補生と海軍の連絡役をしていた池松を探し回り、一五日の朝におさえたのである。朝山に対して池松は、午後二時頃にできるだけ多くの士官候補生を連れて、菅波を訪ねると約束した。そこで菅波は西田邸から早めに自宅へ帰り、士官候補生たちを待つことにした。

午後五時、西田は邸に残っていた大蔵と朝山に夕食を勧めた。しかしここ数日、西田は「夫婦げんか」の最中であった。「犬も食いませんから」と、大蔵と朝山は皮肉まじりに断り、先に帰った菅波の宅を訪ねた。

菅波は、大蔵たちを待っていた。「やつらは……必ずやる」と菅波が言った。菅波が会った士官候補生（坂元兼一）は、武器を欲しがっていた。拳銃を見せて「どうだ、ほしくないか」というと、坂元は「ください」と手を出す。菅波が決起の時期と引き換えだと言うと、坂元は「はは、その手には乗りませんよ」とはぐらかし、これから人と会うからと言って、池松とともに帰っていた。

士官候補生らが富士での演習から帰る約二週間後、何かが起こるはずだ。「それまでに、やらねばならぬ工作がたくさんある」と菅波は言った。

ふと朝山が「まさか、きょうではないだろうな……？」とつぶやいた。「まさか、ありえないな」と、菅波と大蔵は否定した。大蔵と朝山は、秦憲兵司令官を訪ねるため菅波の宅を出た。青山の電車通りへ出て、晩食して食堂から出た二人が聞いたのは、けたたましい新聞の号外の鈴であった。

大蔵と朝山が立ち去って間もなく、西田税の家に来客があった。西田も顔を知る茨城の青年、川崎長光《かわさきながみつ》（血盟団残党）である。

「川崎君じゃないか、さ、上がれ」

久しぶりに会った川崎を、西田は機嫌よく二階の書斎に上げた。獄中の井上日召（超国家主義者で血盟団の指導者）らは元気である、他の連中にも差し入れをした、などと西田はよく喋った。一五分か、二〇分ほどであろうか。川崎は、うつむき加減に西田の話を聞いていた。だが、様子が変である。

「何をするッ！」

刹那、川崎は隠していた拳銃を構えた。西田は一喝して川崎に飛びかかる。そのとき、銃弾が西田の胸部を撃ち抜いた。

だが、西田は怯《ひる》まない。両手でテーブルを押し倒し、それを乗り越えて川崎ににじり寄った。川崎は後退しながら第二弾を撃つ。腹部に銃撃を受けた西田は、なおも川崎に迫る。障子を倒して廊下によろめき出た川崎は、下がりながらも三弾、四弾、五弾と撃ちまくる。左の掌に、左肘に、左肩に。次々と銃弾を喰らいながら、西田は、弾を数えた。ついに川崎が撃ち尽くしたとき、西田は猛然と川崎につかみ掛かった。

西田の気迫に圧され、階段の際まで下がっていた川崎は、西田とともに階下へ転がり落ちた。西田をふりほどいた川崎が玄関に飛び出すと、夫人が顔を出した。「早くつかまえろ！」

と西田が叫び、夫人はとっさに川崎の腰をつかんだが、その手を振り払って川崎は逃げた。足袋のまま川崎を追った夫人が玄関に戻ると、西田は壁にもたれて女中のもつコップの水を飲もうとしていた。

「大けがに水はいけませんッ」

夫人はコップを奪いとった。しばらくして、襲撃を知った北一輝や、陸軍青年将校らが駆けつけ、西田は順天堂大学へ搬送された。銃弾を浴びて二時間が経っていた。七名の陸軍青年将校（菅波・大蔵・朝山・栗原・安藤輝三《あんどうてるぞう》・香田清貞《こうだきよさだ》・村中孝次）が大学病院を訪れ、西田の枕許に集った。手術室へ向かう西田は、寝台に力なく横たわっていた。

「後をよろしくたのむ」

西田の声は、小さく静かであった。ただちに手術が行われ、西田は奇跡的に生命をとりとめた。一報を聞いた児玉誉士夫《こだまよしお》が病室に駆け付けると、西田のかたわらで北一輝が、眼を閉じて一心に法華経を唱えていた。児玉に気づいた北は、短く強い語調で言った。「西田を殺してはならぬ。なんとしても生かさねば……」（『悪政・銃声・乱世』）。それにしても、なぜ西田を殺そうとしたのか。陸軍青年将校らにとっては、撃った川崎が、いや川崎の背後にいて、暗殺を命じた奴が憎かった。

北は、病院の別室に陸軍将校らを集め、今後について相談した。将校のうち、安藤中尉はこのとき初めて北と面識を持った。相談の結果、菅波・村中・朝山・栗原・大蔵の五人が、荒木貞夫《あらきさだお》陸相に直接、要望することに決めた。

陸相官邸に着いた五人の青年将校

日付がかわって五月一六日、午前零時一〇分頃。五人の青年将校は三宅坂の陸相官邸に着いた。荒木陸相は首相官邸に赴いて留守であった。かわりに真崎甚三郎《まさきじんざぶろう》参謀次長（陸軍中将）が「オレではいかんか」と出てきて、将校たちに応対した。菅波らは、事件で「弱腰になる」かもしれない「海軍の尻を叩いても、この際一気に革新に向かうべきである」と、懸命に説いた。その間、三〇分ばかり。真崎はできるかぎり善処する、荒木陸相にも伝えると答え、青年将校たちに「十分自重せよ」と要望した。

さらに青年将校らは、陸相官邸の奥の部屋に通された。そこには、小畑敏四郎《おばたとしろう》少将（参謀本部第三部長）と黒木親慶《くろきちかよし》元少佐（荒木陸相の私設秘書、青年将校の窓口）がいた。小畑少将は、残念そうな口調でこう言った。

「今夜の事件は残念至極だ。もっといい方法で、革新の実を挙げるよう、政友会の森恪《もりつとむ》らとともに着々準備を進めていたんだ。すべては水泡に帰した……」

菅波は「閣下、今時そんなことを言っておる時期ではありません！」と反駁《はんばく》した。自重は停滞である、ここで軍が退けば、満ソ国境はたちまち危うくなる。海軍によって投げられた一石の戦果を拡大すべきだと、菅波らは繰り返し説いた（『二・二六事件への挽歌』）。

陸相官邸には、永田鉄山《ながたてつざん》少将（参謀本部第二部長）も現れた。永田は、青年将校に向かって「士官候補生を使嗾《しそう》してやらしたのはお前達だろう、なぜお前達も一緒にやらぬか、お前達は卑怯だ」と言い放った。陸軍青年将校は、永田の言に憤激した。なんという罵詈《ばり》、なんという侮辱か。永田は三月事件（前年の陸軍中堅幹部たちによるクーデター未遂事件）の黒幕でありながら、自己欺瞞《ぎまん》の塊ではないか。冷酷な表情、誠意なき叱責、とても耐えられるものではない。一度は期待を寄せた永田に対して、青年将校らは深く怒り、失望した。

議論を重ね、まだこれからというときに、青年将校の所属する各部隊の長から、呼び戻しの命令が来た。五月一六日午前二時四〇分過ぎ、将校らは陸相官邸を退出した。

五・一五事件と残された「謎」

日本を震撼させた激動の五月一五日はこうして終わりを告げた。

五・一五事件は、六名の海軍青年将校たちが中心となって起こした。陸軍士官学校に在学中の士官候補生ら一二名が、海軍将校たちに同行した。彼らは四組に分かれて、首相官邸に侵入して犬養毅首相を撃った。さらに内大臣官邸・政友会本部・日本銀行・三菱銀行、そして警視庁を襲撃して、警備の巡査ら数名を殺傷した。

また農本主義者・橘孝三郎が茨城で営む愛郷塾の農村青年たちが、別動隊として「農民決死隊」を結成し、東京近辺の変電所を襲った。

同じ日、陸軍青年将校――のちに二・二六事件の首謀者として多数が死刑となる――たちのリーダー格、西田税が銃撃された。これも事件を指揮した海軍将校の命令によるものだった。

讀賣新聞
昭和七年五月十五日（日曜日）
第三號外

首相官邸等襲撃事件詳報
犬養首相遂に絶望か
三上海軍中尉ら十八名
憲兵隊へ自首し出づ

【警視廳第一回發表】

「撃つなら撃て」と首相
言下に轟然一發發射
裏表から侵入した襲撃者
昏倒を見すまして脱出

牧野内府邸へも投彈
牧野邸へ重ねて投彈
日本銀行、三菱銀行本社へも

物々しい首相官邸の入口

こめかみを押へて
崩れるやうに倒れた首相
その刹那さすがの夫人も呆然

西田税射殺さる
山谷の自邸で四名の訪問者に

海相も參内上奏

急に駈付ける犬養健氏夫人

ピタリ門を閉した政友會本部

今となつて
あわてるには及ばぬ
參内上奏後　荒木陸相語る

急報に荒木陸相
鎌倉から駈けつく
直ちに緊急閣議へ

本紙不再錄
裏面に續く

五・一五事件を報じる号外

事件の概要は、右の通りであった。

だがそもそもなぜ、五・一五事件は起きたのか。本書の「まえがき」にも示したように、そこには複雑な経緯があり、いまだに多くの謎がある。

海軍将校らの目的は、犬養首相の襲撃だけではなかった。政党・財閥などの支配階級への威嚇《いかく》と、国家改造の断行にあった。なぜ彼らは、国家の改造をめざしたのか。

犬養首相の死去は政変をもたらし、戦前日本の政党内閣は終焉した。将校らの襲撃計画は不十分なままに終わった。にもかかわらず、なぜこのとき政党政治は崩れたのか。

首相殺害の事実をもって法廷で裁かれた将校たちは、一人も死刑にならなかった。そして急進的な国家改造運動に対する国民の共感が強まり、国民的な減刑運動が起こる。それはなぜなのか。

本書では、第2・3章で事件に至る経緯を、第4・5・6章で事件が与えた影響を、それぞれ叙述したうえで、右に示した謎について、各章ごとに考察を加える。

まずは時間軸を遡《さかのぼ》り、国家改造の思想が海軍青年将校たちに広がる経緯から見ていくことにしよう。

第2章

海軍将校たちの昭和維新——国家改造と軍縮条約

ある遺言——「実現を頼む」

此《この》日誌は我遺言也《なり》
同志諸君、実現を頼む

ある青年将校が、日記の冒頭に「遺言」と書いた。将校の名は、藤井斉《ひとし》。彼の存在に触れずして、昭和海軍の青年将校運動を語ることはできない。

五・一五事件の海軍公判における公訴状は、「被告らはいずれも直接又は間接に、故海軍少佐藤井斉より思想上その感化指導をうけたる者」と記した。同事件を担当した山本孝治《やまもとこうじ》検察官の論告文も、藤井は「被告人等同志の指導者たる地位にあり」「もし仮に藤井無くんば、海軍における従来の革新団体なるものは無かった」と述べている。

昭和初期に起きた青年将校の国家革新をめざす運動は、「国家改造運動」とも「昭和維新

藤井 斉（1904～32）

運動」とも呼ばれる。藤井は海軍に身を置く青年将校として、これらの運動と最も早く、そして深く関わった。さらに農本思想家・権藤成卿に傾倒して、その著『自治民範《じちみんはん》』を愛読し、独自の革命理論をもとに「第二維新」の断行をめざして東奔西走した。一九三二年（昭和七）五月一五日に首相官邸を襲った三上卓（海軍中尉）は、法廷の場で藤井を「慢性の革命煽動家」と評している。

藤井の略伝を著した歴史家・秦郁彦は「海軍は藤井のワンマンチーム」と評し、青年将校たちの運動が最終的に敗れ去っていく原因のひとつに、「藤井斉を失い、五・一五事件で暴発して、陸海共闘方式が崩れたこと」を挙げている（『昭和史の軍人たち』）。藤井は五・一五事件の鍵を握る人物であり、昭和維新運動に関わる海軍青年将校たちの、自他ともに認めるリーダーであった。

それにもかかわらず、今日その名を知る者は少ない。首相官邸襲撃の約三ヵ月前、藤井は上海で戦死した。そのため実際に事件の指揮を執らなかったからである。

五・一五事件の源流を生み、青年将校たちに強い影響を与えた藤井斉とは、どのような人物であったのか。そしてなぜ、衝撃的な首相官邸の襲撃事件が、われわれの知る形で起きたのか。本章では五・一五事件へと至る経緯を読み解くために、知られざる青年革命家・藤井斉のあゆみをたどり、事件の背景を探ることにしよう。

先駆者・藤井斉の生い立ち

一九〇四年（明治三七）八月三日、藤井斉は長崎県平戸に生まれた。斉の家庭環境は複雑であった。父・荘次は炭坑の「納屋頭」であった。坑夫たちを雇い入れ、その住居や仕事道具、賃金まで一切を差配する立場である。だが斉が三歳のとき、炭坑の経営が破綻して零落。幼い斉は母レイの父・山口万兵衛に預けられた。「父は正直純情の士なり。その大半の生活を炭坑の中に暮すといえども、潔白衆に敬せらる」（「日記」一九三一年二月二二日条）。坑夫である父の至純さを、斉は敬愛した。

斉が八歳のとき、祖父万兵衛が死去する。万兵衛は今際《いまわ》の際《きわ》に、山口家の後継ぎとなる半六（すでに逝去した万兵衛の長子の子）を呼び、「斉はお前が育ててくれ」と命じた。「斉はどこか見所のある奴だで、高等小学校まで出したら、あとは本人委せでやらせろ」。半六は万兵衛の遺言を堅く受け止め、小学一年から中学四年まで斉を育てた。

佐賀佐之江の山口家は素封家《そほうか》であった。山口半六は日比谷中学を出て、三井物産に就職。家業の石炭海運業を継ぐために住之江《すみのえ》へ戻ったが、若い頃は中国駐在員として広東に渡り、革命を志す若い青年たちと交わった。几帳面《きちょうめん》で厳格な人柄であり、国士的な風格を備えていた。小学生の斉は半六によって、毎朝夕の仏前に静坐《せいざ》をさせられ、「沈着」と「冷静」を旨として、厳しくしつけられた。

「山口〔半六〕氏は父たり、師たり、人生の恩愛何ぞ深刻なる。来世は希《ねが》くは山口氏に仕うるの人たらん」（「日記」一九三一年四月一一日条）。アジアの指導的立場にふさわしい日本を創らんとする、斉の「アジア主義」的思想は、幼き日に受けた半六からの影響が強かった。

斉はたしかに優秀で六年間の小学生活で常に首席であった。佐賀中学に進学した斉にあわせ、半六一家も佐賀市内に越した。勉強に運動に、充実した中学時代を過ごした斉は、特に登山を好んだ。佐賀の天山から臨む景色を前に、斉はみずからの将来を構想したという。

佐賀中学でも優秀な成績を修めた斉に、半六は東大法学部から外交官への道を勧めた。だが斉は承服せず、海軍兵学校への進学を決意して、半六を押し切った。一九二二年（大正一一）八月、斉は海軍兵学校へ入学。成績は三番であった。

海軍兵学校での失望

ところが遠大な志を胸に秘めて、海軍にきた藤井斉であったが、すぐに江田島での学校生活に失望する。

藤井が入学する年の二月に、日米など主要国海軍の主力艦保有量を制限するワシントン海軍軍縮条約が調印された。そのため、それまで二五〇名の定員があった兵学校は、藤井の入学した五三期から一挙に五〇名へと削減される。学生は士気を欠き、教官はだれ気味で、校長は「辞めたい者は辞めてもよい」と語った。もはや海軍に未来はない。中途退学する者が後を絶たなかった。

その兵学校のなかで、昂然として気概にあふれた学生が二人いた。藤井と、その親友となった小手川勝彦である。その頃の藤井を、級友が詠んだ歌がある。

小身はすべて是胆あから顔　人射る眼　頭ビリケン
君の見し我日の本は汚れたる　乱臣賊子はびこれるくに
説き来り説き去るところ雲を呼び　空翔けり行く大亜細亜主義

（『第五十三期級会会誌』）

藤井らの意識は、狭く沈滞する海軍を離れ、遠くアジアの広大な地に移りつつあった。そのうち小手川は、海軍に見切りをつけ、大陸に渡ってモンゴルの将バブジャブの遺児を担ぎ、一帝国を築くとの素志を抱いた。藤井は親友の決意を称えて歌を詠んだ。「青葉かほる　成夏八月ををしかも　蒙古に入るか　ますらを勝彦」。小手川が兵学校を退校すると、過激な夢を語る藤井も退校させようとの声も出た。だが藤井は成績も悪くなく、才気あふれる不思議な魅力があって惜しいとの声もあがり、かろうじて退校処分を免れたという。

海軍内での影響と煩悶

一号生徒（最上級生・四年生）となった藤井斉は、学年の代表として鈴木貫太郎《すずきかんたろう》軍令部長（海軍中将）の前で演説を行うことになった。一九二五年（大正一四）春のことである。そこで藤井はワシントン海軍軍縮条約の非を訴え、白人が支配する世界の不合理を糾弾し、将来は日本が盟主としてアジアの諸民族を束ね、白人優位の秩序を打破すべきだと熱弁をふるった。藤井の気宇壮大《きうそうだい》な語り口、鋭い着眼、論理の確かさに、消沈していた兵学校の学生はもとより、教職員もが一様に感銘を受けたという。

同年四月に兵学校へ入学したばかりの古賀清志も、藤井の演説に感じ入った一人であった。同じ佐賀中学出身の古賀は藤井に憧れ、藤井も親しく古賀に接した。翌五月のこと、相撲をして右手を負傷した古賀は、傷の深さに落ち込んだ。一六歳になったばかりの古賀も多感な頃である。涙をのみ、病室で鬱々と過ごしていた。そこに藤井が現れて言った。

「たとえ海軍におられなくなっても、失望することはない。海軍よりももっと大きなものに眼をそそぐんだ。日本の現状、アジアの現状に〔中略〕気持を大きくして、大きな高い志をもつんだ」。古賀の右手は、幸いに再び動くようになった。藤井と古賀は「親身の兄弟のよう」に親しくなった。

それからすぐの一九二五年七月、兵学校を卒業した藤井は、士官候補生として練習艦隊に乗りこみ、遠洋航海へ出た。航海の途中で、藤井は古賀に長い手紙を出した。そこには海軍を辞めて、北海道に渡って牧場を経営したい、と書かれていた。藤井がやるなら、自分も一緒に行きたい。古賀は手紙をみて決心したという。

郷里の山口半六も、シドニー付近を航海していた藤井からの手紙を受けとった。これまで我慢を重ねてきたが、し切れなくなった。海軍を辞める。牧場経営の資金として五万円を用意してほしいと。あまりの唐突な大金の無心に、半六も一〇年待ってほしいと返信して、藤井の心情を宥《なだ》めた。

海軍に残らざるを得なかった藤井は、煩悶《はんもん》を強めた。駆逐艦に赴任するときに日本刀一振だけを下げて任地に赴いたり、紀元節の式典に規定の海軍正装でなく、「我が国の礼服じゃ」と羽織袴を着用して参列した。青年・藤井の揺れる心情は行動に表れていた。

国家改造運動とは何か――頭山満、西田税らへの接近

素朴な大アジア主義を唱えていた藤井斉が、思想的に国家改造へと近づいていくのは、海軍兵学校卒業の前後であった。

卒業の前、一九二四年（大正一三）末の冬休みに、藤井は東京へ行き、かねてから敬愛していた頭山満《とうやまみつる》に会う。頭山はアジア主義を唱える玄洋社を創設し、犬養毅（政党政治家）らとともに、孫文をはじめとする中国・インドの革命家たちを支援した国家主義運動の中心人物である。訪ねてきた藤井を頭山は快く迎え、「若いうちは圭角《けいかく》のある人物でなければ役に

立たぬ」と藤井の気骨を称えた。頭山との会話を、藤井は兵学校内の精神訓話の時間に感慨深く語った。

さらに藤井は西田税を大学寮に訪ねた。西田は元陸軍軍人で、大川周明・北一輝らと交友をもち、この頃には大川が創設した国家主義団体「行地社《こうちしゃ》」で機関誌『日本』を編集し、大川らが主宰する「大学寮」（地方の青年や学生らに国家主義を教えた）の講師を勤めるなど、国家改造運動の普及に努めていた。

西田は陸軍将校と早くから交流があり、『日本』は若手の軍青年将校にも広く読まれていた。藤井による最初の西田訪問は、藤井の卒業後のことと思われる。以来、西田と親交を深めた藤井は、急速に国家改造運動へ傾斜していく。陸軍出身の西田を通して、藤井は北一輝の思想を知り、行地社への出入りも始まった。

藤井斉が強く惹かれた国家改造運動は、第一次世界大戦期の国際環境や、国内の政治・経済の動揺を背景に、大正中期頃から始まる潮流である。

国外では、ロシア革命の勃発（一九一七年）を端緒とする共産主義国家ソ連の成立があり、また大戦後の世界情勢に影響を与えたウィルソン主義（米大統領ウィルソンの提唱による、民主化の推進、民族自決の原則、自由主義貿易などの主張）の提唱があった。さらに国内では、革命干渉のためのシベリア出兵をきっかけとした米騒動の発生（一九一八年）があり、軍隊までが動員された。大戦期日本の好景気は、一部の富裕層（成金）を生んだが、一般の庶民は物価の高騰に喘《あえ》ぎ、貧富の格差は拡大する一方であった。

国内外の大変動は、明治国家の成立以来続いてきた、天皇（君主）を戴く日本の政治体制の矛盾やゆがみを強く印象付けた。雑誌『改造』の創刊（一九一九年）が象徴的な意味合いをもつように、明治国家を「改造」しなければならないとの思いを、幅広い人々が実感した。だが、その処方箋はどこにあるのか。共産主義（マルクス主義）か、民主主義（デモクラシー）か、それとも、日本独自のあり方が模索されるべきなのか。こうしたなかで国家改造運動は、天皇を戴く伝統的な体制を維持しながら、日本の革新をめざすひとつの潮流として生まれた。

国家改造運動の中心は、大川周明と北一輝らであった。東大でインド哲学を修めた大川は、イギリスに支配されるインドの現状を憂い、欧米列強の植民地とされたアジアの解放を主張した。だが列強の一角となった日本は、欧米と外交関係を結んで、アジアの独立運動には背

頭山 満（1855～1944）国家主義者の巨頭．福岡県出身．1881年玄洋社を結成．民権運動からアジア主義を唱え，金玉均・孫文らを保護支援し，対露同志会などに参加．日本右翼の始祖として多くの団体の顧問となる

西田 税（1901～37）国家主義者．鳥取県出身．陸軍幼年学校首席卒業（秩父宮と同期）．病で予備役となり，行地社入社．北一輝らの影響を強く受け，陸軍青年将校との交流を深めた．二・二六事件で刑死

を向けた。大川は、列強の走狗《そうく》となった日本にアジアの盟主たる資格はないと考え、アジアの解放のためには、まず日本の改造が必要と結論した。一九一九年八月、大川は「猶存社《ゆうぞんしゃ》」を結成し、さらに上海で『国家改造案原理大綱』（以下『大綱』）を執筆していた北一輝に会い、北を日本に連れ戻して指導者に迎えた。

北一輝は弱冠二四歳で『国体論及び純正社会主義』を自費出版（発禁）し、その後は大陸へ渡り、中国革命運動に参加した人物である。だが革命は失敗に終わり、大陸で排日運動が高まる様子を目の当たりにした北は、「そうだ、日本に帰ろう。日本の魂のドン底から覆して、日本自らの革命に当たろう」と決意し、日本革命のための綱領として『大綱』を著していたのである。大川・北を中心とする猶存社は、『大綱』を革命のバイブルとして、国家改造をめざす実践団体となった。

大川周明（1886〜1957）国家主義者・アジア主義者．山形県出身．東大インド哲学科卒業．満鉄社員．拓殖大教授．東亜経済調査局理事．法学博士．三月事件などを計画．敗戦後A級戦犯となるも，精神障害で免訴

北 一輝（1883〜1937）国家社会主義者．本名輝次郎．新潟県出身．独学で社会思想を学び，社会主義への傾倒を経て中国革命に参加．帰国後は政財界の裏面で暗躍し，青年将校に影響を与えた．二・二六事件で刑死

『大綱』は改造の具体的方法として、軍隊によるクーデターを提示した。天皇の大権を発動して憲法と議会を停止し、全国に戒厳令を布く。そのうえで特権階級の政治機構（貴族院、枢密院、華族階級など）を廃止し、普通選挙を実施して、私有財産を制限する。過酷な労働を規制し、福祉や教育を充実させ、弱者の人権を重視する。

その方向性は「平等」にあった。国内では貧富の格差を縮め、さらに国外では、英米列強の軍事・経済・思想的な挑戦に対抗して、列強の支配に甘んじるアジアの植民地を解放する。国際社会と国内社会の双方を革新し、国内外ともに平等な世界をめざす点が、従来の国家主義運動と異なる猶存社の新しい側面であった。

大川周明と北一輝・西田税の〝分裂〟

一九二〇年、『大綱』はガリ版刷でごく少数が頒布された。そして早くもその翌年、一九二一年に最初の「行動者」を生んだ。安田財閥の長、安田善次郎《やすだぜんじろう》を刺殺して自害した朝日平吾《あさひへいご》は、北一輝の『大綱』に強く感銘を受けて、遺書を北に届けるよう言い遺した。また『大綱』に感激を覚えた西田税も、『大綱』の完全な形での流布を強く願い、一九二三年に改造社から『大綱』が『日本改造法案大綱』と改題して出版されたのちも、二六年と二八年に西田自身が編集する形で改版の刊行に携わった。

だが猶存社は、北と大川周明の確執が生じたことで解散（一九二三年）し、一九二四年に大川は行地会（翌年に行地社と改名）を結成する。西田は北に師事しながら、大川の行地社にも属した。だが安田共済事件（大川が同社の労働争議で解雇された門人を擁護したところ、北が安田側に立って交渉し報酬を受けた）で、北と大川の関係はさらに悪化する。

西田は一九二五年末に行地社を出て、北のもとにつき、宮内省怪文書事件（北・西田が怪文書を配布し、御料地木材の払い下げで不正があったとされる牧野伸顕宮内大臣らを糾弾した）を起こして、翌年一一月に収監された。

大川は当時、牧野伸顕に接近して関係を深めつつあり、北や西田の行動を批難した。ここで、北・西田と大川の対立は決定的となった。これを機に大川は、北との関係を危ぶんでいた陸軍や宮中からの警戒を解かれ、陸軍内で佐官級・将官級の幕僚将校との接触を強めていく。他方で釈放された後の西田は、一九二七年（昭和二）七月に「天剣党」を設立し、陸軍内の尉官級を中心とした少壮・青年将校らを組織化しようと試みた。

西田の手による天剣党趣意書には、同党を「軍人を根基」とした「全国の戦闘的同志を連絡結盟する国家改造の秘密結社」として、北一輝の『日本改造法案大綱』を経典とせる実行の剣」と位置付ける文がある。ここには西田の『大綱』に対する強い思い入れが込められている。

天剣党への加盟、王師会の結成

この頃、西田税と交流を深めていた藤井斉も、アジアの盟主としてふさわしい国家に日本を改造するとの理念を、強く受け止めた。藤井は天剣党への加盟を約した、唯一の海軍軍人となった。

翌一九二八年三月、藤井は海軍有志を中心とした「王師会《おうしかい》」の結成を宣言した。天剣党の海軍版というべき結社である。「腐敗の極」に達した世相の風潮と、政党政治の醜悪さに痛憤し、国家の改革のために「覚醒」した海軍軍人の組織を作ると宣言にはある。また「昭和」という新しい御代を迎え、宣言は「維新」を意識した文言を備えている。

一、日本海軍一切の弊風を打破し、将士を覚醒奮起せしめて、世界最強の王師たらしむべし。
一、天命を奉じて明治維新を完成し、大乗日本を建設すべし。
一、建国の精神に則りて大邦日本帝国を建設し、もって道義により世界を統一すべし。

（「王師会宣言」）

設立当初の同志九名は、やがて二〇名ばかりに増えた。兵学校在学中の古賀清志（五六期）・村山格之（五七期）などが会員となった。王師会の結成には、国家改造運動に身を挺する同志の組織化をめざす点で、西田の影響が強く表れている。

ただ王師会の宣言には、頽廃《たいはい》した日本・海軍への強い危機感はあるが、北の『大綱』への言及はない。西田と藤井の交友は続いていたが、北や陸軍将校の革命論には、軍事クーデターによる権力奪取の傾向がみられた。ただそれは、陸軍の兵力をもって可能な方法である。海軍に身を置く藤井は、おそらくは意識的に、北と異なる独自の方法論を模索したのであろう。

王師会の活動は、中央と地方（呉・佐世保などの海軍拠点）の有志間を密に連絡し、名簿や機関誌を発行する目標を掲げた。だが古賀によると机上のプランに終わったようである。卒業後、少尉に任官して乗艦勤務（空母「加賀」乗船）となった藤井は、規律が厳しく外界との接点も乏しく、十分な活動を行えなかった。革命家としての藤井の本領は一九二九年一一月、第二〇期飛行学生として霞ヶ浦海軍航空隊に転属となって発揮されることになる。

権藤成卿『自治民範』への称賛

霞ヶ浦での藤井斉中尉は、艦上攻撃機の操縦を主に学び、日々の猛訓練に明け暮れた。だが休暇が出れば比較的自由な行動ができ、しかも霞ヶ浦には藤井に理解のある上官が多かった。小林省三郎《こばやしせいざぶろう》少将（航空隊司令）を筆頭に、のち神兵隊事件（一九三三年のクーデター未遂事件）に参加した山口三郎中佐や、敗戦時に厚木航空隊を率いて反乱を起こした小園安名《こぞのやすな》大尉らが、教官として在籍していた。海軍の豪傑連が揃うなかで、藤井はその活動範囲を飛躍的に広げていく。

一九二九年一二月、水戸で開かれた徳川光圀生誕三〇〇年事業の後援会に、大川周明らが顔を見せた。大洗《おおあらい》に建設された護国堂にいた井上昭（日召）や、愛郷会を設立したばかりの橘孝三郎（農本主義の指導者）らを含めた約五〇名の出席者のなかに、藤井の姿もあった。

茨城の地で、藤井は権藤成卿の思想と出会った。藤井は水戸行の列車のなかで知り合った、佐賀出身の野口静雄（金鶏《きんけい》学院卒・茨城県庁勤務）を通じて、権藤や日召らの知遇を得る。権藤は福岡県久留米の出身で、黒龍会《こくりゅうかい》（内田良平の創立した政治結社）や一進会《いっしんかい》（大韓帝国の親日派団体）の活動にもかかわった人物である。藤井は野口らとともに、月に一、二度は権藤を訪ねて「改造案を練る」ことを決めた。

権藤成卿（1868～1937）農本主義思想家．福岡県出身．独学して中国朝鮮を歩き，黒龍会・老壮会に参加．下中弥三郎・橘孝三郎らと日本村治派同盟を結成．「社稷」観念を基盤とする農本自治主義を探究した

権藤研究の第一人者である滝沢誠によれば、藤井は権藤の思想における「忠実な信奉者」となり、その真髄を「正確に理解した」という（『権藤成卿』）。特に権藤の著書『自治民範』について、藤井は「必読の良書」と激賞し、海軍同志に強く勧めた。

一九二七年二月に刊行された『自治民範』は、古来日本に由来する「社稷《しゃしょく》」の観念が特徴的である。

社（土地）と稷（五穀）を中心とする村落農治のうえに、日本は建国された。君（天皇）は儀範を示し、民は農村を基盤に自治を行う（君民共治）。君民が一体であり、一君万民の平等な共同社会が、理想的な日本本来の姿である。この権藤の思想を転ずれば、君と民の間に跋扈《ばっこ》して、私利私欲を貪《むさぼ》る議員や官僚、政党や財閥などの「支配階層」は、都市型資本主義を推し進めて国体を破壊する存在といえる。

国家の腐敗と堕落を憂慮し、官僚的権力機構を独占する支配階層を心底から憎んだ藤井は、権藤の国家をも超える「社稷」の観念と、無政府主義的な革命理論に深く共感した。権藤に手紙を書いた藤井は「明治維新の失敗」によって、日本はドイツ流の「官僚的国家主義」を模倣し、ついには「英国流の政党専制」すら生じてしまった。これから始まる「第二維新」に同じ過ちがあってはならない（一九三〇年二月四日付権藤宛藤井斉書簡）と記している。

藤井は権藤を、大化の改新における「南淵《みなぶち》〔請安《しょうあん》〕先生」と賞賛し、仮にクーデターが成功した暁には、中大兄皇子を支えた南淵請安のような位置づけで、権藤を政策ブレーンとすることを決めた。「社稷体統の純日本的制度」に基づく「第二維新」の国創り、特に支配階層を置かないユニークな政治体制の構築は、権藤のほか成しえないと考えたのである。

井上日召と門下の青年たち

霞ヶ浦の地を拠点とした藤井斉は、志をともにできると見た人物に積極的に近づき、同志の糾合に努めた。土浦にある本間憲一郎（元陸軍通訳、大陸従軍経験者）の「紫山塾」には頻繁に通い、近隣の国家主義者と交流を広めていく。

そのなかでも重要であったのは、大洗護国堂の井上日召と門下の青年たちとの出会いであった。日召は日蓮宗に帰依した僧侶だが、父は神風連《じんぷうれん》の乱（一八七六年の熊本で起きた士族反乱）に参加し、自身は中国に渡って天津駐屯軍の通訳やスパイを務めた元大陸浪人であった。大陸で本間や前田虎雄《まえだとらお》（元満鉄社員、のちに神兵隊事件を計画）などと知り合った日召は、帰国後に本間・前田らと新日本建設同盟を設立。禅僧の山本玄峰《げんぽう》のもとで修行を積んだのち、一九二八年に大洗の護国堂に入って、「日本精神に生きよ」との思想のもと、青年教育に努めていた。日召のもとでは、のち「血盟団」に参加する小沼正《おぬましょう》・菱沼五郎《ひしぬまごろう》などの青年たちが、厳しい修行を行っていた。

井上日召（1886～1967）国家改造主義者．群馬県出身．本名昭．父は「神風連の乱」関係者．東洋協会（拓殖大）中退後，大陸浪人．天津駐屯軍に協力．帰国後，日蓮宗に帰依．大洗護国堂に入り，当地農村の青年を指導

日召の語るところによると、ある人の家に招かれていったところ、そこで交わされた革新談義が「馬鹿らしい空疎《くうそ》な」ものに思えて、「大いに罵倒《ばとう》してやった」。すると「では、和尚には日本革新の具体案があるんですか？」と反問した青年がいた。それが藤井斉であった。「あるとも！」「ではそれを聴こう」「よ

し、一緒に護国堂へ来い」。

その夜、藤井は海兵同期（五三期）の鈴木四郎（海軍中尉）とともに護国堂を訪れ、徹夜で日召と語った。以来、藤井は週末になると、鈴木と二人で護国堂を訪れるようになった。当時、日召は「同志倍化運動」と称して、国家革新のために動く同志の獲得をめざしていた。藤井はこれに応じて、後輩の古賀清志（五六期）・大庭春雄・伊東亀城・村山格之（以上五七期）ら海軍将校を護国堂に連れてきた。古賀は「日召の魅力は、自己の一切を青年の腹中に置いたこと」と感じ、護国堂での「裸と裸の人間的接触」を好ましく感じた。この頃は「合法的に革新を行う方針」で、テロ行為よりも同志の獲得を重視していた日召も、藤井らの訴えを聞くうちに、次第に非合法手段を考えるようになる。

藤井は志が近いとみるや、右派や左派を問わず、あらゆる人物や団体を網羅すべく走り回り、かつ月旦《げったん》をくわえていった。のちに司法省刑事局がまとめた「右翼思想犯罪事件の綜合的研究」が、この頃同志に宛てた藤井の書簡（おそらく押収したもの）を、あまりの詳細さに、そのまま資料として収録するほどであった。藤井は国家主義の大衆政党をめざした日本国民党（一九二九年一一月結党。頭山満・西田税などが参加、のちに大日本生産党に合流）や、愛国勤労党（一九三〇年二月結党。天野辰夫《あまのたつお》・中谷武世《なかたにたけよ》などが参加）に出入りし、その動向を具《つぶさ》に観察している。

国家主義運動家たちへの評価

ただ、こうした国家主義運動家のなかで頼りになるものは、やはり北一輝・西田税、そして井上日召の一派と藤井斉は判断した。

藤井は言う。運動家のなかにも、自己の立場を固守して他との連帯を拒む者、功名心や派閥を重視する者、人を利用して自分の地位を高めようとする者もある。たとえ革命が成功しても、こういった「悲しむべき人性」のために、「新日本の崩壊」が始まるかもしれない。そうならないためには「真の革命家を養」って、団結を強め、有為《ゆうい》の人材を「続出」させる必要があると（一九三〇年八月二一日付藤井書簡）。

ほかに藤井は安岡正篤《やすおかまさひろ》（陽明学者）を、権藤成卿の自治思想の実践を通した教育者とみて高く評価した。元猶存社の一員で、大川とともに行地社を創設した安岡は、日本主義に基づく社会教化を重視し、儒学的教養を講じる金鶏学院（帝大生のほか、軍人・華族・官僚らも通った）を創設、運営していた。

藤井は井上日召を連れて金鶏学院を訪れ、そこで四元義隆《よつもとよしたか》・池袋正釟郎《いけぶくろしょうはちろう》ら東京帝大生の同志を獲得している。四元らは故・上杉慎吉《うえすぎしんきち》教授が主宰した日本主義学生団体「七生社《しちせいしゃ》」の同人で、上杉の死後、金鶏学院に出入りしていた。四元と池袋を紹介された日召は「素晴らしいものを見付けた」と感じ、「藤井をうんと褒《ほ》めてやろう」と喜んだ。ひたすらに修養を説く安岡にあきたらなく思っていた四元や池袋も、藤井や日召の「何の飾りもなく丸裸」で革命を説く姿勢に、心惹かれていった。

このように、霞ヶ浦での藤井は権藤・日召らと出会い、交流を深め、「同志」を広く集めながら、「昭和維新」の断行による国家改造を企図していた。

その頃、海軍を、そして日本の国運を左右する問題が浮上した。それがロンドン海軍軍縮会議であり、統帥権干犯問題であった。

ロンドン海軍軍縮会議の開幕

藤井が権藤成卿や井上日召との出会いを果たした頃、ロンドンでは海軍軍縮会議が開催（一九三〇年一月二一日）されていた。主力艦の保有比率を決めたワシントン海軍軍縮条約（一九二二年二月調印）に次ぎ、日米英仏伊の五ヵ国による補助艦（大型巡洋艦・潜水艦などを含む）の保有比率制限が議題であった。

陸海軍の軍縮は、一九二九年七月に成立した浜口雄幸内閣（与党立憲民政党）にとって、金輸出解禁（金解禁）とならぶ最重要の公約であった。蔵相井上準之助の唱える緊縮財政と、外相幣原喜重郎《しではらきじゅうろう》の国際協調路線を両輪とする浜口内閣の政策は、一九三〇年二月の衆議院議員総選挙を控えて、実行力が問われる段階となっていた。

浜口首相は、元首相・前民政党総裁の若槻礼次郎を首席全権に、海相の財部彪《たからべたけし》大将を全権に任命し、財部海相の留守中の事務管理は浜口首相が自ら兼摂した。若槻・財部ともに浜口首相の強い要請によって、全権を承諾した。

従来の海軍軍縮会議の全権が、ワシントン（加藤友三郎）・ジュネーヴ（斎藤実）ともに海軍関係者であったのに対して、党総裁の経験者である若槻を据えたことは、政権の政策を重視する姿勢とも受け止められた。ただちに海軍側の猛ブリーフィングが始まり、十数名の関係者が若槻を「『アイウエオ』から教えて行く」ように、交替で「教育」したという。

海軍部内にはワシントン海軍軍縮条約によって、主力艦保有を対英米六割に抑え込まれた屈辱を再現してはならないとの声があった。ロンドンに先立って、ジュネーヴで開かれた海軍軍縮会議で決裂した英米両国が、その後に水面下でしめし合わせて、ロンドンでは共同して日本の軍備を削減させるとの観測もあった。そこで一九二九年一一月一一日、海軍側はロンドン会議にあたって、原則を立てる。補助艦および大型巡洋艦の総括比率は、対英米七割。

浜口雄幸（1870〜1931）

幣原喜重郎（1872〜1951）

若槻礼次郎（1866〜1949）

潜水艦は現有勢力を維持。これを満たさない場合には、決裂もやむなし、と。

英米両国は外交筋を通して、日本の七割主張に難色を示してきたが、内閣は一一月一五日の閣議で、対米七割は「国防上の最小限度の要求」との一致をみた。難航が予想されるなか、一一月三〇日、若槻・財部ら全権団は横浜港から、東郷平八郎元帥、山本権兵衛《やまもとごんべえ》元首相らにも見送られてロンドンへ出発した。

妥結、反発、強行突破

一九三〇年三月一四日、ロンドンの若槻礼次郎全権は日米の妥協案を東京へ打電し、条約締結を望む旨を伝えて、政府の回訓を要請した。日米の補助艦比率は六割九分七厘五毛、七割には二厘五毛ほど不足する結果であった。海軍の要求する原則には、わずかに及ばない。

これをめぐって、海軍部内は二つに割れた。山梨勝之進《やまなしかつのしん》海軍次官（中将）や堀悌吉《ほりていきち》海軍省軍務局長（少将）ら海軍省中枢は、妥結やむなしと感じた。これに対して、加藤寛治《かとうひろはる》軍令部長（大将）や末次信正《すえつぐのぶまさ》軍令部次長（中将）など軍令部首脳は、譲歩は認められないとの意見であった。

三月一六日、加藤軍令部長は東郷平八郎元帥を訪問した。東郷は加藤と同じく、七割に満たない以上は断乎として会議を引き揚げるべきとの意見であった。加藤は次に岡田啓介《おかだけいすけ》大将（前海相）を訪ね、最後は妥協する可能性もあるが「なお一押し」すべきだと述べた。

　さらに翌三月一七日、末次軍令部次長は日米妥結案に海軍は反対との意見を新聞各紙にリークし、世論の硬化をはかった。三月二二日、岡田大将は、東郷元帥と伏見宮博恭《ひろやす》元帥の海軍二長老を訪ねたが、二人とも妥協案に不満を洩らした。同日、軍令部は海軍省に原則の貫徹を求める意見書を出し、海軍省はこれをほぼそのまま「海軍回訓案」として政府に提出する。

　これに対して幣原喜重郎外相は、岡田大将や、東京にいた斎藤《さいとう》実《まこと》朝鮮総督（元海相）に海軍部内の取りまとめを依頼した。斎藤は条約締結に積極的な賛意を公表し、海軍内の調整に動く岡田を励ました。

加藤寛治（1870～1939）

　さらに三月二七日、浜口雄幸首相は昭和天皇に拝謁した。このとき天皇は、軍縮をまとめるように浜口を激励した。これを受けて、浜口も不退転の決意を固め、同日午後に加藤軍令部長・岡田大将と会見した際に、「協定を成立させる」との意志を伝えた。

　浜口首相の強硬な態度を前にして、海軍関係者の間には条約への抵抗をあきらめ、かわりに補充計画予算を政府に認めさせようとする動きが強まった。だが加藤軍令部長は三月二八日、岡田大将に「この際、軍令部長として上奏しなければならぬ」と述べて、軍令部の意見を大元帥である天皇に、直接上奏することを仄《ほの》めかした。

統帥部の長である軍令部長には、軍事に関する事項を直接天皇に上奏できる帷幄《いあく》上奏権が認められていた。岡田大将は「今はその時機ではない」と反対したが、軍令部長の上奏希望は大きな波紋を呼ぶことになる。

加藤軍令部長の上奏、阻止

三月二九日、加藤寛治軍令部長は末次信正軍令部次長から示された上奏案を、岡田啓介大将に示した。岡田は、政府が全権団へ受諾を回訓する前に、上奏してはならないと釘をさした。政府と軍令部の方針が食い違えば、天皇がどちらかに「聖断」を下す必要が生じる。それは望ましくない、というのが岡田の意見であった。

天皇の側近も、岡田と同様の意見であった。元老西園寺公望《さいおんじきんもち》はもちろん、牧野伸顕（内大臣）・一木喜徳郎《いちききとくろう》（宮内大臣）らも、国際協調と軍縮条約締結をめざす浜口内閣の方針を支持しており、政府が主導して軍令部の意見をまとめることを期待した。天皇側近の地位にあった鈴木貫太郎侍従長（海軍予備役大将、前軍令部長）も、三月二九日に加藤軍令部長に対して「上奏は早まらないように」と忠告した。三月三〇日夜、加藤は日記に「連日苦悶、自決を思うことあり」と記すほど、思い詰めた。

三月三一日朝、末次軍令部次長から浄書された上奏案を受け取った加藤軍令部長は、帷幄上奏を決意した。訪ねてきた岡田に、加藤は「自分は処決を覚悟している」と告げた。だが岡田は「腹を切る、切る、といっているもので、あっさり切ったためしはないから」と、真面目にとりあわなかった。補充計画予算案が認められそうな雰囲気のなかで、岡田は楽観的であった。

同日午後二時、加藤は鈴木侍従長の招きを受けて、鈴木の官邸を訪ねた。鈴木は重ねて回訓前の上奏をたしなめ、かつ加藤の上奏が政治運動に利用されたら、各方面に大きな影響を与えると警告した。加藤はこれを聞いて、意外にもあっさりと、明日政府の上奏が発表されるまで延期すると告げた。

四月一日朝八時半。浜口首相は官邸で、岡田大将・加藤軍令部長・山梨勝之進海軍次官の三人と会見した。このとき加藤は「用兵作戦上からは、米国案では困ります……用兵作戦の上からは……」と発言したが、浜口はこれを無視して、妥結を求める回訓案を手交した。そして東郷平八郎元帥にも直接話をしたいが、多忙で暇がないと述べて、岡田に伝言を依頼した。岡田ら三人は海軍省へ戻り、回訓案の修正を協議した。

一〇時頃、加藤は岡田に、今日予定している上奏について、鈴木侍従長に問い合わせてほしいと依頼した。岡田が鈴木を訪問すると、鈴木は「本日はご日程がすでに一杯」と言った。このとき、岡田と鈴木は、昭和天皇に「〔政府と対抗する〕上奏などをしてご心配をおかけするようなことがあっては申しわけない」との意見で一致していた。

結局、加藤の上奏は翌二日に延期とされた。すでに閣議が一〇時から開かれており、正午前に山梨次官が海軍側の修正案を持参して、午後一時に閣議で回訓案が扱われ、満場一致で承認可決された。浜口首相は午後三時四五分に天皇に拝謁、回訓案を上奏した。午後五時に回訓案はロンドンへ発電された。

翌四月二日朝、参内した加藤軍令部長は「米国の提案は、帝国海軍の作戦上に重大な欠陥を生じる内容」であると、天皇に上奏した。だが政府の回訓案への反対を直接述べたわけではなく、天皇も特に言葉を述べずに、上奏はただ「聴き置」かれたのみであった。

条約に不満であった東郷元帥や伏見宮元帥も、このうえは補充計画の充実を進めるほかないとの意見を漏らした。加藤は辞職を考えたが、この時点で海軍部内の動揺は少なかった。

「統帥権干犯」問題へ――政友会による倒閣運動

他方で、ロンドン海軍軍縮会議における政府と軍令部の対立は、新聞紙上で盛んに取り上げられ、すでに政治問題化しつつあった。

同年二月の衆議院議員総選挙で、与党・立憲民政党は二七六議席（定数四六六）を獲得して勝利し、野党・立憲政友会は一七四議席で一敗地に塗《まみ》れた。敗れた政友会は軍縮問題での政変をもくろんで、海軍強硬派や、条約批准の関門と予想された枢密院との連携をめざす。

政友会幹事長の森恪は、「国防に脅威を感じさせる譲歩はあくまで排撃しなければならない」

とし、国防に関しては「責任ある海軍当事者」の意見を信任すべきだとの談話を公表した（『東京朝日新聞』三月二八日付）。森幹事長は瓜生外吉《うりゅうそときち》海軍大将を岳父《がくふ》にもち、対米七割の重要性を知り、海軍部内の情勢に通じた人物であった。また森は、民政党政権の倒潰をめざす北一輝らとの連絡ルートも持っていた。

加藤軍令部長が上奏した同じ四月二日、森幹事長は、浜口内閣が「軍令部の意向を事実上まったく無視」したと公言した。森は政府の回訓案が海軍に提示されたのが、閣議のわずか二時間前であったと述べて、「憲法上許すべからざる失態」だと批難した。

森の言動は、軍令部（特に末次次長）からの情報提供に基づいており、政府が軍令部の権限を犯したと主張することで、倒閣と政権交代が見込めると踏んだのである。

さらに翌四月三日、軍や森恪に近い『大阪毎日新聞』が早くも「統帥権干犯」の語を取り上げ、翌四日には頭山満を代表とする「軍縮国民同志会」が回訓反対の決議を行って、政府の行為を「大権干犯」だと批難した。同会には、北一輝の弟・昤吉《れいきち》や高弟の西田税が所属していた。

「統帥権干犯」の語を発案したのは北一輝と言われている。与党民政党の永井柳太郎《ながいりゅうたろう》が北を訪ねて、統帥権などといって軍人を煽《あお》らないでくれと言うと、北は「一晩中考え抜いたですよ」と答えたといい（「革命児・北一輝の逆手戦法」）、また「うん、トウスイケンなどという支那料理屋の名前はやめよう」と言ったともいう（「小川平吉翁の回顧」『日本及日本人』一九五一年三月）。

真偽は定かではないが、北とその周辺の陣営が、「統帥権干犯」の名分で軍縮条約を政治問題化し、野党やメディア、右翼団体などと連携して倒閣に動いたことは疑いない。

藤井斉の激高

四月七日、西田税が藤井斉のもとを訪れた。「軍令部長一日に上奏をなし得ざりしは、西園寺、牧野、一木〔喜徳郎〕の陰謀のため」と西田に聞いた藤井は、激高した。「昨日西田氏訪問〔中略〕小生、海軍と国家改造に覚醒し、陸軍と提携を策しつつあり」（一九三〇年四月八日付藤井斉書簡）

藤井は海軍軍縮を、浜口雄幸首相を中心とする政党の軍部圧迫ととらえ、「軍縮問題は天の下せる命運であった」と憤る。

議会中心の民主々義者が、明かに名乗りを上げて来たのである。財閥が政権を握れる政党、政府、議会に対して、国防の責任を負うと云うし、浜口は軍令部、参謀本部を廃し、帷幄上奏権を取り上げ、軍部大臣を文官となし、斯《か》くて兵馬の大権を内閣即《すなわ》ち政党の下に置換えて、大元帥を廃せんとする計画なり。今や政権は天皇の手を離れて、最後の兵権迄奪わんとす。（一九三〇年五月八日付藤井斉書簡）

藤井は、ロンドン海軍軍縮条約問題を「天皇を中心とする軍隊」に対する政党の挑戦と理解した。「戦は明かに開始せられた。〔中略〕我等は生命を賭して戦い、彼等を最後の一人迄もやっつけなければならぬ」。

藤井は、ただちに行動した。『憂国慨言』と題する冊子を作成し、「我等の忠君愛国は、不義を討つことである。日本国家生命に叛《そむ》くものに刃を向けることである」と切言した。航空隊の小林省三郎司令には「何か打つ手はないのですか」と詰め寄った。さらに海軍省に乗り込んで、山梨次官から「職権をもって追い出す」と言われるほどに条約締結の非を訴えた。

条約問題は、大きな波紋を呼んだ。四月二二日、ロンドンで軍縮条約は調印された。その直後に召集された第五八特別議会で、野党政友会は、犬養毅総裁・鳩山一郎ら党幹部が、与党政府の「統帥権干犯」を強硬に批難した。

政界を引退していた犬養毅を党総裁に据えたのは森恪であり、政友会は森の方針に従って、党を挙げて軍縮問題での倒閣を狙ったのである。だが浜口首相は憲法上の問題について答弁を避け、野党の挑発に乗らなかった。

財部海相の孤立無援

海軍側の全権であった財部彪海相は、会議の決裂も辞さないと一方で表明しながら、裏面

財部 彪（1867〜1949）

では妥協案を「適当に糊塗《こと》」して、軍令部にはその内容を隠すことを希望していた。またこのことが『東京日日新聞』に報道される（五月九日付）と、わざわざハルビンで予定以上に滞在し、「政争の渦中に飛び込めぬ」と、ほとぼりを冷まそうとした。こうした財部の態度が、反対派の怒りをさらに高ぶらせた。

五月一九日、帰国した財部を東京駅頭で待っていたのは、「降将財部の醜骸《しゅうがい》を迎う！」「売国全権財部を弔迎す！」「国賊財部を抹殺す！」などの過激なビラであった（『昭和憲兵史』）。これは愛国勤労党の手によるものであった（「右翼思想犯事件の綜合的研究」）。

翌五月二〇日、海軍軍令部参謀の草刈英治少佐が、東京行き寝台列車のなかで割腹自決した。遺書の後段が海軍当局に伏せられたことで、自決の原因は条約調印への責任を感じたためとも、財部全権を暗殺しようとして果たせなかったからとも噂された。

海軍部内の空気は張り詰めたものとなった。

加藤寛治軍令部長、それに東郷平八郎・伏見宮博恭王らは、財部に対して強硬な非難を浴びせた。帰国した財部に、加藤軍令部長は早速「統帥権干犯」をぶつけて激論をかわしたが、事態は変わらず、加藤は六月一〇日に辞表を上奏し、翌一一日に更迭された（後任に谷口尚《たにぐちなお》真《み》）。東郷らはますます硬化し、財部の即時辞任を要求した。

財部海相は政府および天皇に助力を求めようとするが、浜口首相は軍部内のこととして取り合わず、天皇側近である牧野伸顕内大臣も同意しなかった。東郷らの説得は絶望的、と話す財部に、浜口首相は「玉砕すとも男子の本懐」ではないか、と述べた。山梨次官は、のちにこのときを振り返って「原敬さんは実に上手にさばかれました」と述べている。山梨がいくら促しても東郷と会おうともしない浜口に、かつて気難しい元老山県有朋《やまがたありとも》とわたりあい、その暗黙の了解をとりつつ事態を進めた原の手法を思い起こしたのであろう。

七月二三日、なおも不満な東郷元帥らを押し切って、海軍部内は補充兵力の充実をふくめた「奉答文」を天皇に奏上し、条約を是認した。財部の声望は地に落ち、条約批准の翌日（一〇月三日）に海相を辞任した。軍縮条約をめぐって、海軍部内に大きな亀裂が生じたことは明らかであった。

枢密院の屈状

条約の批准には、「憲法の番人」とされる枢密院での可決が必要であった。倉富勇三郎《くらとみゆうざぶろう》（枢密院議長）・平沼騏一郎《ひらぬまきいちろう》（同副議長）、および伊東巳代治《いとうみよじ》（枢密顧問官）らは、与党民政党の前身である憲政会との遺恨があった。第一次若槻礼次郎内閣が提出した台湾銀行救済緊急勅令案を、枢密院が否決し、内閣総辞職に至った事件である。当時蔵相であった浜口首相は、枢密院への正面衝突をも辞さないとの決意を見せた。

八月四日、海軍の奉答文を見せてほしい、と依頼した倉富枢密院議長に対し、浜口首相は手元にないと拒否し、また海相への依頼も拒絶した。「海軍大臣の報告を要求すると否とは私の考による」と浜口首相は述べて、それを強要するのは政治干渉だと主張し、速やかな審査を要求した。枢密院改革を望む元老西園寺公望や、条約の批准を願う天皇の存在を背景として、浜口首相はことさら強い態度に出た。

倉富は愕然《がくぜん》とした。浜口内閣の挑発的態度は、当然ながら枢密院を憤慨させ、硬化させた。枢密院は審議を引き延ばし、これに対して浜口内閣は期限付審議を検討するとともに、枢密顧問官の更迭を辞さない構えをみせ、首相官邸に与党代議士を集めて示威におよんだ。

政府と枢密院の全面衝突を喜んだのは野党である。政友会幹事長森恪は倒閣が間近と読んで、犬養毅総裁に臨時党大会で「統帥権干犯」の失策を訴えさせた(九月一六日)。

右派団体の日本国民党は、九月から一〇月にかけて「亡国的海軍条約を葬れ」などの檄文を多数作成し、枢密顧問官などを含む各方面に広く配布した。井上日召派の青年たち(小沼正・菱沼五郎・黒沢大二《くろさわだいじ》・川崎長光ら)も日本国民党に実働部隊(「決死隊員」)として動員され、茨城から東京に上京していた。

ところが九月一七日の委員会で、最強硬派であった条約審査委員長の伊東巳代治顧問官が豹変する。枢密院は、枢密顧問官の大量更迭をも辞さないと強硬な姿勢を貫く、浜口内閣の威嚇に屈服したのである。九月二六日、枢密院審査委員会は無条件無警告の審査報告を可決した。

こうした経緯を踏まえると、浜口首相の「剛直」な政治スタイルは、際立っていた。自己の信念のもとに政策を推進する姿勢は、政治家としては望ましい要素のひとつであろう。ただ他方で妥協を許さず、異論を排除し、対立者を力で圧伏する為政者によって、不利益を被る側はどうであろうか。

世界大恐慌・昭和恐慌の到来

折しもこの頃、浜口雄幸内閣のもうひとつの看板政策、井上準之助蔵相による金解禁と緊縮政策が、日本に未曽有の大不況をもたらしつつあった。

金解禁は為替レートを安定化させ、輸出増進・景気回復の効果があるとされていた。ところがすでに一九二九年一〇月、ウォール街の株価暴落、いわゆる世界大恐慌によって、輸出先であるアメリカ経済の混乱が始まっていた。

だが浜口内閣は一一月、金解禁の実施を翌一九三〇年一月と予告し、しかも為替レートが高くなる旧平価で断行した。前者は年明けに想定される解散総選挙を前に政策実行力を見せつけ、有利に選挙を戦うためであり、後者は現状に近い新平価のレートには法改正が必要という、議会対策上の理由が主であった。そのために金解禁のショックは、「大暴風に向かって雨戸を開け放った」と譬《たと》えられるほど激甚なものとなった。

よくなると考えられてきた景気が、目に見えて深刻化したのは一九三〇年春頃からである。まず金解禁にともない、莫大な金が国外へ流出した。一九三〇年からの二年間で、約一三億六〇〇〇万円あった正貨（金）は、わずか約四億円を残すまでに消失した。

さらに極端な財政支出の抑制により、強烈なデフレが発生し、物価と株価が暴落した。物価は同じく一九三〇年からの二年間で、卸売り・小売り物価指数が約三〇％も低下した。なかでも対米輸出の主要品である、農村産出の生糸は、最大で約五五％下落し、綿糸は約五二％、米も約五〇％の値下がりを記録した。

株価も一九三〇年三月から、目に見えて急落し、金解禁前（一九二九年六月）と解禁後（一九三一年一二月）との平均株価下落率は五〇％を超えて、有力株も軒並み暴落した。

こうして日本の輸出総額は、一九二九年から三一年にかけて約二六億円から約一五億円へ、率にして約四三％減少し、正貨（金）の流出とあわせて巨額の赤字を記録した。日本史上最大の不況、昭和恐慌が到来したのである。

農村はさらに打撃を受けた。この頃、都市部のサラリーマンが全有業者の約五・四％（約一六〇万人）であるのに対して、農村漁村を中心とする就業人口は約三四・一％（約一〇三〇万人）で、農村社会は依然として大きな存在であった（『昭和の恐慌』）。

折悪しく、一九二九年は大凶作、三〇年は大豊作となり、三一年は再び大凶作となった。

豊作でも凶作でも、米価は暴落し、地主は小作料に相当する分の米納を要求した。農民は小作料を米で納めたうえで、値段の安い米を泣く泣く叩《たた》き売った。貴重な現金収入源であった生糸も、アメリカ経済の凋落で買い手がつかなかった。

農村の窮乏と政府の無策

東北地方の農村は窮乏に瀕《ひん》した。岩手県のある村では、雪が降るなかで子どもがシャツも着ていない。ナラの実をふかし、わらびの根を食うのみである。小学校児童約九〇〇名のうち、実に四〇〇名超が欠食児童となった。

子どもは飢え、娘は売られてゆく。それでも「娘を持っているものは娘を売ることができる」が、自分には息子しかいないと、酔いながら語る老人がいた（下村千秋「飢饉地帯を歩く」『中央公論』一九三二年二月）。欠食児童や娘の身売りにとどまらず、夜逃げ、盗み、心中など、悲惨な状況が至るところで発生した。

農村の青年は、すなわち帝国陸軍の兵士でもある。のちに満州事変の勃発によって、中国東北部に出征した兵士には青森出身（第五連隊）の者が多くいた。同地に出征していた末松《すえまつ》太平《たへい》（陸軍中尉）があるとき、中隊長から「末松君、この手紙の意味をどうとればよいかね」と、兵士に宛てた家族からの手紙を見せられた。

「お前は必ず死んで帰れ。生きて帰っては承知しない」〔中略〕。つづけて「おれはお前の死んだあとの国から下がる金がほしいのだ」といった意味のことが書いてあった。この手紙の受取り主は真面目な兵だったが、泣いてこの手紙を中隊長に差出したのだった。〔中略〕この親の希望は、それから間もなくかなえられた。（『私の昭和史』）

この頃に外地で戦死者が出ると、送還された遺骨をめぐって争奪戦が始まる。名誉ではなく、金が欲しいのだ。どの出征兵士の家も「一様に貧困だった」と末松は回顧する。農村の窮状は、陸軍の兵士にとっては郷里の崩壊そのものだった。

かくして都市部では、中小企業を中心に休業、倒産、失業が激増した。農村を中心とする地方社会も、崩壊寸前に陥った。だが浜口雄幸内閣は強硬であった。井上準之助蔵相は議会の場で、失業者への救済を「断じてしない覚悟」と言い切った。公債の発行による政府事業や農村救済も「姑息な」手段として、真っ向から否定した。

「昭和の御代」のことと思えないような都市や農村での惨状の現出。ロンドン海軍軍縮条約の強行で湧き上がった海軍の反発。それが特権階級への憎しみと融合し、富裕層のみを守護して弱者を顧みない、政治の革新を強く要求する。

こうして「昭和維新」の開幕を告げる最初の一弾が、東京駅で放たれることになった。

第3章　破壊と捨て石——クーデターからテロリズムへ

浜口首相狙撃事件

一九三〇年（昭和五）一一月一四日、朝の東京駅。神戸行特急「燕」の最後尾に、浜口雄幸首相が乗り込もうとしていた。苦心した来年度予算案も立案し、気分は壮快であった。ただ首相の近辺に危険が予見されることから、官邸の周囲には鉄条網をはりめぐらせたばかりであった。

パシッ、と何かが破裂するような、乾いた音がした。浜口首相は前かがみに、うずくまるように倒れた。「ウム、殺《や》られた」刹那、浜口は感じた。「殺られるにはまだ早いな……」とも思った。

同じホームに、ソ連へ赴任する広《ひろ》田《た》弘《こう》毅《き》大使を見送りにきていた幣原喜重郎外相は、撃たれた浜口首相のもとへ駆け寄った。このとき浜口は幣原に「男子の本懐だ」と言ったといい、幣原も浜口も後にそのように回顧している（『随感録』『外交五十年』）。

だがこの有名な言葉は、日頃から浜口の口ぶりを知る新聞記者（松井政平／新愛知新聞）

狙撃された浜口雄幸首相，1930年11月14日　東京駅プラットホームで国家主義団体所属の青年に撃たれた

の創作で、実際の浜口首相はほとんど聞き取れない声量で『碧巌録《へきがんろく》』の一節を吟《ぎん》じていたという。このときやはり広田を送りにきた緒方竹虎（東京朝日新聞常務・玄洋社）が、首相狙撃の様子を目撃し、『東京朝日新聞』は他社に先んじて号外で報じた。

銃弾を首相に浴びせたのは、国家主義団体である愛国社（岩田愛之助社長）の佐郷屋留雄《さごうやとめお》。まだ二三歳の青年であった。

満州に生まれた佐郷屋は、内地に還って各種の右翼団体を渡り歩いて生活していた。政友会院外団の演説を聞いて、佐郷屋は浜口内閣が「金解禁の時機を誤り」、失業・倒産・犯罪の多発する「深刻なる不景気」を招いたと考えた。

また佐郷屋は『統帥権問題詳解』『売国的回訓案の暴露』などの政治パンフレット類も読んでおり、ロンドン海軍軍縮条約の強行を「外交の一大汚辱」と憤った。そこで鎌倉にある浜口の別荘を探ったが果たせず、一〇月二七日に東京駅で再び浜口を狙うが、これも失敗した。「燕」乗車時の狙撃は三回目のことで、ピストルは愛国社の松木良勝《まつきよしかつ》から渡されたものであった（『浜口首相狙撃事件判決書』）。

藤井斉による九州での同志糾合

佐郷屋留雄の狙撃は、昭和初期のテロリズムを中心とする実力行使の嚆矢《こうし》であり、直接行動による政治改革運動（いわゆる「昭和維新」）のはじまりを告げるものであった。だが浜口首相狙撃事件を機に、特高警察は右派団体に対する警戒を強めた。すでに危険視されていた藤井斉（海軍中尉）も、事件の翌一二月に、九州長崎県の大村航空隊教官として異動が命じられている。

藤井は霞ヶ浦の地でその行動力を活かし、真の革命のための同志を海軍内部にとどまらず、広い範囲に求めた。「陸、海、国民、の三軍の連絡」を造り上げ、合同クーデターを敢行することが、藤井の革命構想であった。

同志に宛てた手紙で、藤井は「民間においては、北〔一輝〕、西田〔税〕氏を中心とし、海軍においては末次〔信正〕、小林〔省三郎〕を中心とし、陸軍は真崎〔甚三郎〕、荒木〔貞夫〕を中心とし、而して《しこう》〇〇〇を戴き、この団結を以て《もっ》断行せんとす」と、三者提携の手の内を明かしている（一九三〇年八月二一日付藤井斉書簡。「〇〇〇〇」は秩父宮との説もある）。

藤井は中央の軍内に同志を見出すことを力説し、第一師団・近衛師団の兵力を動かす必要性を感じていた。海軍は手兵をもたない。藤井の構想上、陸軍や民間との連携は必須であった。

霞ヶ浦を離れるにあたり、藤井は井上日召に、革命のための情勢を探り、人物を見極めて同志を獲得し、団結をうながすことを托した。日召はこの頃、大洗の護国堂を追われて、東京本郷の妻の住む家へ移っていた。そこで日召は、東京での活動に必要な金を藤井に要望し、藤井も了承した。

それから間もなく、一九三〇年の一二月に、四元義隆が郷里の鹿児島へ帰るのにあわせて、日召は四元と九州に向かった。大村に赴任した藤井に呼ばれたのである。

九州の地で、藤井は陸軍の菅波三郎中尉（鹿児島歩兵四五連隊）と出会った。菅波は士官学校在学中に西田税と知り合い、北の『日本改造法案大綱』を読んで、国家改造運動に志した陸軍青年将校のリーダー格である（のち二・二六事件で禁固五年）。藤井と菅波は、同志として強い結束を誓い合った。

また藤井は、この地で三上卓（海軍少尉・海兵五四期）との関係を深めた。かつて藤井が海軍兵学校時代、学年を代表して鈴木貫太郎軍令部長の前で演説を行ったことがあったが、同じとき、三上は一学年下の代表として演説をした。佐賀に生まれ、寡黙で芸術家肌の三上は、藤井と同じく軍縮問題を憂いて、ひとりで財部彪海相・若槻礼次郎元首相ら会議全権を暗殺しようと計画を練っていた。そこへ「たまたま藤井があらわれ」て、二人は意気投合したのである。

藤井は菅波・三上のほか、九州で出会った多数の同志を、日召に会わせようとしていた。「変り者の日蓮宗の坊主を連れて来たから是非会ってくれ」と、藤井は三上に言い、「葬式坊主は嫌いだから会わぬ」という三上を説き伏せて、日召のまつ旅館「あけぼの」に赴かせた。そこで日召は「首相を斃《たお》してクーデターに移る以外に日本は救われない」と言った。三上はまだ信用しない。

井上日召による人物テスト

翌日、一行は香椎温泉で夜通し語り合った。藤井斉が集めた同志たちが、そこには集まっていた。九州帝大の学生が司会をし、井上日召・四元義隆のほか、多数の学生と、菅波三郎中尉が参加し、海軍からは三上卓のほか、同期の鈴木四郎（五三期）・古賀清志（五六期）・村山格之（五七期）らが集まった。だが帝大学生たちの語り口は、啓蒙のために機関紙を出そう、九州から東京に攻め上ろうなどとの言葉があったくらいで、日召や海軍の関係者は飽き足らなく感じた。日召は学生たちをさんざんに論難し、会はお開きとなった。

その晩、四元は三上と床を並べた。それまで話をしなかった三上が、口を開いた。「ここに集まった者は駄目だ。なっておらん」。そしてたった一人で財部・若槻を斃そうとして果たせなかった、そのことは藤井にだけは打ち明けた、と語った。この頃は毎晩座っていると、天から「革命の時だ」という声がする、「民衆の助けて呉れという号泣」が聞こえる、とも言った。

四元は驚愕した。「自分一人で死んで夫《そ》れで生きるのが革命だ」と痛切に感じた四元は、三上に「本当に傾倒」していった。

一方で、日召は藤井に「貴様碌《ろく》な事はせぬ」と言いつつも、三上を激賞し、藤井を褒めた。「偉いことをやったぞ、俺は三上一人で沢山だ。俺は三上一人あったならばやって見せる」と日召は思った。集団蜂起をめざす藤井は、「同志が四十名もいる」と言ったが、日召は「挺身決死の同志がそんなに数多くいるはずがない。厳選する必要がある」と答えたので、藤井は日召に「一人一人メンタルテストしてくれ」と依頼した。これを日召は引き受けた。

鹿児島へ渡った日召は、菅波中尉とあらためて会合し、大いに投合した。九州への旅行で三上と菅波を得た、というのが日召の実感であった。

また熊本では、日召は旧知の荒木貞夫陸軍中将（第六師団長）に会って「革新の相談」への「同意」を得たという。日召は大村で藤井、佐世保で三上らと再会し、さらに藤井の依頼で赴いた横須賀では、浜勇治海軍中尉（五三期）・山岸宏海軍中尉（五六期）・伊東亀城海軍少尉（五七期）らと面会した。五・一五事件に至る人脈が、藤井の行動力と、日召の人物テストを通して構築されつつあった。

三月事件の頓挫

一九三一年二月、東京へ戻った井上日召らは、西田税から陸軍内部でのクーデター計画を聞かされた。建川美次《たてかわよしつぐ》陸軍少将（参謀本部第二部長）・小磯国昭陸軍少将（陸軍省軍務局長）らを中心に、橋本欣五郎《はしもときんごろう》陸軍中佐ら桜会の急進派、そして大川周明らが協力し、宇垣一成《うがきかずなり》陸相（大将）を担《かつ》ぐ計画であった。将官級・佐官級の陸軍将校と大川の陣容が中心となったこの計画が、いわゆる三月事件である。

二月三日、病床の浜口雄幸首相に代わって臨時首相代理となった幣原喜重郎外相が、予算総会の場で、ロンドン海軍軍縮条約について「〔天皇が〕御批准になって居ることをもって」国防を危うくするものではないと述べた。その発言をとらえた森恪（政友会幹事長）が、「幣原、取り消せ！」と叫んだ。天皇に責任を帰し奉る、ありえない暴言だというのである。議会は混乱し、審議不能に陥った。幣原が失言を取り消すと、野党政友会は今度は病床の浜口首相の登院を要求した。混乱は続き、クーデターの条件は整いつつあった。

三月に入り、大川周明の意を受けて「全日本愛国者共同闘争協議会」（日協）が結成された。クーデターの前提となる騒擾《そうじょう》事件を起こすため、大川が右翼団体に動員をかけたのである。茨城で井上日召らのもとに修行していた青年たち、小沼正・菱沼五郎・黒沢大二・川崎長光ら（のちの血盟団員）は日本国民党に属していたが、日協に動員され、個人として参加した。

川崎はビラ撒きの担当とされ、菱沼・黒沢は銀座のデモ隊に参加して検挙されている。

だが合法手段でも政権がとれると判断した宇垣が「変節」して、クーデターの中止を命じたとされ、計画は頓挫した。宇垣の態度に関する真偽は定かでない。三月一〇日に重傷の浜口首相が議会に出席し、与野党ともに拍手で迎えたことが、宇垣の野心を潰えさせたともいわれる。混乱を演出する予定であった日協は雲散霧消《うんさんむしょう》し、小沼ら茨城の青年も大川と距離をとった。三月事件は竜頭蛇尾に終わった。

四月二一日、休暇を得た古賀清志・村山格之・大庭春雄海軍少尉（五七期）ら海軍将校が上京した。群馬に旅行していた日召と四元義隆が急ぎ帰京し、横須賀の山岸宏・伊東亀城も合流した。小石川の金鶏学院で、一同は革命の具体化プランを語った。海軍側は爆薬を使って、革命の「烽火《ほうか》を挙げる」という。だがそれはまったく具体的ではない。

日召は、自分にはプランがある。それは暗殺だ、と言った。時機は八月、高官たちが避暑地にくるところを狙う。だが武器と資金がいる。「馬鹿にする意味じゃないが」と前置きして、日召は武器の調達と、一〇〇〇円の金を海軍側に求めた。実際八月に敢行する思いがあったわけではなく、日召は海軍側がどれほど本気かを試したのである。だが「俺は一人で暗殺をやってみる」と啖呵《たんか》を切った日召に、海軍側も一人として引かず、その場の全員が日召に同意した。

ところが五月三日、古賀が日召の決意を手紙で藤井に伝えると、藤井は反対した。日召のカリスマ性や人物眼は革命に必要不可欠なもの、と藤井は考えていた。三上・鈴木四郎らと相談した藤井は、古賀に「井上を殺すようなことをしちゃならぬ」と書き送った。

だが藤井の意見を知った日召は、怒った。藤井ならば「一足先に死んでくれ」というはずなのに、どういうことだ。「このおれは、同志を殺しておいて、自分だけ生き残ろうなどとは考えていない」。藤井なら、この気持ちをよく知っているはずだと思っていたのに……。

日召はふたたび九州へ向かい、五月三〇日に藤井・鈴木と会った。行き違いの件は、会ってみれば氷解した。いままで「一人で事を為す」と考えた日召は、「今や幾多の分身」の出現を喜んだ。武器の件も、大陸へ任務に行った際に入手しろと日召が指示し、藤井は七月末に大連で拳銃八丁を入手した。計画は少しずつであるが、前進したように思えた。

十月事件へ――陸軍決起の噂

藤井斉による井上日召への依頼のうち、右派陣営の大同団結については、日召も難しい判断を迫られていた。日召は藤井の話を通して、西田税に期待をかけていた。西田の背後にある陸軍青年将校（尉官級）たちと、北一輝。一方で、大川周明は陸軍将校（佐官級）らに働きかけていた。北と大川が合力すれば、大同団結は成ると日召は考えた。

だが北と大川の対立は根深かった。北に心酔する西田も、大川への反発が強い。試行錯誤の末に、日召は西田に賭けることにした。

同じ頃、西田は仙台の大岸頼好《おおぎしよりよし》（陸軍中尉）から、合同会を持ちかけられていた。大岸は西田が創設した天剣党のメンバーで、藤井斉が海軍部内で『憂国慨言』を配布したのと同時期に、仙台で『兵火』と題するパンフレットを配布し、陸軍青年将校のリーダーとして頭角を現していた。西田は大岸の企画した合同会に、日召一派と海軍将校たちを誘い、八月末に会合が開かれることになった。

合同会に出席するため、藤井は大村から上京した。行動的な藤井は、道すがら陸軍側の情報を丹念に拾っていく。そのなかで、見えてきたものがあった。八月二〇日、長勇《ちょういさむ》（陸軍大尉）と会った藤井は、橋本欣五郎（陸軍中佐）への尊敬を隠さない長から、陸軍と大川が結んで「満蒙に火を付けること」で「国内の改造を為さん」との計画の一端を聞いた。「陸軍中心権力過信的にて、命令なれば何でも動くと考え居り、大川氏に帰して他を見ず」。藤井の観測では、佐官級の陸軍将校と海軍との大同団結は難しそうであった。

八月二四日、藤井は長による紹介を通じて、中国通軍人として知られた佐々木到一《ささきとういち》（陸軍大佐）と豊橋で会った。佐々木は藤井を歓迎し、大川の手紙を見せた。「九月中旬以後に満州にある板垣《いたがき》〔征四郎《せいしろう》〕大佐が事を起こし、十月には内地に事起らん。これ最後の乾坤一擲《けんこんいってき》の業なり」。大川・橋本への紹介状を佐々木にもらった藤井は、この時点で満州事変・十月事件の青写真をほぼ正確に知ったのである。

八月二五日、上京した藤井は西田・日召に会い、陸軍佐官級による満州決起の計画を告げた。西田も日召も、この計画は初耳であった。夜更には、菅波三郎・大岸頼好・末松太平ら陸軍青年将校と日召が会合の打合せをし、さらに日召の夫人宅に戻った日召と海軍将校らは、そこで橘孝三郎（愛郷塾頭）と会った。

橘は昭和恐慌による農村の疲弊を強く訴えた。集まっていた海軍将校たちも、農村の窮乏を真剣に聞き取り、初めて農村問題を具体的に認識した。そして農村救済のために、資本主義を打倒しなければならないとする、権藤成卿の思想を実地に理解した。

「彼らは真面目だった。古賀にしても誰にしても。第一に、真面目だったのは藤井だ。わしの出現を非常に喜んだ」と橘は回顧する。

八月二六日、午前中に藤井は菅波中尉とともに、橋本欣五郎中佐を参謀本部へ訪ねた。「長氏よりも大物」だと感じた藤井は、だが「やはり陸軍中心の政治革命程度に過ぎ」ないと感じた。首相に宮様、あるいは荒木（陸相）、海相に末次（軍令部次長）。民間では大川周明以外に頼むものはいない、との橋本の言葉に、藤井は「民間の事情に暗きは驚く程」「計画は杜《ず》さん」とも思った。

郷詩会の会合――血盟団、五・一五、二・二六事件の面々

同じく八月二六日の午後、神宮外苑の日本青年館に「郷詩会」の会合が開かれた。会の名称は、官憲の目を逃れるためのカムフラージュであった。のちの血盟団、五・一五、そして

郷詩会会合の出席者（1931年8月26日）

海軍	藤井斉、鈴木四郎、三上卓、古賀清志、村山格之、大庭春雄、山岸宏、伊東亀城など
陸軍	菅波三郎、大岸頼好、東昇、末松太平、対馬勝男、安藤輝三、栗原安秀など
民間	西田税、井上日召、古内栄司、四元義隆、小沼正、菱沼五郎、黒沢大二、川崎長光、橘孝三郎、後藤圀彦、渋川善助など

二・二六事件に関わる人物が一堂に会した、著名な会合である。

会合は井上日召の提案で、西田税を首領とすることから始まった。西田は新たな組織の段取りをとりきめ、中央本部の設立と連絡役の割り当てを行った。

この間、橘孝三郎は無言であった。実は「軍部独裁」を危惧する橘は、北一輝や西田に懐疑的で、機を見て西田に論戦を挑むつもりであったが、日召に堅く止められていた。具体的な行動にまったく言及しない西田に、橘は不信感を覚えたまま、後藤圀彦《ごとうくにひこ》（愛郷塾教師）とともに立ち去った。

日召の一派も飽き足らず感じた。西田に実際の勢力はないと、全員がみてとった。陸軍の青年将校にしても、実は西田が天剣党を創ったとき、勝手に参加者の名簿をバラまいたために迷惑を被《こうむ》っており、それ以来西田との間には隙間風が吹いていた。菅波三郎・大岸頼好らも藤井斉との関係で、西田と再接近した面が強かった。日召がリーダーとなるべきだ、と日召一派は思った。

一同が不満に満ちた表情であるのを感じ、日召は西田や陸軍側と別れたのち、一同と新宿の宝亭で「飲みなおし」て、うさを晴らした。

数日後の八月三一日夜。紹介によって大川周明と面会した藤井が、「すごい情報を握ってきた」と日召夫人宅を訪れた。この秋、満州で現地の中国人をそそのかし、売薬をする二、三人の日本人を殺させる。それを国際問題として、日中間の紛争を激化させる。経済は混乱し、政権もつぶれる。その社会の混乱のなかで「ドサクサに革命を成就させる」と。藤井は昂奮して、自分もぜひ参加したいとの意志を告げてきた、と語った。

すると日召は、激高した。

「藤井、貴様も貧乏人の子じゃないか」「満州にいようが、どこにいようが、日本人はみな陛下の赤子ではないか。罪のない無辜《むこ》の民ではないか〔中略〕その一点においても、われわれの革命精神に反する許しがたい行為だ」。藤井は真っ青になった。

小沼正は回顧する。これまで藤井から、人民に犠牲を強いる革命方法など聞いたことがなかった。だから藤井には気の毒だったが、藤井ら海軍将校はみな純真な人だったので、革命の方法よりも熱気に動かされる傾向が強かったと。

別のあるとき、日召は言った。「われわれは、けっして権力を欲して、革命を叫んでいるのではない。よりよき国家と、よりよき社会を創るため、それ以外に、何物も求めてはいない」。日召の言葉に、藤井が問うた。

「歴史をみると、革命には古来、流血の惨事がともなっているが、これはどうなのか」

「できるだけ自、他ともに犠牲者を少なくするために、より効果的なより最善の方法を選ばねばならん」と日召が答える。「革命される側の人びとを憎んで革命をするわけではない。そうせざるを得ないから、万やむを得ずやるのであって、たとえ闘っても仇ではない」。藤井は「その境涯に達することは、私たちにはむずかしい」と嘆息した。

藤井と日召のやりとりを、藤井の後輩である海軍青年将校たちはじっと聞いていた。

十月事件失敗――独力決行へ

一九三一年九月一八日、南満州鉄道の線路が何者かの手によって爆破され、現地の関東軍が出動した。満鉄線爆破は、石原莞爾《いしわらかんじ》・板垣征四郎（関東軍参謀）らの自作自演の謀略であった。柳条湖事件、いわゆる満州事変の勃発である。

関東軍と連絡のあった橋本欣五郎陸軍中佐は、浜口内閣を継いだ第二次若槻礼次郎内閣が事変の不拡大を決定すると、いよいよクーデターの必要性を感じた。橋本・長勇陸軍大尉らは軍隊の動員を決め、陸軍将校一二〇名、近衛連隊から歩一〇中隊・一機関銃中隊、歩三連隊から一箇中隊を繰り出す計画を立てた。

また海軍からは霞ヶ浦航空隊の小林省三郎司令の同意を得て、一〇機の戦闘機を動員するなどし、藤井斉ら海軍将校は、抜刀隊としての参加となった。首相以下全閣僚の殺害、警視庁占拠、陸軍省・参謀本部の包囲と、東郷平八郎元帥の宮中参内による革命政権の樹立などが構想された。

他方で、藤井斉から概略を聞いていた井上日召一派や海軍将校たちは、予想された通りに起きた満州決起が、国内へ持ち越されるものと身構えた。日召はさっそく西田税と連絡をとり、橋本中佐から情報を得た西田は、日召に要人暗殺を依頼した。日召はこれを引き受け、元老西園寺公望と牧野伸顕内大臣を標的とし、担当を決めて機会をうかがった。

ところが橋本や長らは、要人暗殺を陸軍が行うことに変更した。兵力を投入して邸宅を包囲したほうが確実と考えたのである。だが西田と菅波三郎中尉から変更を聞いた日召は「馬鹿にするな」と怒り、西田への不信を強めた。そして一〇月一七日、陸軍側クーデターの計画はあっさりと露呈し、陸軍当局は逡巡の末、橋本ら中心人物を拘束した。橋本・長らは軽微な罰則にとどめられ、クーデター騒動、いわゆる十月事件は収束した。

橋本らがクーデター後の閣僚名簿（荒木貞夫首相兼陸相・橋本欣五郎内相など）を用意していたこと、民間や海軍は捨て石として、成功の暁には殺害するとの意見もあったことなどが、日召にも伝わってくる。「これでは天下乗っとりで、維新ではなくなる」。日召らは陸軍佐官級との手を切り、いよいよ限られた同志のみの決起に傾いていく。

一方、藤井は上京を命じられ、一〇月二三日に霞ヶ関の海軍省で山田三郎法務局長の取り調べを受けた。十月事件への関与を追及されたのである。「司法権は天皇の大権なり。嘘を云うのは武人にあらず。お前に良心あるか」。山田局長に問い詰められた藤井は「人に疑を掛け」るのは「天皇の大御心にあらず」と言い返した。山田局長は激怒した。「何を云うか不敬官」「お前の如く不正直なるもの見たことなし」「陸軍の者は立派だった」云々。藤井は、法務官にほめられる陸軍の連中は実践家でも革命家でもない。「活動写真」に感激して、それを自分たちにあてはめた程度のやつだと思った。

この日の夜、藤井は芝の水交社（海軍の親睦団体）に浜勇治中尉を呼び、同志との通信連絡の任務を依頼した。その後も在京する間、藤井と浜はたびたび会って、決起の計画について話し込んだ。

日召から陸軍佐官級の腹を聞き、また情報も入るにつれて、藤井も大川周明・橋本らを「不能陋劣《ろうれつ》なり、只《ただ》打砕すべきのみ」と敵視するようになっていく。藤井は一〇月二七日、日召と伊東亀城少尉の三人で「本年十二月」に始めること、目標はいままでのように宮中・政府・財閥とするか、警視庁・憲兵・陸海軍巨頭を狙うか検討することなどを決めた。

ところが十月事件以後、当局の監視の目が強まった。藤井には憲兵が付け歩き、日召の周囲にも刑事の目が向けられた。日召は権藤成卿が所有する代々木上原の空家に移った。権藤成卿は三軒の家を並んで持っており、権藤の住む一軒のほかは空いていた。空家は日召のほか、四元義隆や池袋正釟郎ら元帝大組、日召の弟子で教師を辞めた古内栄司《ふるうちえいじ》らが集う一派の拠点となった。容易に外出できない状況下で、民間と海軍との連携は困難になっていく。

犬養毅の首相就任

さらに中央政局も大きな変動があった。十月事件のクーデター未遂に恐慌をきたした与党民政党と野党政友会の一部が、連立内閣を構想して緊縮財政・協調外交の転換を図ろうとしたのである。だが民政党内で、連立を希望した安達謙蔵《あだちけんぞう》内相と連立に反対する若槻礼次郎首相が対立、一二月一一日に若槻内閣は閣内不一致で総辞職した。

後継首相には、連立を希望する牧野伸顕内大臣の意見を退けた元老西園寺公望の推挙で、犬養毅政友会総裁が就任した。連立に失敗した安達は、民政党を脱党して国民同盟を結成する。

一二月二一日、藤井斉は二日市で菅波三郎（陸軍中尉）と会った。菅波中尉は藤井に、犬養内閣成立の裏話を聴かせた。民政党政権の倒潰には、安達に入れ知恵した北一輝の力があったこと。また北が政友会唯一の単独内閣論者である森恪を支援して、二大政党の連立を阻止したこと。森らに働きかけて、荒木貞夫陸相の入閣にも奔走したこと。ただし海軍大臣は、末次信正を勧めたが大角岑生《おおすみみねお》に落ち着いたことなどである。

藤井は喜んだ。北の活躍や、森恪との連絡にも関心があったようである。統帥権干犯問題の頃から、藤井は「政友の森恪は面白き奴と云う。やゝ革命を解するか」と手紙に記し、森に興味を示している。

一二月一日、藤井は大尉に昇進し、空母「加賀」乗船となった。さらなる同志を獲得すべく、藤井は「加賀」の同期飛行士官による、中国出征を訴えた血判に参加した。また大岸頼好陸軍中尉の著した『国家総動員法案大綱』を読んで、「我は北、西田の遣り方を理解するが故に、この人々を信ず」と日記に記した。

この頃藤井は、郷詩会の会合で同席した東昇（陸軍中尉）としばしば会い、ともに決起の具体案作りを行っている。「二月決行、即《すなわ》ち陸海青年将校の全力を挙げて一部は宮城を守り、他部は議会を襲撃すべし」「陸は荒木を動かして反対せざらしめ、海は軍令部長、海軍大臣を暗殺し、民間の者は財閥、官僚、重臣を殺し一挙断行せん」と、藤井は菅波中尉に書き送った（「日記」一九三二年一月七日条）。

藤井はあくまでも、陸海共同の大規模な軍事クーデターを構想し続けていた。

西田と日召一派の分裂

ところが東京では、西田税・陸軍青年将校らと井上日召一派の間に、亀裂が生じていた。年の瀬となる一二月三一日、日召らと西田・陸軍青年将校が下高井戸の松泉閣で、忘年会を開いた。そこに仙台からきた大岸頼好中尉が現れて、なにやら西田や菅波三郎中尉らと密談を始めた。それが日召の気に障った。大酔いした日召は帰路、テロ計画を大声でしゃべり回った。西田・菅波らはこれを見て、日召頼むに足らずと考えた。

この月の初めの一二月一日、古賀清志・中村義雄の両海軍青年将校が、霞ヶ浦飛行学生として土浦に着任した。古賀はさっそく西田との連絡を受け持った。ところが松泉閣での忘年会の後、西田が古賀に向かって日召を罵倒した。「酒ばかりくらって、人前も何もないような井上〔日召〕を、われわれは除名するっ」。西田の語気は荒く、古賀に西田側へ寝返るよう求めた。これに古賀は憤慨した。誘いを拒絶した古賀は、日召の前で西田を罵倒した。自分のせいで同志の決裂を招いたと感じた日召は、精神的に苦境に立ち、自殺すら考えた。

一九三二年（昭和七）一月四日、権藤空家で、海軍（古賀・中村・伊東・大庭）と日召一派（四元・池袋・古内）が集まった。ここで陸軍との提携は諦めるとの結論が出された。続く一月九日の会合で、決起計画が検討された。日召は二つの提案をした。

第一案は、失敗を前提として国家革新の「捨て石」となること。

第二案は、大陸に出征した陸軍軍人の帰還を待ち、共同戦線を創ること。

内心後者を考えていた日召であったが、満座は即時決行で、日召も了承した。

二月一一日の紀元節に、同志のみの集団テロを敢行する。高位高官の者が必ず宮中に集まるこの日、一斉に襲撃すれば成功の可能性は高まると踏んだのである。さらに四元義隆が地方の海軍同志の意見を聞き、決起への参加を促すことが決まった。二日後の一月一一日、四元は東京を発った。

藤井斉の戦死

四元義隆は一月一二日に呉で村山格之と会った。村山は上京を約した。また一四日には、佐世保で藤井斉・三上卓・鈴木四郎、そして林正義《はやしまさよし》中尉（五六期）ら海軍青年将校と会った。

四元は藤井と西田税との連携を危惧しつつ、藤井の腹を探った。意外にも藤井は、西田を信用していないと語った。理由は定かではないが、井上日召と西田の確執を、藤井も別の情報源から知っていたのであろう。ただ藤井は日記に「四元君来る〔中略〕菅波君の革命精神が堕落せりと」「しかれども我は菅波を信ず」と記している。

藤井は日召と異なり、まだ陸海共同決起を諦めていなかったのだろう。仮に藤井が海軍側決起の指揮をとっていたら、五・一五事件の様相はまったく変わっていたとされる根拠は、この辺りにある。

だが二月に入り、藤井の所属する空母「加賀」が大陸へ出征する。第一次上海事変である。一月一八日、上海の日本人僧侶が中国人に襲われ、それをきっかけに二八日、日中間の軍事衝突に発展した。僧侶の襲撃は日本側の謀略であり、あたかも藤井が革命の端緒になると考えた自作自演の計画に酷似していた。

出征する直前、藤井は林から告げられた二月一一日の決起に同意し、「大切な仕事が残っているから」危ないときは逃げろとの林の言葉に、「死にそうになったら逃げだすよ」と笑った。藤井は二九日、上海に到着。前日に上海についた巡洋艦「出雲」乗員の三上卓と、言葉を交わした。「戦争なんぞ本気でするな。勝っても負けてもどうでもええ。それより日本の革命が肝心じゃ」。出撃しても戦うなと、三上は藤井に忠告した。

しかし二月五日、藤井は上海郊外の敵陣偵察に出撃して、高度三〇〇メートルの低空を飛んだ。そして午前一〇時五七分、敵陣から放たれた対空砲の弾が操縦席を貫き、藤井は戦死した。享年二九。藤井斉は、日本海軍の航空戦における最初の戦死者であった。

藤井の戦死は、海軍や民間の同志に強い衝撃を与えた。

林は一報を聞き、悲しむとともに、すぐさま藤井の下宿のある大村に発った。そこで藤井の十数冊ほどの大学ノートに記された「日記」を持ち帰った。「何月何日は誰と会って何を話した、芸者買をやったことまで」書かれた、詳細な記録である。林は一通り読んで、すべてを焼却した。「ヨシヨシこれで証拠書類は煙と化し」たと、林は安心した。

ところが後日、林は山田三郎法務局長の取り調べを受けた際、藤井の直筆の日記を突き付けられて、当惑した。当局が日記を二冊だけ入手していたのである。

血盟団の決起

藤井斉の戦死に先立つ一月三一日。井上日召とその一派の六名が権藤空家に集まった。日召は紀元節の一斉決起を諦め、方針を変更した。

一〇日ほどで戻ってくるはずだった四元義隆からは、何も連絡がない。藤井と接触したことで、四元は官憲にマークされ、うかつに連絡がとれなくなっていた。もはや海軍側に期待はできない。折しも一月二一日、少数与党で組閣した犬養毅内閣（政友会）は解散総選挙に打って出ていた。政党巨頭が街頭に出る選挙期間は「絶好の機会」であった。

日召は二月二〇日の投票日までの間を想定して、集団テロを個人テロに変更することを決めた。「民間側だけでやろう。海軍の者は後に残り、出来れば是は陸海軍の連合軍を作る」。日召はテロのターゲットとして、政党・財閥など特権階級の氏名をピックアップした。

血盟団のターゲットリスト

政友会
犬養毅（総裁・首相）
床次竹二郎（鉄相）
鈴木喜三郎（法相）
民政党
若槻礼次郎（総裁・前首相）
井上準之助（前蔵相）
幣原喜重郎（前外相）
経済界
池田成彬（三井）
団琢磨（同）
郷誠之助（三菱）
各務謙吉（同）
木村久寿弥太（同）
岩崎小弥太（同）
特権階級
西園寺公望（元老）
牧野伸顕（内大臣）
徳川家達（貴族院議長）
伊東巳代治（枢密顧問官）
大野緑一郎（警視総監）
ほか

出典：「血盟団事件公判速記録」

誰が、どのターゲットを狙うかは、日召と暗殺者当人のみの秘密とした。そして日召と出席者一人ずつが順番に席を外し、相談して担当を決めた。池田・西園寺・徳川・若槻・幣原などが、指名された。「翌日から直ぐ配置につけ」と日召は言った。

その会合の場に、古賀清志と中村義雄の両海軍中尉がやってきた。古賀は紀元節の襲撃が延期されるなら、中村と両名のみで海軍条約派（谷口尚真・財部彪・岡田啓介）を水交社祝賀会で暗殺し、自決しようと決めていた（一月二六日）。だが日召は暗殺対象リストを見せ、自分たちがまず個人テロを決行するから、その後に「後続部隊を大きく」してほしいと求めた。藤井の帰還を待ち、陸海共同の決起を示唆したのである。

古賀と中村は「民間と軍部を分離することの不可」を主張したが、日召は上海出征組があり、武器も不足していると説得し、二人も最終的には、必ず後を受けて決起すると誓った。

重い雰囲気のなか、別れの盃が交わされた。するとその場に四元が「今帰りました」と戻ってきた。ただならぬ空気のなか、池袋正釟郎が「もう地獄でしか会えんのだ」と言った。

一月三一日の会合に不参加だった茨城の青年たちには、後日に日召が直接担当を伝えることにした。そこで二月一日に小沼正が、四日に菱沼五郎が日召に呼ばれて、それぞれ井上準之助、伊東巳代治の担当を言い渡された。

井上準之助、団琢磨の暗殺

井上準之助の暗殺指令を受けた小沼正は、周囲に悟られぬように身辺整理を行った。そこに霞ヶ浦時代の藤井斉の写真を見つけた小沼は、いけないと思い、マッチで燃やした。「ああ藤井が燃える」。小沼の甥が面白そうに眺め、兄嫁が「縁起でもない」と注意した。後で考えれば、藤井が戦死したその時刻のことであった。「藤井は自分の戦死を私に教えてくれた」と小沼は確信し、自らに課せられた使命の重みをかみしめた。

二月九日。小沼は井上日召夫人の宅にいた。東京駒込にある選挙演説会場（駒本小学校）

は、歩いて数分である。小沼の懐には、藤井が大陸で入手したピストルがあった。「在天の同志藤井よ、霊あらば来り、而《しこう》してみそなわし、それによって心おきなく成仏したまえ」。小沼は会場に向かい、南無妙法蓮華経を唱えて、井上準之助の背後からピストルを三発、続けざまに撃った。井上前蔵相はただちに病院に運ばれたが、まもなく絶命した。

捜査当局は小沼の背後関係を追った。だが小沼は徹底して単独犯と主張し、捜査は難航をきわめた。井上前蔵相は野党となった民政党の幹部として、財界との関係から党の選挙資金を一手に引受けていた。そのため、選挙絡みで政友会の関係者だと当局は睨み、捜査は混乱した。

二月二〇日の投票日、「景気か不景気か」のスローガンを掲げた与党政友会が三〇三議席の圧勝（定数四六六）を遂げ、民政党は一四六議席の惨敗に終わった。

続いて三月五日昼、日本橋三井本館前で菱沼五郎が団琢磨を射殺した。伊東巳代治の担当であった菱沼は、二月一七日に鈴木喜三郎法相（政友会幹部）への標的変更を告げられた。投票日まであと数日となり、街頭に出る政党政治家が優先されたのである。そこで川崎の演説場まで出向いたが、予定されていた鈴木は欠席で、代わりに鈴木の腹心である森恪が登壇した。「鈴木が来ないなら森をやろう」と思った菱沼だが、森の護衛に睨まれて断念した。

鈴木暗殺に失敗した菱沼は、二月二六日、今度は四元から団琢磨を狙うよう命じられた。菱沼は団の日課行動を把握し、ピストルの試射も済ませ、三月五日の実行を決めた。

当日、日本橋三井銀行の付近で待ち伏せた菱沼は、銀行の回転ドアーに入ろうとする団の前に、すべりこむように立ちふさがり、ピストルを団の身体に押し付けながら撃った。「アッ」と言って前にのめり、倒れた団は、そのまま絶命した。

同じ茨城県人で、小沼と縁戚関係もある菱沼が捕まったことで、捜査線は一気に絞られた。井上日召は小沼の襲撃後、頭山秀三《ひでぞう》（頭山満の子）の天行会道場に身を隠していた。関係者は次々に捕らえられ、日召にも捜査の手が伸びた。だが、時の政治権力さえも恐れる頭山満の邸宅には、当局も簡単には手を出せない。木内曽益《きうちつねのり》主任検事は強制捜査を主張したが、上司は「鈴木〔喜三郎〕法相に相談したうえで」と受け入れない。三月一〇日に日召が出頭するとの情報が出て、木内は待った。だが出てこない。

井上準之助（1869～1932）

団 琢磨（1858～1932）

翌三月一一日、日召はようやく出頭した。腹を切るつもりであった日召を、本間憲一郎《ほんまけんいちろう》（紫山塾頭、天行会理事。のち五・一五事件で検挙）と天野辰夫（愛国勤労党、のち神兵隊事件で検挙）が説得したのである。天行会道場を出る日召に、頭山満が手ずから卵を五つ割って与え、「体を大切に」と労《いたわ》った。

日召の取り調べをはじめた木内検事は言った。「あなたがたの集団になにかまとまった名前がないと、調書をとるとき私が困るんだ」。そして「血盟団ということにしたらどうかね」と木内は提案し、日召はそれを承諾した。

古賀清志の焦燥――陸軍、大川周明への働きかけ

出頭の数日前、三月五日に井上日召は、最後の相談を古賀清志・中村義雄の両海軍中尉と行った。

古賀は警備が厳重になるなかで「もはや個人テロはむずかしいと思うから、民間側と海軍側が一緒になり〝集団テロ〟を決行しよう」と提案した。日召はおおむね同意し、四元義隆・池袋正釟郎と相談すると答えた。だが日召は出頭し、古賀は提案への返答を得られなかった。藤井を失い、いままた血盟団を失った古賀らは「孤立無援で、ただ二人ポカンとした状態だった」。

これより前、二月二〇日の段階で、日召は古賀・中村に、西田税と大川周明に連絡をつけ、小沼正に続く「第二弾」が起きたら決起するよう促してくれといった。大川への連絡を考えたのは、十月事件に使わなかった武器弾薬を見込めること、それに佐官級の陸軍将校を動かせる可能性があるためだ。

二人はその日のうちに西田邸へ行った。菅波・安藤・栗原・大蔵ら陸軍青年将校もいた。だが西田は、趣旨は賛成だが実行はしばらく待て、と言った。「海軍にやらせて置けば宜いではないか」という者さえいた。尉官級の陸軍がともに起たないことは明白であった。

犬養毅内閣の成立によって、陸軍青年将校らの期待を集める荒木貞夫が陸相に就任した。荒木を通じて青年将校の要望が政府に届く可能性が強まり、それが非合法決起への消極的態度を生んでいた。だが古賀は従来の経緯から、陸軍青年将校らが決起に同意しない原因は、西田にあると信じた。事実このとき西田は、荒木陸相の信頼を得て参謀本部作戦課長に抜擢された小畑敏四郎（陸軍少将）によって、青年将校らの暴発を防ぐように依頼されていた。

好意的な反応は、むしろ大川周明から得られた。二月二一日、古賀は一人で大川を訪ねた。実は大川は、スポンサーである石原広一郎《いしはらひろいちろう》（実業家）の要請で、非合法活動をやめ、この紀元節に「神武会」を結成したばかりであった。大川は、決起を促す古賀に対して、必ずしも直接行動が必要とは思ってないような話しぶりをした。ただ藤井斉の弟分であり、暴れん坊ではあるが、どこへ行ってもその純粋さで好かれる古賀の熱弁に、大川は好感を持った。政党と財閥を倒して軍事政権を樹立することは考えている、と大川は古賀に述べた。二月二八日、古賀と中村はあらためて大川を訪ね、武器の入手を依頼した。

西田の周辺にいる陸軍将校側との共同決起は難しい。さらに頼りの日召一派はほとんどが捕まった。古賀・中村の構想は、大川に協力を仰ぐ方向に進んでいく。しかし、時間は残されていなかった。日召一派が決起したことで、これまで以上に官憲の目が厳しくなることは明らかであった。

折しも三月一六日、警視庁は血盟団事件の発生を重視し、国家主義団体の監視業務をすべて特別高等課に統一集中して、警部一、巡査部長三、巡査八の専任従事者を置いて警戒を強めていた（『特高月報』）。

三月一三日、上京した古賀は浜勇治（海軍大尉）を訪ねた。浜は藤井の信頼を得て、連絡役と武器保管を担当していた。ところが浜はいなかった。四日前に当局から呼び出され、いまだに帰ってこない、拳銃も法務局がすべて持ち去ったと、浜の妻は古賀に告げた。「しまった！」古賀は背中に冷や汗を感じた。

このとき、東京の周辺にいて行動できる海軍青年将校は、霞ヶ浦にいる古賀と中村だけである。他に頼れる者もいないなかで、陸軍との連携をとり、血盟団の残党をまとめ、失った武器弾薬を集め直し、決起の計画を作って、間近に迫った検挙よりも早く実行しなければならない。もちろん厳しい官憲の目を盗んでのことである。しかも赴任したばかりの霞ヶ浦の飛行学校では、連日猛訓練である。身体が自由になるのは週末しかない。すべての重責を背負った古賀は、心中の焦燥を隠せなかった。だが捕まった血盟団の同志、そして藤井の遺志を思えば、とにかく前へ進むほかに道はなかった。

陸海軍共同の決起をめざして

浜勇治大尉の検挙を知った古賀清志は、その足で急ぎ大蔵栄一（陸軍中尉）宅を訪ねた。そこでは中村義雄が、大蔵と安藤輝三（陸軍中尉）、それに池袋正釖郎と会っていた。大蔵・安藤ら陸軍青年将校は西田税を介して、海軍将校や血盟団とも顔見知りの間柄である。だが自首をするから後を頼むと語る池袋に、大蔵・安藤らは明確な答えを避けるようであった。

そこで古賀は安藤に、陸軍士官候補生たちに会えないかと告げた。古賀は井上日召や菅波三郎（陸軍中尉）から、士官候補生たちのなかに「相当革命意識が高い者がいる」と聞いていたからである。安藤はややしぶっていたが、二〇日に大蔵宅で会合があることを告げ、その場で会えるように約束した。

約束通り、三月二〇日に中村義雄は大蔵宅で、安藤ら陸軍青年将校のほか、坂元兼一（士官候補生）に会うことができた。中村はここでも陸軍将校らに決起をうながしたが、誰も返事をしない。すると、坂元が中村を別室に呼んで言った。

「私は〔中村〕中尉殿の御話に賛成します。ぜひ私もいっしょに加えてください。さらに学校には十名の同志がおります。明日会ってください」。

坂元が士官候補生（第四五期）として士官学校の本科に入学した一九三一年一〇月は、十月事件の発生した月である。このとき士官学校区隊長であった菅波三郎中尉らに率いられて、実に六十数名がクーデターへの参加を予定していた。さらに事件後の同年一二月、士官候補生（第四四期）の池松武志が東北農民の窮状を訴えるビラを候補生に配り、翌年一月に退校処分とされていた。

陸軍の兵士には農村の出身者が多い。若い士官候補生の脳裏には、惨憺《さんたん》たる地方の荒廃する様相が刻み込まれている。池松は退校しても革新の思いを棄てず、同居していた菅波中尉の宿舎を飛び出し、同期の士官候補生たちも池松の生活を支援して、強固な団結を育んでいた。

三月二一日、古賀と中村は、池松および士官候補生一一名と面会した。「われわれ軍部の者が捨石となって、集団的直接行動を敢行しよう」。古賀の言葉に、士官候補生たちは一様に賛同した。

古賀は軟化した陸軍青年将校への報告を堅く禁じ、以後は坂元・池松が連絡役を務めることになった。陸海共同の動きは、佐官級・尉官級いずれの陸軍将校でもなく、陸軍士官候補生と海軍将校グループという形で結実する。

橘孝三郎と愛郷塾生決起へ

陸軍の士官候補生と海軍が初めて接触した三月二〇日、古賀清志（海軍中尉）は上京する前に、ひとり水戸郊外の愛郷塾を訪れていた。橘孝三郎（愛郷塾頭）・後藤圀彦（同塾講師）らが古賀と面会した。

古賀の構想では、決起の大義名分を立てるためには、陸軍・海軍そして民間の三者が揃って立ち上がることが絶対不可欠であった。「とくに、苦しんでいる農村が止むに止まれず蜂起した、という態勢にすることが必要だった」と、古賀は回想する（「初めて語る五・一五の真相」）。

この日、古賀が直接行動を橘にもちかけたところ、橘は快諾した。

茨城県東茨城郡常盤村（現水戸市）の愛郷塾は、橘孝三郎・後藤圀彦らが農村青年の啓蒙教育のために設立した「愛郷会」を母体としている。橘は一高中退後に農本主義運動を提唱し、近親者で農場を経営していた。地域の指導者として慕われるようになった橘は、一九三一年四月に愛郷塾を創り、後藤圀彦らを講師として農村子弟の教育に取り組んだ。

橘孝三郎（1893～1974）農本主義者．茨城県出身．一高入学後，現代文明社会に疑問を感じ中退．トルストイに影響を受けて帰農し，理想村の建設に従事．創設した愛郷塾は大地主義・兄弟主義・勤労主義を掲げた

愛郷塾は合理的経営を進め、模範農場として茨城県や風見《かざみ》章《あきら》（地元選出衆議院議員・民政党）らの支援を受けるまでになった。だが、橘は昭和恐慌下の農村疲弊を憂い、政治（村政改革）への関心を強めていく。一九三二年一月には、愛郷塾の幹部会で政治進出を強めることが決められている。

合法的な政治進出に乗り出そうとしていた橘と愛郷塾が、なぜ古賀の集団テロ計画に同意したのか。やはり古賀の熱意に押されたのであろう。「われわれの指導者は大川や北ではない。先生のみがわれわれの指導者だ」と古賀は橘に説いた(保坂『五・一五事件』)。橘が動いたのは、軍人のみの決起で軍部独裁に至ってはならないと考えたこと、そして目の前の青年を犬死させてはならないと強く感じたためであった。「古賀ら海軍青年将校の純情と熱意にほだされた」のである。

だが愛郷塾生には純朴な農村青年が多く、橘自身も含めて、テロ行為に適した血気盛んな人材はほとんどいない。井上日召はそれを承知で、橘と愛郷塾は破壊ではなく、建設の担当とみて決起から外していた。その経緯を古賀は知らない。

決起への参加が決まって、橘らは愛郷塾のとるべき行動について、ごく限られた塾生とともに考案を始めた。

古賀は三月二六日、愛郷塾側に海軍とは違った場所を襲ってほしいと告げ、橘はそれでは新聞社でも襲撃しようか、と答えていた。古賀が去った後、塾内では一〇名くらいの人数で、東京の各所に火を放つとの意見が出た。だが放火では、市民の被害が大きくなる。そのうちに、変電所の襲撃による「帝都暗黒化」の案が出た。

電気はぜいたくなエネルギーである。電灯もあるが停電も多く、各家庭にはマッチやろうそくの備えがある。暖房も炭火で、鉄道も石炭を使って走る。銀座の三越のエレベーターが停まろうが、一般の人々はかゆくもない。そして、普段は都市の住人が気にもしていない

「電気」が停まることで、当たり前のことが当たり前でない緊張感と、農村の暮らし——なぜ農民が、起ち上がったのか、という気づきを与えられるのではないか。

四月に入り、古賀が決起計画を橘に説明すると、橘は、愛郷塾側は「東京近郊の変電所を襲撃する」と告げた。これを聞いた古賀は、しきりに「なるほどなあ」と感心したという。古賀は襲撃のために手榴弾を手配すると約束した。

なお四月下旬、古賀は土浦の料亭「山水閣」で、橘と後藤に西田税の殺害を提案する。そのうえで愛郷塾生か血盟団残党の誰かに、西田殺害の役を割り当てたいと相談した。陸軍の統制を海軍が士官候補生に働きかけて乱そうとしているとの話が流れていることを知った古賀は、それを西田の差し金と見たのである。ただ愛郷塾生には「一人一殺」を実行できる人間はいない。そうなれば血盟団の残党だが、大洗に残るなかで西田の顔を知るのは、川崎長光しかいない。古賀は後藤圀彦と相談して、面識はなかった川崎への依頼を頼んだ。

「五月一五日」の決定

三月二八日から三〇日にかけて、古賀清志は中村義雄とともに、初めて襲撃の計画（第一次案）を作った。その後計画は、最終となる第五次案まで幾度も変転する。

第一次案の襲撃対象は、首相官邸・牧野伸顕内大臣邸・政友会・民政党・工業倶楽部・華族会館の六ヵ所。

襲撃後は第二段として、襲撃部隊を再編し三隊に分け、一隊は東郷平八郎元帥を宮中に入れ、戒厳令の発動を奏請させる。一隊は権藤成卿を荒木貞夫陸相官邸に連れ、国家改造の指導をさせる。一隊は井上日召らを刑務所から救出して陸相官邸に合流させる。

第三段は、東郷元帥による戒厳政府を設立し、権藤の『自治民範』を基礎とする「一君万民」の平等な自治社会の形成、「昭和維新」を断行する。

古賀は「いわゆる図上演習にすぎない」と考えていたが、壮大なクーデター計画であった。二人はこの案を、四月三日に坂元兼一（士官候補生）へ話した。

坂元には、計画がよくわからなかった。内容の理解ではなく、顕官を襲撃して「捨て石」となり、その場で自害するつもりであったのに、第二段があって東郷元帥をどうのこうのと、決起後の行動がなぜ予定されているのか。第一、計画が複雑すぎる。坂元は他の士官候補生に説明するとき、第二段以降はすべて省いた。

さらに古賀は、中村・坂元とともに、士官学校を退校処分となった池松武志に会った。古賀は池松に、首相官邸・内大臣邸などを偵察して、毎週一度夕方に土浦の山水閣へ来てほしいと告げ、一〇〇円札を渡した。山水閣は格高の料亭であったが、大川の援助によって資金の目途はあった。池松はそれを受けて、丹念に両官邸の様子を偵察した。また古賀らは、各地にある海軍同志に、計画の概要を送付した。

四月九日、古賀・中村は第一次案を棄て、第二次案を作成する。五月上旬から中旬にかけて、臨時議会の開催が新聞で報道され、それを見た佐世保の海軍同志・林正義中尉らが、議会開会中なら少人数で目的を達成できると告げてきたのである。

四月一六日、古賀は愛郷塾に赴いて、橘に第二次案を話した。橘から風見章（茨城選出衆院議員）に連絡をして議会の傍聴券をもらう。そして塾生か民間人を議会に入れて、爆弾を議場に投じさせる。陸海軍側は外部から呼応して議会を襲撃する、と。傍聴券は何とかなるが、爆弾を持ち込むのは困難であろう、と橘は言った。古賀は、フンドシにでも入れておけば大丈夫だと言った。

ところが四月二四日、古賀が坂元兼一に会うと、議会開会中に士官候補生の大半は満州へ戦跡視察のため旅行に行き、坂元も福島で測図演習に連れ出されて、いずれも戻るのは五月一四日という。さらに海軍同志・山岸宏中尉と村山格之少尉が横須賀に転属した。古賀が喜んで二人に会いに横須賀へ行くと、当直の将校から、実は山岸中尉はいま軍法会議で取調べを受けていると知らされた。転属は取調べの名目であった。古賀は「これには驚いて、吹っ飛んで帰った」。霞ヶ浦にも近く官憲の手が入ることは間違いない。古賀の焦慮は募るばかりであった。

そのとき古賀は、来る五月一五日、米の喜劇王チャーリー・チャップリンが、首相官邸の歓迎会に出席するとの新聞記事を思い出した。これに乗じて、官邸を襲撃する第三案を立てたのが、四月二七日のことである。五月一五日は日曜日で、休日の海軍将校が外出しても怪しまれない。決行日は決定した。

四月二九日、古賀は大川周明を訪問して「いよいよ決行することにした」と言って、資金を要求した。大川はすでに四月三日に拳銃五丁、弾丸約一五〇発と一五〇〇円を古賀に渡しており、今回も二〇〇〇円を古賀に渡した。

このとき、計画について両者にどれほど意思疎通があったかはわからない。大川からは決行前の宿泊は宿舎より旅館のほうがよいなどの助言があり、古賀は以降の連絡を、黒岩勇に託すことを大川に告げた。

海軍予備役少尉・黒岩勇の加入

黒岩勇（海軍予備役少尉）は、三上卓の海軍兵学校での同期生である。一九二八年に少尉任官後、砲術学校や水雷学校で技術を学んだが、病のために一九二九年三月予備役へ編入された。その後、電気を学ぶために佐賀高校理科へ入学するも、妻子の看病などのため出席が滞り、退学となった。

一九三一年一月、知人宅へ年始に行った黒岩は、偶然会った三上の紹介によって、佐世保で井上日召と面会した。同年一〇月頃、黒岩は三上から手紙を受け取り、決起が近いことを知ったが、そのときは「参加しようか」との気も起こす一方で、そこまでの気分にもなれず、確答を見送っていた。

翌一九三二年一月一七日、三上からの呼び出しで軍艦「陸奥」を訪ねた黒岩は、三上から紀元節テロ計画を聞き、参加を約束した。この間、ロンドン海軍軍縮条約への憤慨、アメリカに追従する財界の態度、政府高官特に政党政治家の疑獄などを知るにつれ、黒岩も直接行動による支配階級打倒が「一番適当」との思いを強くしていたのである。

紀元節テロに参加するために、二月八日に上京した黒岩は、三上からの連絡を待ったが、音信は来ない。困った黒岩は、同志と聞いていた霞ヶ浦の古賀清志に手紙を出した。二月二〇日に黒岩と会った古賀は、紀元節の計画中止と同志の出征を説明し、さらに佐世保の林正義中尉が持っている手榴弾を、今後の上京時に持参してほしいと依頼した。

上海の海軍陸戦隊が陸軍から譲り受けた旧式手榴弾二〇発が、三上の手で密かに持ち出され、それを大庭春雄少尉が持ち帰り、林中尉に預けていた。また上海に出征して、負傷した伊東亀城少尉が持ち帰った手榴弾一発も、林中尉が持っていた。

その後黒岩は、浜勇治大尉の宅で中村義雄らに会い、三上からも「偉い人だと聞いていた」権藤成卿や、四元義隆にも会った。二月二一日には、井上日召と頭山秀三が、黒岩をはじめ、中村・古賀・浜と上野公園前「揚げ出し」で会合した。黒岩は、日召にはあまりよい印象を抱かなかった。「初対面から好感がもてなかった。妖僧という感じで、話術がうまく、青年をたくみに引きつける」（中野『五・一五事件』）。それでも、日召に「先駆捨身の決意」があったことは疑いない、と黒岩は回顧する。

それまで運動に距離をとり、しかも予備役で行動の自由が利く黒岩が、ここで同志として参加した意味は大きかった。官憲の目を逃れ、武器の手配や同志の連絡などの役割を担えるからである。日召と会った日の夜、黒岩は佐賀へ戻った。その後も東京と九州を幾度も往復した黒岩は、三上・林との連絡を受けもち、手榴弾を東京に送って、トランクのまま知人宅に預けて保管した。

四月二八日、上京した黒岩を、古賀と橘孝三郎が東京駅に迎えた。古賀はチャップリン歓迎会襲撃を含む第三次案を説明し、橘と愛郷塾生の変電所爆破に手榴弾を用いる考えを告げた。四月三〇日、黒岩は原宿で古賀・中村と再び会い、大川から出た金を手に神楽坂の待合で泊まり、翌朝九州へ戻っていった。

相次ぐ計画変更

第三次案が立てられてから四日後の五月一日頃、早くも計画は第四次案に更新される。チャップリン歓迎会の情報があやしくなったからである。

第四次案では全体を三組に分け、首相官邸(第一組、靖国神社集合)・牧野伸顕内大臣邸(第二組、泉岳寺集合)・工業倶楽部(第三組、楠公銅像前集合)を襲撃し、その後は警視庁を襲撃したうえで第一、二組は憲兵隊に自首。第三組は東郷平八郎元帥邸で、同元帥をともなって宮中に赴き、戒厳令の奏請をさせることにした。

第一組は、古賀清志・三上卓ら海軍将校七名と士官候補生六名、第二組は中村義雄・村山格之・池松武志と士官候補生三名、第三組に鈴木四郎ら海軍将校三名と士官候補生二名に、明治大学生の奥田秀夫であった。奥田は池袋正釟郎（血盟団）の親友で、中村が説得して参加を表明したものである。

この計画では、後述する最終案とほぼ同じ要素が出揃っている。ただし戒厳令の想定がまだ残っていること、古賀が三上らとともに首相官邸組に入るなど、各組の人員配置が異なっている。特筆すべきは古賀のなかで、桜田門の警視庁での「決戦」が浮上したことである。警官はいま「支配階級の私兵」とされている。自分たちとの決戦によって、警官にも多少の犠牲は出るだろう。だが自分たちが起ち上がれば、警官たちも「結局我々の味方になる」。警察が味方となれば、人々も「従来胸底に懐いて居た主張を大胆に現わして」自分たちに加わるはずである、と古賀は信じた。

他方で、海軍将校への連絡のために九州へ戻った黒岩は、五月二日に佐世保の林正義中尉と会った。翌三日、黒岩と林は、上海から帰国して郷里佐賀にいた三上を武雄温泉に呼び出し、決行を確認した。このとき黒岩と三上は、決起の趣旨を一般の国民に知らせる「檄文」ビラを作ろうと提案する。黒岩は妻子をつれて、五月五日に上京し、ビラのことを古賀・中村へ話した。だが古賀らは、発覚のおそれがあるから作らないほうがよいと反対した。

大川周明に求めた資金

五月八日昼、原宿の蕎麦屋「万盛庵」に同志が集合した。黒岩勇から手榴弾の使用法を伝授するためである。集まったのは古賀清志・黒岩のほか、横須賀から訪れた山岸宏・村山格之、士官候補生側は元士官候補生の池松武志と、海軍との連絡役を務めるために大陸旅行を休んだ後藤映範・金清豊であった。このとき後藤が、士官候補生が五月一四日に旅行から戻ると告げる。古賀は「それではいよいよ、五月一五日に決行する」と言い、一三日に時刻を決定するとした。愛郷塾が変電所を襲撃する予定なので、時刻は夕刻近くになるはずである。古賀らは一三日の連絡方法などを打ち合せて解散した。

決起が近づき、地方にいる海軍同志を呼び寄せる資金が必要となった。「万盛庵」を出た後、古賀は黒岩に、大川周明から軍資金二五〇〇円をもらうよう求め、手紙を托した。

翌五月九日、黒岩は呉にいる三上から、二五〇〇〜三〇〇〇円ほど送るように手紙を受け取った。そこで大川を訪ねたが不在であった。古賀に拳銃五丁を渡した大川は、入手先のアリバイを作るため五月一日に満州へ渡っていた。戻るのは五月一四、一五日頃だという。ただちに黒岩は土浦へ行き、旅館東郷館で古賀に事情を話した。さらに同夜、中村と後藤圀彦とともに山水閣に泊まった黒岩は、翌一〇日に再度大川宅へ行った。だが二五〇〇円は大金である。留守を預かる大川の兼子夫人は、大川から何も聞いておらず、金は入手できなかった。

五月一一日、今度は佐世保の林正義中尉から、決起の延期を求める電報が来た。林は黒岩や古賀からの情報で、西田税を斬ること、陸軍が起たないことなどを知り、それでは「大がかりのことは出来ない」と考え始めていた。海軍同志の鈴木四郎大尉・塚野道雄大尉らも自重論に傾いた。林は藤井と親しかった東昇陸軍中尉と連絡して、一週間ほど延期する間に九州の陸軍をまとめ、陸海共同の決起をいま一度試みようとしたのである。

だが決行を焦る古賀には、さらに一週間延期する余裕はなかった。ここまで来た以上、とにかくも成否を問わず、決起するほかない。古賀は苛立《いらだ》ち、思い詰めていた。その様子を黒岩も知っており、佐世保には延期できないと連絡した。五月一三日、林は大庭春雄少尉に直接上京して延期を説得するよう求め、一六日に大庭が上京することを古賀に打電した。

他方で五月一三日午後一時、呉の三上が上京の途についた。一五日決行の連絡を受けた三上は、昂《たか》ぶる心情を抑えがたく、「ソボキトク」との偽電報を郷里から打ってもらい、一〇日間の休暇をもらったのである。一週間の延期を告げる林からの電報は、三上の上京には間に合わなかった。

列車に乗り込む前、東京に不案内の三上は、黒岩に五月一四日朝に横浜まで迎えにくるよう電報を打った。同じ一三日朝、黒岩は三たび大川の邸を訪ね、満州から帰還していた大川から二五〇〇円を受け取った。黒岩はすぐに中央郵便局で、呉の三上に三〇〇円を送金した。だがこの金も入れ違いで、三上の手には渡らなかった。

集団テロ計画の画定

五月一三日夜。前日に古賀清志と中村義雄が作成した最終計画案が、土浦の山水閣で打合わせされた。古賀・中村と池松武志、奥田秀夫、後藤圀彦が出席した。前日の五月一二日、橘孝三郎は満州へ渡っており、来る一五日の決起に参加する愛郷塾生も順次渡満する計画であった。

第五次最終案は次のような内容であった。参加者は四組に分けられた。

第一組（首相官邸／靖国神社集合）…黒岩・三上・村山・山岸、士官候補生五名
第二組（内大臣官邸／泉岳寺集合）…古賀・池松、士官候補生三名
第三組（政友会本部／新橋駅集合）…中村、士官候補生三名
第四組（三菱銀行／東京駅もしくは宮城前集合）…奥田秀夫

各組の襲撃が終われば、警視庁を襲撃し、その後に憲兵隊本部へ自首する。大枠は第四次計画と同様だが、古賀・中村は佐世保組を不参加とみなし、計画の規模を縮小した。東郷平八郎元帥への接触と宮中工作の計画も中止された。東郷の力を借りなくても戒厳令は出せると考えたと古賀は言うが、決起後のプランは事実上放棄されている。

厳しい条件が課せられるなかで、古賀の計画案は当初のクーデターから、「捨て石」的な

集団テロに強く傾いたのである。

席上、池松から官邸の偵察結果が報告された。士官候補生の帰校時刻は午後六時であるから、実行は午後五時半頃がよい。日曜日なので、その時刻に犬養首相は「大抵在邸する」ようだ。また牧野内大臣は、宮中の武道大会に出席するが、これも「多分午後五時頃迄には帰邸する」とのことであった。そこで決行の時刻は五時三〇分、集合時刻は五時と決められた。「第一段は前哨戦で、第二段は決戦である」。古賀は警視庁での「決戦」を強調した。そして行動に細かい注意を与えた。

自動車を強制使用すること。武器は集合後に分配し、車内で分けてもよい。集合にあたっては偶然を装うこと。そして、年長者には「絶対服従」のこと。これにより海軍将校が、士官候補生に対する命令権者となるが、その場で特に異論は出なかった。

決起のために集めた武器は、拳銃一三丁、手榴弾二一発、ほかに短刀が一五口程度。手榴弾は前述の通り、黒岩が保管している。拳銃の出所は、大川周明から五丁を受け取り、ほかに本間憲一郎（天行会理事）から六丁、村山格之が二丁を調達した。古賀は頭山秀三に武器調達を依頼したが、秀三を表に出さないように、本間が受け渡しを担当したのである。

武器の分配とその方法が確認され、決起計画を書いた手紙が二通（黒岩と士官候補生宛）、池松に渡された。また会合の前後、後藤圀彦から川崎長光が西田暗殺を引き受けたとの報告を受けた古賀は、川崎に渡す拳銃と短刀を後藤に託した。血盟団残党の参加は川崎のみで、別行動をとることになったため、第四組の配属は奥田一人となった。

決行前日

三上卓の乗った列車は、五月一四日朝九時四〇分に横浜駅へ着いた。黒岩勇は三上を迎え、大川周明の紹介した東京駅裏の旅館龍名館に向かった。三上に計画書を見せた黒岩は、武器弾薬をトランクに入れて同旅館に運び込んだ。そして二人はトランクを手に上野駅へ向かい、午後四時に土浦から上京した古賀清志・中村義雄を迎えて、四人で芝の水交社に行った。

トランクを押入にいれると、黒岩は古賀に対し、三上を出迎えたため横須賀の山岸宏・村山格之への連絡はできなかったこと、池松武志にも士官候補生との連絡をしばらく待たせていること、などを告げた。古賀は非常に不満な表情をみせた。なぜ連絡をとらないのか。決起に間に合わなければどうするのか。すぐに横須賀の同志と連絡するように古賀は求めた。さらに、黒岩が大川から受け取った金から、一二〇〇円を古賀に渡すと、古賀はいまさら金をもらっても、との態度であった。黒岩は横須賀組との連絡のため、中村も奥田に手榴弾を渡すために外出した。

他方で三上は、古賀のつくった計画の詳細をみて、「しまった」、これはまずいと思った。特に警視庁の襲撃は、不確定要素が多すぎる。そこで三上は、変電所を襲撃するなら決行時刻が少し早過ぎはしないか、首相官邸に二組を割くなら最初から警視庁に一隊を向けたらどうかなどと提案した。だが古賀は変更を認めず、三上もそれ以上は求めなかった。

三上は自らの軍服と、古賀から頼まれた中折帽を買いに外出した。洋服店にあった軍服は少佐のものだけで、大尉用に直すのは簡単だが、中尉用にするには時間がかかる。どうせ決起で命を落とせば一階級特進か、なら大尉にしておこう。そう考えた三上は、翌朝に大尉用の軍服を水交社へ届けるように告げ、他の店で帽子と短刀二本を買って戻った。

三上が戻ると、中村はまだ外出中であった。そこで古賀・三上・黒岩の三人は芝烏森の料亭「湖月」へ行ったが、満席で断られ神楽坂の待合「松ヶ枝」へ行き、中村を呼び出して四人で泊まった。明日をも知れぬ命を思いつつ、酒と芸者に触れながら、束の間の憂さ晴らしであった。ひとり家族持ちの黒岩は三人が寝静まった後、妻子に宛てて遺書をしたためた。

その日――五月一五日朝。古賀・中村は水交社に、三上・黒岩は龍名館に、それぞれ朝日を浴びながら帰っていった。

三月から拘束されていた海軍同志の浜勇治大尉がついに計画の一部を漏らし、古賀・中村が捜査線に浮上したのが、五月一四日の土曜朝。その日と翌日は週末で、両名とも外出で留守と考えた当局は、月曜日である一六日の朝にも取り調べを行うことを決定した。間一髪の行き違いが起きていたことを、誰もが知らなかった。

「日本国民に檄す」

五月一四日、正午頃。大陸に旅行していた陸軍士官候補生八名（篠原・中島・石関・八木・野村・西川・菅・吉原）が、市ヶ谷の士官学校に帰校した。また福島へ測図演習に行っていた坂元兼一も、同日午後四時に帰校した。海軍との連絡のため、旅行を休んだ後藤映範・金清豊の二名は、決起計画を全員に伝えた。士官候補生一一人は、来るはずの池松武志からの連絡を待った。だが黒岩勇に連絡を止められた池松は、この日ついに現れなかった。

五月一五日、朝八時。池松との連絡のため、坂元兼一が外出した（大陸から戻った八名は伝染病予防のため外出を禁じられていた）。坂元は池松が住む千駄ヶ谷の下宿を訪ねたが、不在のため下宿屋の妻に伝言を頼み、馴染みの軍装店へ赴いた。すると池松が駆け込んできて、坂元を連れて芝の水交社に向かった。門前で坂元を待たせた池松は、水交社にいた古賀清志・中村義雄に確認をとると、すぐに社から出て、坂元と付近の鰻屋へ入った。午前一〇時半である。決起計画を確かめた坂元は、士官学校へ戻って同志に説明した。

池松には、もうひとつ仕事があった。この日、午前八時頃。朝山小二郎（陸軍砲兵中尉）が池松を訪ねてきた。海軍と結ぶ士官候補生の決起を止めるためである。朝山は菅波三郎陸軍中尉が会いたがっていたことを伝え、池松も了承した。午後一時半、池松は坂元と二人で、菅波を訪ねた。菅波は「直接行動をなすべき時期ではない」と訴えたが、池松らは「私達は決行する」と答えた。だが今日のうちに決起することは告げなかった。午後三時頃、池松らは「また次回に面会しましょう」と言って別れ、集合場所の泉岳寺に向かった。
一方、龍名館に戻った三上卓と黒岩勇は、ある相談をしていた。やはり決起の趣旨をしたためた「檄文」をビラにして撒布したい。古賀と中村は反対するので、黒岩は古賀に急に金が必要になったと電話して、二〇〇円を中村に届けさせた。その金で謄写器と紙を買い込み、三上が「檄文」の文案を、ごく短い時間で書きあげた。

日本国民に激〔檄〕す！
日本国民よ！　刻下の祖国日本を直視せよ
政治、外交、経済、教育、思想、軍事……何処に皇国日本の姿ありや〔中略〕
国民諸君よ
武器を執って立て！　今や邦家救済の道は唯一つ「直接行動」以外の何物もない
国民よ！
天皇の御名に於て君側の奸を屠れ！　国民の敵たる既成政党と財閥を殺せ！
横暴極まる官憲を膺懲せよ！　奸賊、特権階級を抹殺せよ！
農民よ、労働者よ、全国民よ……祖国日本を守れ〔中略〕
民衆よ！
この建設を念願しつゝ先づ破壊だ！　凡ての現存する醜悪な制度をぶち壊せ！

威〔偉〕大なる建設の前には徹底的な破壊を要す。吾等は日本の現状を哭して、赤手、世に魁けて、諸君と共に昭和維新の炬火を点せんとするもの

素より現存する左傾右傾何れの団体にも属せぬ

日本の興亡は吾等（国民前衛隊）決行の成否に非ずして、吾等の精神を持して続起する国民諸君の実行力如何に懸る

起て！　起って真の日本を建設せよ！

昭和七年五月十五日

陸海軍青年将校

農民同志

（「木内曽益関係文書」）

約一〇〇〇枚の檄文を刷った三上と黒岩は、カムフラージュのため夕食を頼んだのち、風呂敷に檄文を包んで水交社へ向かった。古賀・中村のほか、横須賀から山岸宏・村山格之も到着していた。六名は軍服に着替え、トランクを空けて武器を分配した。

午後三時頃、三上・黒岩・山岸・村山は、靖国神社へ。午後四時一五分頃、古賀は泉岳寺に、中村は新橋駅に、それぞれ向かった。

タクシーのなかで、古賀は「これで俺も、男の義理を立てることが出来たなぁ。今晩東京

は大騒動になるだろう……」と淡い感慨にひたった。

藤井斉の戦死。血盟団の無念。そして自身に課せられた重圧から、古賀はようやく解放された。厳しい条件のなか、もはや古賀にとって決起それ自体が、目的になっていた。時に頑ななまでに、古賀は異論を排して、自己の計画にこだわり抜いた。それはたしかに決起断行への推進力となったが、のちに古賀自身を、陰に陽に苛《さいな》むことになる。

クーデターから捨て石へ

ここで海軍青年将校らは、なぜ犬養首相を暗殺したのか。いま一度考えたい。

すでに見たように、古賀清志中尉を始めとする将校の動機は、犬養首相個人への怨恨ではなく「国家の改造」にあった。この点を強調する理由は、事件に触れる書物の多くが、青年将校の行動を、犬養首相個人の言動と安易に結び付けているからである。

殺人まで犯すのだから、個人的な怨恨があったはずだ、とするのは思い込みに過ぎない。満州国の不承認、荒木貞夫陸相との対立、軍部を批判する演説など、犬養の首相時代の言動や政治的行動も、事件の発生と直接の関係はない。

犬養首相は、あくまで権力の象徴として倒された。それは事件の構想が犬養首相就任の以前から脈々と続き、牧野内大臣・警視庁など国家の枢要（犬養個人とは直接関係が薄い）が襲撃されたことなどから明らかである。

海軍青年将校は、当初はリーダー藤井斉を中心に、大正期以来続く陸軍内の国家改造運動と連絡をとり、軍に圧迫を加える政党政治と、それを支える顕官《けんかん》・財閥など「特権階級」のクーデターによる打倒をめざした。ロンドン海軍軍縮条約の締結は、一連の動向を強く促した。だが十月事件の失敗、犬養内閣の成立（荒木陸相の就任）、上海事変の勃発とリーダー藤井斉の戦死などで、古賀は陸軍将校らと訣別し、血盟団と同調して、当初の構想を縮小させた集団テロに転じた。

陸軍士官候補生と愛郷塾が、古賀の決起に応じた背景には、昭和恐慌と農村の惨状などがあった。ただし海軍側が意図する主眼は、国家改造のための「大義名分」を整えることにあった。しかも「陸・海・民」三者という形態は守られたものの、事件はかつて藤井斉が構想した壮大な「革命」とは、大きく異なる内実となった。

クーデターから捨て石へ——。しかし、海軍青年将校らはただの捨て石とはならなかった。彼らの投げ込んだ昭和維新の一石は、大きな波紋を呼ぶ。政界・財界・陸海軍を揺るがして、政党政治を破壊し、世間の強い共感を呼び覚ますのである。

第4章　議会勢力の落日——何が政党政治を亡ぼしたか

犬養毅首相の死

五月一五日、日曜日の午後。外務大臣官舎（旧有栖川宮邸・現内閣府庁舎の場所）のテニスコートで従弟たちと遊んでいた犬養道子（犬養毅の孫）は、「大変です！　大変です！　総理が……」との事務官の声で、公用車で急ぎ首相官邸へ向かった。

官邸正門には、警官数十人が詰めかけていた。「子供心にもそれは、笑うべき無駄な手おくれの警護」であった。官邸裏門から玄関に入った道子の目には、蹴破られた杉戸と、飛び散った血潮、戸脇に倒れる田中五郎巡査の姿が飛び込んできた。犬養首相は、応急手当の包帯を頭から首にかけ、縁側近くに横たわっていた。道子の母・仲子は「大丈夫です」と言い、道子は声をあげて泣いた。

仲子は闖入《ちんにゅう》者が官邸から去った後、ただちに推定弾丸数を数え、電話ボックスから数人の医師に連絡し、居合わせた大野喜伊次医師に応急処置を引き継いだところであった。官邸に入ったときから、すべては覚悟し、想定もしていたことであった。

さらに官邸の近くにいた横溝光暉《よこみぞみつてる》（内閣書記官、内閣官房総務課長）が駆けつけ、医師の手配を手伝い、さらに二人の書記官を呼び出して、邸内の日本間と書記官室にそれぞれ配置した。

そのうちに、外出していた千代（首相夫人）が官邸に戻った。千代は「荒木〔貞夫陸相〕さんを呼んでください、荒木さんはどうしましたか」と叫んだという。凶変と聞いて、首相と陸軍の対立が脳裏をよぎり、陸軍軍人の仕業と思い込んだのであろう。神田区の党会合に出席していた道子の父・健《たける》（首相秘書官）も、戻ってきた。健はこの日午後五時まで官邸にいて、首相と和やかに用談していた。つい先刻の平和な光景に比べて、いまや様変わりした官邸の物々しい空気は、どうしたものか。また、何たる無駄な警戒であろうか。道子と同じく、健もそう感じた。

健は、医師に容態を聞いた。医師は「大丈夫です」と答えた。二つの弾痕があるが急所を外れている、左頬から入った弾が鼻腔付近にあるようだが、手当てすれば大事はない。脈も確かで、輸血の必要もない。健はやや安心して、犬養首相に声をかけた。

「お父さん、どうしました。健ですよ」。犬養首相は大きく目を開くと、「何しろあの辺から撃ったのだから……」と、一間ほど先の畳を指さした。トボけたような口調に、健はすっかり安心した。「頭痛はしませんか。胸がわるいような事は……」「いや、ない」。弾は外れている、と思われた。健は胸を撫《な》で下ろした。道子も「一度撃たれて治ってしまえば、二度は撃たれない」と安心して、住まう秘書官邸に戻った。

午後八時頃、犬養首相は現場となった客間から、隣の居間に移った。首相は意識もはっきりしており、普段通りに電灯を暗くさせたり、自身の症状を説明したりしていた。だが出血が止まらない。念のため午後八時半頃、一五〇グラムほどの輸血を行った。腹心の古島一雄《こじまかずお》が枕許にきたときには、言葉を発するのも苦痛な状態で、古島が「用はないか」と尋ねると「芳沢《よしざわ》〔謙吉《けんきち》外相、毅の娘・操の夫〕を呼べ」と言っただけであった。だが芳沢は間に合わなかった。

容態が急変したのは、午後九時過ぎである。苦しげに深呼吸し、意識が朦朧《もうろう》となり、痙攣《けいれん》が生じ、凝血を吐いた。周囲は、血を吐いたので楽になったろうと考えた。だが、医師の見立ては違った。「どうも、やはり弾が脳に入っているようです。それでなくてはいまの病状は説明がつきません」。

事態は、まったく絶望であった。「道子を呼んで来ておきますか」と問うた仲子に、健は「まだ早い」と答えた。秘書官邸から道子が呼ばれたのは、午後一〇時であった。枕許のスタンドのほか一切の電灯は消え、健夫妻と千代夫人が囲んでいた。医師団は周囲を取り巻いて粛然と立ち、さらに背後には、高橋是清蔵相・鳩山一郎文相ら閣僚たちが並んでいた。

「あんなに可愛がって頂いたんだ。お別れをおし。お礼をお言い」。わずか数時間で、別人のようにやつれはてた健の声を聴いて、道子は「お祖父ちゃま!」と呼び続けた。午後一一時二六分、犬養毅死去。享年七八であった。

なぜ政党政治は瓦解したか

かくて「憲政の神様」と言われた、犬養毅首相は死んだ。現役首相が落命したことで、内閣も総辞職と決まった。犬養内閣は、戦前の政党内閣としては最後の政権となった。

それにしても、なぜそうなったのか。言葉を補えば、そもそもなぜ、政党政治は五・一五事件で終わりを迎えたのだろうか。犬養首相が死んだからといえば簡単な話となるが、それは十分な回答ではない。戦前に政党内閣を率いた原敬も、浜口雄幸もテロで遭難したが、政党政治はその後も続いた。「テロが起きた」という現象は、重要なきっかけではあるが、決定的な理由ではない。

「軍部」が台頭したから、という回答も考えられる。陸海軍の一部が昭和維新運動の震源地となり、犬養襲撃を含む一連のテロやクーデター未遂を呼び起こした。そこに議会勢力（政党）を含む当時の支配層への強い反発があったことは間違いない。ただし台頭する「軍部」も、犬養の次の首相を決定する権限を握ったわけではない。議会の正統性は依然として揺るぎなかったし、政党の力が急速に衰えたわけでもなかった。

そこで本章では、政党政治崩壊のキーマンとして、三人の人物に注目したい。

ひとりは、最後の元老・西園寺公望である。この頃、西園寺は首相を天皇に奏薦《そうせん》（推薦）

する役割を担う、唯一の存在であった。最後の政党内閣である犬養毅内閣も、その後継となる最初の「挙国一致内閣」である斎藤実内閣も、推挙したのは西園寺である。首相を事実上選定できる「元老」として、最後に生き残った西園寺は、なぜこのとき政党政治の中断を決意したのか。

もうひとりは、内大臣秘書官長・木戸幸一である。四年後の二・二六事件では、木戸は宮中にあって決起した陸軍青年将校の政治工作と対峙し、クーデターの成功を水際で阻止した（『昭和期日本の構造』）。青年将校の意図を見抜き、暫定内閣成立の可能性を徹底して排除した木戸の行動が、事件の帰趨《きすう》にきわめて重要な役割を果たしたことは知られている。

その一方で、木戸は五・一五事件後にも政治的な役割を果たしている。海軍重鎮の斎藤実を首相に擁立するアイディアは、木戸が温めていたものであった。政治感覚に優れた木戸は、斎藤首相案を牧野伸顕内大臣らに献策し、牧野ら宮中高官の賛同を得て、有力な政権構想を確立した。木戸の意図するところは、どこにあったのだろうか。

最後の人物は、犬養内閣書記官長・森恪である。内閣書記官長は現在の官房長官にあたる。森書記官長は犬養内閣の一員であり、かつ現役の政党政治家でありながら「親軍派」と目されており、首相暗殺への関与を疑われさえした。いまでも森を犬養襲撃の黒幕とする指摘は、枚挙に暇がない。

たしかに現役の政党政治家としては珍しく、森は軍部の一部と連絡のある人物であった。

ただし詳しくは後述するが、五・一五事件における森の注目すべき役割は、暗殺への直接・間接の関与ではない。事件後の政局、特に次期政権の画定過程にこそ、森の動向の重要性は際立つ。犬養の凶変後、森はいかなる政権をめざしたか。そして、森の行動はどのように、政党政治の命運を左右したのか。

以上の三名に注目することで、本章では従来ほとんど語られることのなかった、五・一五事件後の政局を立体的に描く。

では、まずは時間軸の関係上、森書記官長の動向から見ていこう。

内閣書記官長・森恪の動向

五月一五日、午後六時半。首相官邸に、森恪書記官長が到着した。この日、埼玉県霞ヶ関でゴルフを楽しんでいた森は、凶報に接すると官邸に急行し、スポーツウェア姿のままで現れた。

この夜の森書記官長の行動は、周囲に異様な感を与えた。新聞記者の木舎幾三郎《きやいくさぶろう》は、沈痛な心情で官邸に駆け付けると、ニッコリと笑いかけた森恪に手を握られ、驚きを感じたとしている（『戦前戦後』）。また、かつて森の外務政務次官（田中義一内閣期）時代の元部下であった植原悦二郎《うえはらえつじろう》（元外務参与官）も、当夜の森の動向は「腑に落ちなかった」とする。植原によれば、森は横臥《おうが》する犬養を見舞いもせずに、官邸内の書記官長室へ引きこもった。そして廊下伝いに十数メートル先の場所から、植原を電話口に「ほとんど四、五分おきに」呼び出しては、犬養の容態を聴いたという（『日本民権発達史』『八十路の憶出』）。

そのほかにも、凶変をまるで喜ぶかのような森の言動を不謹慎に思い、書き留めた史料は多数ある（『小山完吾日記』など）。内閣の中枢である書記官長職でありながら、森は、犬養首相の死を喜んでいた。少なくとも、そのように受け取られる態度であった。

事件当夜、森は芳沢謙吉外相に「総理も間違っているよ」と語り、犬養が青年将校を大量免官しようとしていたことを、暗殺の理由として挙げたという。つまり自業自得、と言わんばかりであったのだろう。将校免官の計画を極秘と信じていた芳沢は、軍と通じる森が計画を知っていたとわかり、ヒヤリとした。芳沢は森と相容れない。かつて中国政策（済南事件の後処理など）をめぐって対立して以来、芳沢は森を信用せず、その「表裏ある言動」を危険視してきた。そして芳沢は、このとき森の言葉を聞いて、森が陸軍と通じて情報を漏らし、犬養を死に追いやったと確信したのである。

森　恪（1883〜1932）

松本清張による森恪暗殺関与説

事件当夜の森の言動から、森の暗殺関与説は早くも政界に流布された。誰が流したか、という検証は困難だが、その一人は、疑いなく芳沢謙吉その人である。

ロサンジェルスで五輪を取材し、水泳日本代表の監督でもあった田畑政治《たばたまさじ》（東京朝日新聞記者）は、森恪嫌いの政治記者であった。犬養首相の遭難がロサンジェルスで話題になったとき、田畑は当地の外交官に、森が黒幕に違いないと吹聴《ふいちょう》した。するとその外交官は、たぶんそうだと思います、芳沢外相からも同じような連絡が来ています、と語った（「森恪の断面」）。海外の駐在官にまで、芳沢は洩れなく「森黒幕説」を流布していたのである。

また後年、芳沢は事件の襲撃対象者でもある牧野伸顕にも、直接「森黒幕説」を語っている。これを聴いた牧野は「芳沢君の推測は誤らざるべし」と、その説明に納得した。「森黒幕説」を説いて回ったのは、芳沢一人ではないだろうが、こうした口伝えの結果、森＝五・一五事件の黒幕という印象は、政界の隅々にまで行き渡ったと考えられる。

さらに後年になって、政界に流布された「森黒幕説」に着目し、大胆に推理したのが松本清張である。一九六六年に発表した『昭和史発掘』のなかで、清張は次のように記している。

> 犬養在邸を確実な情報として彼ら（注：襲撃側）に洩らした者が居なかったかどうか〔中略〕。いや、たしかに居たはずだ。それは襲撃組が首相官邸内の見取図を持っていたことでも分る。〔中略〕内報者がいたとしなければならない。
>
> （『昭和史発掘』傍点は原文のまま）

清張の推理はなぜ襲撃者が、犬養が官邸にいることや、官邸の内部構造などを知っていたのか、という疑問から出発する。そして「内報者」として、大川周明とのつながりを理由に、「想像を深くするならば、森が犬養の動静を大川に流していたのではなかろうか」と、結論付けた。

さらに根拠として、清張は当時公開されて間もなかった『木戸幸一日記』を列挙し、「いかに内閣書記官長森恪が野心を以《もっ》て軍部の間に出没暗躍したかを見よ」と記した。通夜の席で、犬養の馴《な》染《じ》みの料亭の女将が、森や荒木貞夫陸相に「首相をこのような姿にしたのは一体だれなのです」と詰め寄ったことを挙げて、「あながち無視はできない」との推定も示している。

繰り返し現れる「森黒幕説」

松本清張の記すように、森恪は軍部の一部と連絡があった。また森がある種の野心をもって、政局の裏面で動いていたことも間違いない。だが、事件の経緯を踏まえて考えると、清張の推理は、いくつかの重要な点で成り立たない。

第一の問題点は、襲撃者の計画目的を読み違えている。五・一五事件最大のハイライトは犬養首相の殺害となったが、それは多分に偶然をともなう結果にすぎない。

前章までに記したように、首謀者である古賀清志海軍中尉が力点を置いたのは、あくまで警視庁前での警官隊との戦闘であった。犬養毅・牧野伸顕への襲撃目的は、支配層に対する「威嚇」の意味で、必ずしも殺害が絶対の目標ではなかった。古賀は池松武志らの偵察に頼り、両名の在邸についての自信はなかったが、それでも決起を断行した。両者の在邸が絶対の必須条件でなかったとすれば、確実な官邸内の情報をもたらす「内報者」がいる必要もない。

暗殺計画が大川周明を介して、森恪に洩らされたという点もにわかに受け入れ難い。首謀者の古賀は、決して鵜呑《うの》みにはできないが、大川とは具体的な計画を話していないとはっきり証言している。また森も昭和維新関係者とのつながりはあったが、特に関係が強かったのは北一輝である。北と大川は関係が悪く、事件で襲撃を受けた西田税が北に近い。その西田でさえ不意をつかれて銃撃されている事実を考えれば、具体的な決起の詳細を、一政治家の森が知り得るはずはないだろう。

以上のように、襲撃側の史料を具に見れば、森が官邸襲撃の手引きを行った形跡は見当たらない。首謀者の古賀も、この種の情報にまったく触れていない。にもかかわらず、政界情報を記した各種の史料には「森黒幕説」が繰り返し現れる。それは当夜、森がとった態度に起因し、森のネガティヴな情報を広めるライヴァルや政敵の存在があったと考えられる。

史料の存在があるために、今後も森を黒幕とする説が消えることはないだろう。だが、本書では「森黒幕説」を否定する。そのうえで、では森はなぜそのような態度をとったのか。

犬養毅との対立の主因

森恪と犬養毅首相の関係悪化は、事件前からすでに知れ渡っていた。原因はさまざまであるが、満州をめぐる外交方針や党内人事などをめぐり、二人は意見対立を繰り返した。

もともと田中義一（政友会総裁・元首相）の死後、党の総裁に犬養の擁立を図ったのは森である。森と犬養は、孫文ら中国革命派との関係を持つ大陸関係者で、見知った間柄であった。犬養内閣の成立まで、犬養は森の筋書きに従ってロンドン海軍軍縮条約を批難するなど、両者の関係は少なくとも表面上は良好であった。犬養内閣の成立にあたり、森は北一輝の助言に従って荒木貞夫を陸相に推薦し、森自身は大臣より一段低い書記官長職に甘んじた。

ところが内閣組織の直後から、森と犬養は対立を深めていく。満州事変の処理にあたって、両者の基本的な方針が異なっていたことが大きな要因であった。

森は外交政策、特に満州事変後の対中国政策に強い関心をもち、陸軍と提携した国策を確立しようと考えた。他方で、犬養首相は中国通としての持論から、陸軍の主張のように満州を中国本土と切り離しては、中国の理解が得られないと考えた。

犬養首相は満州事変解決のため、萱野長知《かやのながとも》を「密使」として大陸に派遣する。萱野はかつて犬養とともに孫文の革命を支援した人物で、森とも顔見知りである。だが、萱野が出発前、森にだけは話しておこうかと犬養に問うと、「いいや、今度のことはお前と二人だけのほんの内緒ごとじゃ」と言って犬養は拒否した。これが最初の齟齬《そご》である。陸軍や外務省から、萱野の動向に関する詰問が森に殺到し、森は怒った。

外務大臣として芳沢謙吉が起用されたことも、森の気に障《さわ》った。森は芳沢を排除しようと、小磯国昭陸軍中将（軍務局長のち次官）らと組んで、陸軍から「閨閥《けいばつ》を用いる」との批判をさせた。芳沢が犬養首相の女婿《じょせい》であることをとらえて、攻撃の材料にしたのである。他方で一九三二年一月一四日、ジュネーヴから帰国して外相に就いた芳沢は、どうして森を書記官長にしたかと犬養首相を問い詰めた。すると犬養は「彼〔森〕は手離しておくと危険であるから」と答えたという。犬猿の仲である森と芳沢が閣内にあることは、犬養内閣の求心力を大きく損ね、犬養と森の対立をも助長した。

満州国の国家承認をめぐって

さらに三月一日の満州国建国によって、犬養毅首相と森恪の外交認識の違いは決定的になった。森は閣議に、独立国家としての満州国を承認する前提で、各種政策案（のちの「日満議定書」に相当する内容を含む）を提出した。この案は、満蒙領有を主張する関東軍を宥《なだ》めつつ、陸軍・海軍・外務省が協議して「独立国家」案で妥結した、各省中堅官僚たちの総意であった。森は各省連絡のために「対満蒙実行策案審議委員会」を立ち上げ、時に陸軍将校を満座で叱り飛ばしながら、苦心して案を取りまとめた。

だが犬養首相は、満蒙の独立国家承認を認めず、閣議案を拒否した。高橋是清蔵相・芳沢謙吉外相も首相に同調した。犬養の構想は、満州に中国の「宗主権（本国としての地位・権能）」を認めて、自治政府の樹立にとどめることにあった。

このとき犬養に「シナの事なら俺が知っている」と閣議の場で叱咤《しった》された森は、後で「あのオヤジのお守は到底出来ない。しかし、あんな事を云っているとしまいに兵隊に殺されるぞ」と、犬養健に警告した（「山本條太郎と犬養毅・森恪」）。その後も、軍部への批判を含む犬養首相の演説草稿をみた森は「お爺さんは刺激ばかりして困る」と、何度も訂正を求めさせた。

さらに森にとって恩顧ある鈴木喜三郎法相の、内相への転任案が犬養の不決断で先送りになると、失望した森は辞表を出した。辞職は受け入れられなかったが、この頃から森は平沼騏一郎（枢密院副議長）の首相擁立を模索し始める。平沼はロンドン海軍軍縮条約問題で浜口雄幸内閣を苦しめ、陸海軍の支持もあり、鈴木喜三郎とは司法省時代からの上司部下の関係であった。この平沼のもとで、外交政策の独占をめざそうとしたのが、森の真意であった。

森恪の「苦悶」

かくして、森恪と犬養毅首相との関係は対立含みとなった。とはいえ、森の野心は、犬養を自ら除こうとする性質のものであったのか。この点について犬養健が残したエッセイ、特に、犬養の通夜での様子の描写は興味深い。

五月十五日の父の遭難の日の森の行動は彼の赤裸々な人間そのものをさらけ出していた。〔中略〕犬養の通夜の席上〔中略〕姉〔芳沢の妻・操〕は、今度は森恪を見つけて「あなたも父を殺したひとりです」と罵《ののし》った。私はこの時、心中で「少し違うな」と考えた。結論的にはそのとおりであるが、荒木〔貞夫陸相〕には森の苦悶がなかった。森の苦悶にはどこか人間丸出しのぎりぎりに逼《せま》ったところがあった。

（「山本條太郎と犬養毅・森恪」）

森は犬養の演説に手を入れ、「悲痛感」の滲《にじ》み出る「警告」をたびたび発した。もし真に死を願う相手に身の危険が迫っていると知ったとして、事前に警告を発するものだろうか。ましてや、その襲撃を自身で手引きするだろうか。警告を発するのは、予見される惨劇を回避したいときではないか。

この頃の森は、後述する理由から、血盟団による政財界へのテロ計画について、一定の情報を持っていた。自分自身についても、生命の危機を感じていた。「俺は兵隊に殺されるかもしれない」と近親の部下にも洩らし、盟友・鳩山一郎にも「そんなことを言えば殺されるぞ」と告げていた。もちろん森は、鳩山や自分が殺されることを、願っていたわけではない。ならば同様の警告を、犬養にも告げた森の心情は、どうであったか。

他方で、犬養首相にとっては、自身の命の心配など無用のものであった。古島一雄によれば、首相官邸に入った犬養は「浜口の奴は臆病だったナ。こんなに鉄条網をこしらえておるわい」と言って、防備を撤去させた。もとより死を覚悟している犬養にとっては、森の警告も、軍人に怯えているとしか感じなかったのであろう。

ただ当時の人々の観測はともかく、森恪は犬養首相のことを、あるときまでは、護られるべき命のひとつと考えていたと、筆者は思う。それこそが、「人間丸出しのぎりぎりに逼った」森恪の「苦悶」であり、歴史の影に埋もれていった、相反する複雑な感情ではないだろうか（『評伝森恪』）。

戒厳令をめぐる陸軍との交渉

事件当夜、首相官邸二階の内閣書記官長室にこもった森恪は、何をしていたのか。

森恪は横溝光暉書記官の緊急連絡によって、前述の通り午後六時半に官邸へ駆け付けた。すると当の横溝は、犬養首相への輸血用血液を採取するために、横臥してゴムを腕に巻いていた。横溝を呼びつけた森は「巡査でも誰でも、他の人から採ってもらえ。大切な時に出過ぎてはいかん」と叱りつけ、横溝を書記官室へ張り付けた。

熟達した内閣書記官は横溝しかいない。首相の生命が危ぶまれる段階になれば、内閣は叙位叙勲の奏請や、臨時兼任首相の手続きなどを進めなければならない。繁忙をきわめた書記官室に身を置いたまま、ついに横溝は森とともに、首相の臨終まで、見舞いに行かれずじまいとなってしまった。

書記官長室には奥のスペースがあり、そこでは内務省の中枢メンバーが陣取って、夜を徹した事務作業を行っていた。松野鶴平《まつのつるへい》（内務政務次官・政友会代議士）、河原田稼吉《かわらだかきち》（内務事務次官）のほか、森岡二朗《もりおかじろう》（警保局長）・大野緑一郎《おおのろくいちろう》（警視総監）などの治安対策担当者もいた。彼らは病身の中橋徳五郎《なかはしとくごろう》前内相や、三月に就任したばかりの鈴木喜三郎内相ではなく、森書記官長の指揮を受けていた。つまり森は内閣発足以来、「事実上の内相」として治安対策の中枢にいたのである。同年一月に大野が警視総監に就任するとき、森は「軍部と喧嘩《けんか》することになるかもしれないが、いいか」と念押しをした。いかに軍を抑えて、手綱を引くか。そのことは森にとっても、強く意識されていた。

内閣と内務省をともに指揮しながら、森は官邸内の様子にも気を配った。臨時閣議のために召集された大臣たちが閣議室に詰めかけ、与党議員が大広間に集まって、軍部への批判を口々に唱えていた。そこに軍の要人が続々と官邸入りするため、警官と憲兵の警戒のなか、緊張した空気が生まれた。実際、軍人と代議士が口論となる場面もあったという。そこで森は、閣議室の様子をうかがい、大広間で議員らを宥《なだ》めるなどしていた。

さらに森は荒木貞夫陸相や主だった軍人と接見し、たびたび協議を行った。軍と協議して、緊急に決定すべき事項は山積していた。犬養を見舞わない森の言動は不審に映ったが、当夜の森は、多忙をきわめていた。そのうえ犬養家の人々は、森を暗殺の黒幕とばかりに敵視している。首相の枕頭《ちんとう》へ足を向ける気には、なれなかったのだろう。

森と親しい鈴木貞一陸軍中佐の日記によると、当夜森を訪ねた鈴木中佐は、森から「首相は重態だが、生命に別条はないだろう」と伝えられ（この時点では、まだ犬養は助かる見込みだった）、同様の事件の続発は予想できるか、事件の処置をどうすべきかと尋ねられた。そこで鈴木中佐は、後続事件がないとは言えないとして、万全なのは戒厳令を布くことだが、もう少し様子を見るべきだと答えた（「鈴木貞一日記」）。憲兵隊のもとにいる三上卓らの決起将校は、自分のことについては話すが、計画の全体像は決して洩らさなかった。そのため、犯行の続発も十分に予測されていた。

真崎甚三郎参謀次長（陸軍中将）もこの夜、森と接触した。真崎は深夜、陸相官邸に押し掛けた菅波三郎中尉ら陸軍青年将校の応対をした。これを受けて、真崎は森に「俺が陸軍をおさえる、お前は政友会を引受けてくれ」と言い、森は「よろしい引受けた」と答えたという。テロの続発を抑え、軍部と政友会の反目を防止することで、両者は一致した。

この夜、森は難しい協議を二つ抱えていた。戒厳令と報道管制である。菅波ら陸軍青年将校らは、海軍の決起を機会に戒厳令を布き、国家改造の端緒とすべきと強く訴えていた。小磯国昭陸軍次官も戒厳令に賛成であった。しかし真崎次長をはじめ、山岡重厚《やまおかしげあつ》少将（軍務局長）、小畑敏四郎少将（四月より参謀本部第三部長）らは、より合法的な方法を指向して反対し、陸軍内でも意見が分かれていた。当初、森は戒厳令の布告に傾いたが、軍部の状況を慎重に探った結果、最終的に布告を見送る判断を下す。

報道管制――陸軍の要求、内務省の抵抗

より複雑だったのは、報道管制である。陸軍は事件の報道禁止を強硬に求めていた。荒木貞夫陸相は、書記官長室の奥の間にまで押しかけ、報道禁止を要望した。小磯国昭次官も同様の意見であり、鈴木喜三郎内相も陸軍に同調した。そこで午後八時、事件に関することは一切、新聞掲載を禁じる旨が決定される。

ところが内務省側は、この決定に強く抵抗した。河原田稼吉次官や森岡二朗警保局長は、すでに号外が出ている状況で翌朝刊の記事を差し止めれば、大きな混乱を招くと反対した。午後八時三〇分、掲載禁止の決定を解除することが決められた後も、軍と内務省の協議は続いた。深夜、犬養首相の死去後も、判断は容易に下されなかった。

森のもとで働いていた山浦貫一《やまうらかんいち》（内閣嘱託・前新愛知新聞記者）は、書記官長談話の起草を求められて書いたが、森はそれをなかなか発表しなかった。締切のある新聞各社から矢の催促を受けた山浦が、森にそのことを告げると、森は「発表しても載せられなくなる」と答え

た。

　だが森は、最終的に事件報道の許可を決断した。情報を出さないことで社会不安を煽ってはいけないとする、内務省側の意見を採ったのである。ただし報道に際しては、軍部の意見に配慮も行うよう、内容の一部に次のような規制をかけた。

（午前二時）一、犯人の身分氏名などの素性　一、事件が軍部に関係ありとし国軍の基礎に影響ある如き事項　一、本件発生の原因並今後再び起ることありと予見するが如き事項

（午前三時）一、犯人の撒布したる檄文の内容　一、事実の捏造誇張、煽動にわたるなど、人心を不安ならしむる如き記事

（『日本憲兵正史』）

　事件の核心部分、特に軍部との関係については報道が禁止され、一年後になるまで管制が布かれた。

　五月一六日午前三時、森書記官長の名で公式談話が出され、事件の概要が明かされた。襲撃を受けた直後の犬養首相が、女中の山本照《てる》に向けて、

　煙草を一本つけてくれ、それから今撃った男を連れて来い。よく話して聞かせるから。

と命じたことも、この森談話によって紹介された。さらに談話では、犬養の死亡時刻が五月一六日午前二時三五分とされた。これは事実（五月一五日午後一一時二六分）と異なるが、軍部と内務省の折衝のために費やした時間を考慮して修正されたものである。

鈴木喜三郎の擁立工作

犬養毅首相亡き後、森恪は首相官邸で軍との折衝を続けながら、次期政権への布石を打っていた。

当時、政党政治期の政権交代ルールは「憲政の常道」と呼ばれた。具体的には、首相には二大政党（政友会／民政党）のうち、いずれかの総裁が就くこと。首相がテロや病気などで辞任する場合は、同じ政党の後継総裁が首相になること。政策の行き詰まりや閣内不一致で総辞職した場合は、反対党の党首が組閣することなどが慣習となっていた。

政友会は衆議院定数四六六のうち、三〇三議席を抱える巨大単独与党であり、党の次期総裁が後継首相となることは、ほぼ間違いないと見られた。そこで森は、自分と関係の深い鈴木喜三郎内相を、次期総裁に擁立する工作を行う。事件当夜、森は鳩山一郎（文相）に「俺が鈴木さんを総裁に仕上げるから、君は黙って見ていてくれ」と声をかけた。鳩山は、鈴木の義弟にあたる。

森の行動は迅速であった。ただちに鈴木擁立の戦略を固め、新総裁を公選すること、暫定総裁を立てないことなどの方針をまとめ、部下に伝達した。森の命を受けた川島正次郎《かわしましょうじろう》ら配下の代議士三六名が夜を徹して動き、赤坂山王ホテルに陣を構えて、中立議員の引き込みにあたった。

実は事件当夜、首相官邸のある一室では、鈴木・森らに反発する政友会幹部ら（岡崎邦《おかざきくに》輔《すけ》・小川平吉《おがわへいきち》・久原房之助《くはらふさのすけ》）が密かに会合し、臨時首相代理となった高橋是清を暫定総裁とすること、高橋が辞退すれば指名を行って、鈴木派らに有利な公選を回避することなどが申し合わせられていた。一刻遅れていれば鈴木総裁の芽は失われていた。だが森はきわめて多忙のなか、対立派閥の手の内を読み切って、迅速に手配を行ったのである。

鈴木喜三郎（1867〜1940）

五月一六日午前に開催された政友会の議員総会で、森の打った布石はただちに効果を現し、総裁公選・暫定総裁排除の方針が決定された。さらに午後三時半から、政府与党の連絡協議会で次期総裁問題が話し合われ、森が挨拶を述べたのち、山口義一《やまぐちぎいち》幹事長が議員総会での方針決定を報告した。すでに大勢は決して、森の立てた戦略は党の方針となる。さらになるべく党全体の一致した総裁を仰ぐ、との名目のもとに、候補者選定のための小委員会が開かれた。ここでも山口幹事長・秦豊助《はたとよすけ》（拓務大臣）ら鈴木擁立に同調する人物が参加し、鈴木の対抗馬になり得る候補者の立候補を抑える役割を果たした。

鈴木の有力な対抗馬は、床次竹二郎《とこなみたけじろう》（鉄道大臣）であった。だが結束を誇る鈴木・森・鳩山らの派閥連合に対して、床次を推す勢力は組織化されていなかった。小委員会の決定を受けて、岡崎邦輔・望月圭介《もちづきけいすけ》の党長老が床次に立候補辞退をうながした。床次は説得を受け入れたが、内心では怒り心頭であった。岡崎・望月に対しては「閣外にいて充分協力」すると入閣を断るにとどめたが、子分たちの前では「鈴木がやれるもんならやってみろ」と悲壮な表情で言い放ったという。

五月一七日午前一〇時、首相官邸。鈴木喜三郎はただ一人の総裁候補者となることが小委員会で決定された。鈴木を第七代の政友会総裁に就任させる――。

ここまで、森の筋書きには寸分の狂いもなかった。過去に六人いた政友会総裁は、すべて首相を経験している。さしもの森も自らが担ぐ鈴木が、歴史上初めての「首相になれなかった」総裁になろうとは、この時点で思いもよらなかったことだろう。

陸軍に同調したか

ところで、森恪は鈴木喜三郎を政友会総裁にしただけで、次期政権が確実だと考えたわけではない。多くの情報源を持つ森は、陸軍が政党政治の継続に難色を示していることを、嗅《か》ぎつけていた。

陸軍の動向の一端は『木戸幸一日記』にも記されている。五月一六日夜、木戸幸一（内大臣秘書官長）は近衛文麿（貴族院副議長）を介して、「再び政党内閣の樹立を見る」ことになっては「荒木〔貞夫〕陸相といえども部内を統制するのは困難」になる、という小畑敏四郎少将の意見を耳にした。一七日に会った鈴木貞一中佐や永田鉄山少将も、「現在の政党による政治は絶対に排斥する」との意見に変わりはなかった。

森の言動も、近衛らを介して木戸に伝わっている。それによると、森は小畑少将から、自分（小畑）や荒木陸相は以前から森を「かばい居る」が、後継の政党内閣に入るようでは「将来の政治生命はなし」と告げられた。また五月一六日夜に森と会った鈴木貞一中佐は、森が次期政権は「超然内閣」になるだろう、万一必要なら脱党してもよい、と述べたと日記に残している。さらに森は一七日午後七時に荒木と会見し、いよいよ「既成政党を基礎とする鈴木内閣」には入閣しない、と決心したという。

この部分だけを見ると、森は陸軍に同調して、政党中心の政権から距離を置こうとしているように読めるし、森がすでに政党政治を見限っていたと記す研究さえある。たしかに森には、犬養のように議会政治に殉じる心情はなかっただろう。

だが迅速な工作で鈴木の党総裁擁立に成功した政党政治家の森が、陸軍の言われるままに、政党内閣だからといって政権への参加をみすみす見逃すであろうか。森が多年、鈴木喜三郎に仕えて来たのは、鈴木のもとで実権を握るためである。事実、森は鈴木から入閣の前交渉を受けて、「ひまな拓相〔拓務大臣〕でもやるか」と周囲に漏らしていた。五月一八日に森と会った木戸幸一は、「小畑の言と少しく異り」、鈴木内閣でも必ずしも「入閣を拒」まない様子であったと記している。こちらのほうが、森の本音に近かったのではないか。

ただ、もしそうであれば、森は陸軍将校らに嘘をついたことになる。軍部に嘘をついて頬かむりすれば、それこそ森の生命は危うい。そこで森が打った手は、まさに奇手であった。

政友会・民政党による「大連立」の模索

森恪は鈴木喜三郎新内閣が党派の争いを棄てて、「挙国一致」で国難に向き合うことを示すために、密かに対立政党の民政党と接触し、政友会と民政党の「協力内閣」、すなわち大連立を画策した。

五月一七日までの間に、森は極秘で民政党の若槻礼次郎（党総裁）、永井柳太郎（幹事長）、そして元民政党代議士の三木武吉《みきぶきち》に接触し、連立政権を打診した。この頃政界を退いていた三木は早稲田出身で、鈴木喜三郎は恩師にあたる。若槻総裁は三木に委任し、連立工作を容認した。

このとき永井幹事長は、森に「憲政擁護運動」を提案した。二大政党の提携で軍部に対抗しようというのである。ところが森は、「永井の馬鹿野郎が世の動きも知らないで……」と述べ、「やってみたまえ、政友会や民政党なぞ吹っ飛ばされてしまうから」と否定的であった（『戦前戦後』）。それは当然であろう。森の連立構想は、軍部との対決ではなく、むしろ決定的な対立を回避するためであったからだ。

ところが、森の起死回生の策も、実現には至らなかった。肝心の鈴木新総裁が、連立を承諾しなかったからである。鈴木は「民政党を脱して〔政友会に〕入党」すれば応じよう、と素っ気ない反応で、民政党側は去就を決めかねてしまった。

鈴木新総裁は「憲政の常道」ルールの適用を確信し、政友会単独政権の継続を疑っていなかった。鳩山一郎も同様で、単独政権でも陸相は確保できるとの情報を独自に得ていた。政界の常識では、鈴木・鳩山らの判断が妥当であった。政党政治家は陸軍の状況をほとんど知らなかった。

だが森は違った。陸軍の政党批判の根深さ、革新を求める昭和維新運動の威力に身近で接していた。そこで森は、ただちに連立構想に替わる手を打った。それは、鈴木総裁と荒木陸相の直接会談である。

陸軍青年将校の慰撫

五月一七日夜。小畑敏四郎少将の自宅を、山口一太郎《やまぐちいちたろう》陸軍大尉（のち二・二六事件で無期禁固刑）が訪ねた。陸軍青年将校たちに顔の利く山口大尉は、事件を聞いて富士の演習先から急ぎ戻ったのである。

小畑少将は、荒木貞夫陸相・柳川平助《やながわへいすけ》中将・黒木親慶《くろきちかよし》元少佐らと徹夜で協議し、あくまで合法的に政治改革（政党政治の排除など）を要望するとの方針を固めていた。ただ問題は、青年将校たちの動向である。

「若い連中（青年将校）がなにをやらかすかわからん」と嘆息した小畑少将は、山口大尉とともに、西田税が運び込まれた順天堂病院に行くと言い出した。

「おやめください」と山口は止めた。「いい新聞種になります。さわぎが大きくなるだけです」「でもねー。西田は陸軍の連中が思い止まるよう説得したために撃たれたのだ。僕が間接の加害者みたいなもので、気がすまないんだが……」。

山口は小畑少将の代理として、順天堂に西田を見舞った。そこには北一輝がいた。「何しろここに居ては外の事が丸でわからないので、困り抜いていたのです」と、北は山口に話しかけた。「あの向こう側の室にいる連中（菅波・香田・安藤・栗原）が弔《とむらい》合戦をやるんだと、さわいでいるんですよ」。「そんなこと今やられては、丸でぶちこわしです」と山口が言うと、北は「僕も全く同感です〔中略〕。何とかうまい手はありませんか」と言った。

山口は小畑に電話した。そこで山口は、陸軍首脳の協議の結果、青年将校の身分を保証することで事を収める。そのために北と協力して説得にあたるように言われた。そこで山口が青年将校を説得し「最終的な責任は俺がもつ」と言った。菅波中尉は「でしたら、おまかせいたします。大変なお骨折りでしたね」と答え、かろうじて青年将校たちは矛を収めた。北は山口と二人きりになると、涙ぐんで山口の手をとり一言「ああ助かった」と言った。

このような情勢のなか、陸軍首脳部は一定の政治改革を実現しなければならなくなった。仮に安易な妥協をすれば、青年将校らは反発し、今度は陸軍部内から不祥事が発生するだろう。かくして陸軍は正面から政治的条件を持ち出し、要望を伝える道を選ぶことになる。

「政軍結合」の失敗

五月一八日午前、陸軍三長官（陸相・参謀総長・教育総監）は陸相の「入閣条件」を発表した。そこでは、政党の浄化（国民の指弾を受ける人物の入閣拒否）・満州政策・国民思想の涵《かん》養《よう》・社会施設の充実の四条件が並んでいた。ただし、政党内閣の是非を含む政権の形態には触れていなかった。

そこで森恪は、陸軍が鈴木喜三郎政権（政友会単独）を受け入れる余地があると考え、速やかに鈴木と荒木貞夫陸相の会談予定を組んだ。同日午後、二人の会談は森の立ち合いのもと、首相官邸で行われた。

荒木はこのとき、鈴木に「挙国一致の連立内閣」をつくってはどうかと提案した。これに対して、鈴木は連立には「絶対に反対」としつつも、「非常時であるから」広く人材を求めていくことはやぶさかでないと答えた。鈴木は、半年前に連立政権反対を主張し、そのために犬養内閣での枢要の地位を得られた経緯もあり（このときの主張も、実は森の膳立てであったのだが)、簡単には大連立へ賛同できなかった。荒木はそれ以上の追求をせず、会談は終わった。森はただちに政党と軍部の「合意」を発表し、新聞は鈴木政権が確実と書き立てた。荒木との会談に自信を得た鈴木は、組閣に着手した。

ところが、陸軍の部内がここで強い抵抗を示した。荒木が政党に妥協を強いられたと憤慨した青年将校らが「政党内閣絶対反対」を主張し、軍首脳にもこれに同調する声が出始めたからである。荒木陸相は、真崎甚三郎参謀次長・武藤信義《むとうのぶよし》教育総監と協議し、軍事参議官らも足しげく陸相官邸を訪れた。

こうして五月二〇日、陸軍上層部は新内閣組織に対して新たな五条件を出し、部内の鎮撫《ちんぶ》に努めた。「既成政党の弊《へい》を矯正」し、「一政党単独内閣を排し」て「挙国一致の実をあげる内閣」でなければ、組閣を認めない。陸軍は政友会単独内閣を、公然と拒否する姿勢を宣言したのである。また潔白で能力ある国務大臣、統制経済や満州政策を推進する蔵相・外相などの起用も条件に含まれた。

これに対して、総裁を殺害された政友会も、軍部への憤懣を強めた。五月二〇日の党大会で、鈴木総裁は「死を以《もっ》て憲政を護」った犬養前総裁に触れて、「議会政治の完成」こそ政友会の「不朽の信条」と演説した。山口義一幹事長が続いて、政党政治と「憲政擁護」を強く訴え、軍との対決、政党の団結を絶叫した。二一日には、憲政擁護の示威のための有志代議士会の開催が決定された。政友会の党員たちは犬養総裁の「弔い合戦」に燃え、軍の重圧を実力で跳ね除けようと気勢を上げたのである。

森の策動は、ここで完全に裏目に出た。政党と軍部の反目は抑えようのない状態になっていた。皮肉なことに、「政軍」の結合をめざした森は、自らの策によって、かえって両者の激突を招くきっかけをつくってしまった。そして政権の行方は、「憲政の常道」も、森の想定をも超えた彼方へ飛び去っていく。

木戸幸一の斎藤実内閣構想

五月一五日——その日が終わろうという時刻にさしかかった深夜、木戸幸一（内大臣秘書官長）は侍従から電話を受けた。午後一一時二六分、犬養首相は死亡。準備ができ次第、臨時首相代理の親任式を行う、と。

床に入ろうとしていた木戸は、ただちに仕度をして、翌一六日午前一時に宮中へ参内した。午前二時三五分、真夜中の宮殿「鳳凰の間」で、高橋是清（蔵相）の「臨時兼任内閣総理大臣」親任式が、大角岑生（海相）の侍立するなかで執り行われた。

主を失った首相官邸で、森恪書記官長が次期政権工作に奔走していた頃、木戸もまた、政権のあり方に思いをめぐらせていた。木戸は午前三時に帰宅すると、午前七時には井上三郎《いのうえさぶろう》陸軍大佐（侯爵）を訪ねて、「憲政の常道論により単純に政党をして組閣せしむる」ようでは「軍部は収まらざるべし」との意見を聞いた。

同一六日午前九時、内大臣府に出勤した木戸は「時局収拾大綱」と題する意見書を、牧野伸顕内大臣に呈出した。それは「政党の奮起を促し、之を基礎とする挙国一致内閣の成立を策すること」、および「首班には斎藤〔実〕子爵」のような「立場の公平なる人格者を選ぶこと」との内容であった。木戸は、単一政党の政権では事態を収拾できないとみた。そして「挙国一致内閣」を打ち立てるために、木戸は軍部方面の「充分なる了解」を得ておくことを説き、大筋で牧野の了承を得た。

木戸幸一（1899〜1977）

戦後になって、木戸は次のように回想している。

私の判断としては、「本来なら政党の総裁であり総理である犬養が殺されたのだから、政友会をしてこれを担当させるのが当然だ」ということをまず考えたのですが、ところが、政党の方面に一向盛り上がりがない、気迫がないのですな。〔中略〕やっぱり一種の派閥と言いますか、いろんな思惑が横行しておる。こんな状況で政友会に〔組閣の〕大命が降っても、再びどんな事件が起こるかわからんし、それに対処するだけの能力は今のところない〔中略〕。政党をしてもう少し反省させ、有力にする工夫をしたほうがいい〔後略〕

（「木戸幸一政治談話録音速記録」）

木戸の回想は、政党に期待をしつつも反省を迫る口調である。だが当時記した木戸の日記からは、たとえば「真に苦々《にがにが》敷《し》きは政党者流の言動なり」など、もっと辛辣な言葉が並んでいる。国難を前にした政党による派閥争いを嫌い、特に数の力で人事を押し通す、政友会の鈴木派への反感が、木戸の日記からは強く感じ取れる。

党益優先の政党への忌避感

事件の一ヵ月ほど前、木戸幸一は仲間内の会合で、「今日の時局は、三百余名を有する政友会を以《もっ》てしても安定」しないとして、もし政変が起きたら、首相としては「斎藤実海軍大将は最も適任」である。さらに平沼騏一郎（枢密院副議長）を推す運動が強ければ、「斎藤と平沼を結ぶも一策」との「結論に達した」と記した。木戸個人は、斎藤と平沼の連合は簡単ではないだろうが、できれば「結構なこと」だと考えていた。

さらに荒木貞夫陸相などに対しては「財界方面の人を近づけ」て、理解を深めさせることが必要などと記していた。木戸はこうも回想している。

軍部のほうは、非常に視野が狭くあれですけれども、国策は持っているんですね。〔中略〕それが甚だ危険であることは事実なんだが、しかし持っておる。それに対して政党というものはすぐ党利党略で、ほとんど党自身が国際的にも国内的にも立派な国策というようなものがどうも出てこなかった。（同前）

危険ではあるが「国策」のある軍部より、「国策」がなく党益優先の政党に、木戸はより強い忌避感を抱いた。政党に飽き足らなく感じる点では、軍に同情的であったとも言える。牧野伸顕へ出した木戸の意見書に、単独政党（この場合は政友会）の主導権を薄めながら、「挙国一致」を求める軍の意見への配慮がされているのも、この辺りの判断が影響しているのであろう。ただし、これはあくまで比較の問題であり、木戸は昭和維新運動などに見られる軍周辺の革新論は、「視野が狭い」として、同調しなかった。

木戸が求めたのは、過激な軍部とも、無気力な政党とも、ともに距離を持つ、穏健派官僚が主体となる政権。首班に海軍穏健派（ロンドン海軍軍縮条約に賛成）の斎藤を構想したことは、その志向を裏付けるものであった。

西園寺の鈴木首班論

五月一六日朝、木戸幸一は井上三郎侯爵邸から帰宅後、静岡県興津にいた西園寺公望の秘書、原田熊雄《はらだくまお》に電話した。要件は、西園寺の上京をうながすことである。

午前一〇時、犬養毅内閣（高橋是清兼任首相）は正式に総辞職し、天皇から元老西園寺の

「御召の御沙汰」が下された。西園寺のもとには、鈴木貫太郎（侍従長）の書面を持った河井弥八（侍従次長）が遣わされた。入れ替わりにこの日、原田が上京して、夜に木戸・近衛文麿らと会合した。

五月一七日正午、木戸は原田の邸宅で、近衛、井上、そして鈴木貞一中佐と会食した。この日、鈴木中佐は原田からの情報として、西園寺が「鈴木〔喜三郎〕内相を首班として挙国一致内閣を作ること」を考慮しているが、未定であると聞いた。事件直後の西園寺は、「憲政の常道」に沿って、鈴木喜三郎新総裁を首班候補の中心と考えていたことがわかる。

そこで原田・近衛の二人は、西園寺を「超然内閣」に同意させようと、ある種の説得工作を試みたようである。西園寺は五月一九日に上京することが決まり、原田と近衛が興津まで行って、元老上京のお供をすることになった。原田は一八日朝のうちに興津に向かい、昼食を西園寺とともにして、東京の政情を報告した。さらに近衛が午後五時頃に西園寺と面会した。

この会見で近衛は西園寺に、政友会内閣か軍部内閣かの二者択一を迫ったようである。これに対して、西園寺は「それは理想論というものでしょう」とかわしたという。西園寺邸を出た近衛は、取り巻く記者に対して、西園寺が「鈴木氏を首班とする」ことは「動かぬらしい」、だが「軍部方面を全然無視する」ことはできないだろう、と憮然《ぶぜん》として述べた。また木戸の回想では、近衛が原田を通じて、軍部の支持する平沼騏一郎首班説を伝えたところ、

西園寺公望（1849～1940）と原田熊雄（1888～1946）

西園寺は激怒して「近衛に、顔を洗って出直してこいと言え！」と叱りつけたともいう。

いずれにせよ、西園寺が五月一八日段階でも鈴木首班を本命視し、平沼説は問題にしていなかったこともわかる。少なくとも、近衛や原田の説得では、西園寺には通用しなかった。同じ一八日、関屋貞三郎《せきやていざぶろう》（宮内次官）の日記には「西公の意固く、政友会鈴木を首班とするも」などとあり、宮中でも西園寺は鈴木首班説であると認識されていた。

それでも木戸は、政党と軍部に感情的な反目が表れた以上、しばらく双方を退かせて「第三者たる公平なる有力者を出馬」させるのが「最も実行的」との考えで一貫していた。木戸は、軍の期待する平沼首班を支持せずに、「第三者は斎藤子を措《お》いて他に無之《これなき》もの」と考えた。この木戸の構想に、牧野内大臣をはじめ、一木喜徳郎（宮内大臣）・鈴木貫太郎侍従長の三者も、賛意を示したと考えられる。西園寺が鈴木首班を軸とした「憲政の常道」の継続を考慮している頃、宮中方面ではすでに、政党政治を続ける意思は失われていたのである。

そうなると、ひとつの疑問が浮かび上がる。西園寺は、最終的には斎藤実の首相推挙に賛成し、政党内閣を放棄した。もっと詳しくいえば、五月一九日午後、西園寺は首相推薦のために原田・近衛らと上京し、二〇日午後に牧野内大臣と会った。この牧野との面会のときには、西園寺は上京前とは態度を変えて、政党と関係のない斎藤実首班の「挙国一致内閣」に賛成した。

原田の言葉によれば、五月一九日夕刻の西園寺の心境は「超然七分、政党三分の状態」であり、二〇日朝に原田は「老公の意中は不明」としながらも、「鈴木に行かさることだけは確実」と観測しているから、西園寺の「変心」は上京後すぐのことだろう。通説では、西園寺が上京する列車内で、秦真次（憲兵司令官）に面会を強要されたことなどが「変心」の理由として語られてきたが、詳細は不明とされてきた。

では、いったい何が、西園寺の「変心」をうながしたのだろうか。

天皇の希望と西園寺の決断

ここで、宮中側近と近い考えを持つ人物が、西園寺公望の判断に介入することになる。それは満州事変の勃発以来、軍の統制と政党の弊害に悩み抜いてきた、昭和天皇であった。

五月一九日午後五時前、上京後に駿河台の自邸に入った西園寺は、すぐに訪問した鈴木貫太郎侍従長から「天皇の希望」を告げられた。それは次の三項目にわたる。

一、首相は人格の立派なる者。
現在の政治の弊を改善し、陸海軍の軍紀を振粛するには、最も首相の人格に依頼す。
協力内閣と単独内閣などは問う処《ところ》にあらず。
ファショ〔マヽ〕に近き者は絶対に不可なり。
憲法は擁護せざるべからず。然《しか》らざれば明治天皇に相済まず。
二、外交〔国際平和を基礎とし、国際関係の円滑に努むること。〕
三、事務官と政務官の区別を明かにし、官規振粛を実行すべし。

（「原田熊雄関係文書」）

右の史料は、西園寺が天皇の「希望」を自ら書き止め、「投火ノ事」と書き添えて保管したもので（『西園寺公と政局』にもほぼ同文の記述がある。右の〔 〕内はそこから補った）、通説では天皇が「ファッショに近」い「平沼騏一郎内閣」を拒否する意向を、示したものとされている。だが西園寺が平沼を好まないことは、天皇も宮中側近もよく知っていた。そのため従来の解釈では、なぜ天皇がそのことをわざわざ元老に伝えたのか、疑問が残る。

筆者は、天皇の「希望」を平沼内閣の拒否だけでなく、西園寺が考えていた「鈴木内閣」の再考を求めるものであった、との説を提唱したい（「満州事変後の政局と政党政治の終焉」）。陸軍との対立を深める鈴木総裁に、「政治の弊を改善し、陸海軍の軍紀を振粛」する「人格」を期待できないことは明らかであった。西園寺にとって、斎藤実は西園寺内閣（第一次・第二次）の閣僚で、人柄を知っていたが、鈴木喜三郎新総裁とは親しく知る間柄ではない。その「人格」を保証しろと天皇に要求されれば、西園寺も二の足を踏むしかない。

「事務官と政務官の区別を明かに……」の部分にも、天皇の鈴木への不信感が表れている。天皇は田中義一内閣（政友会）の時分から、政党の党派的人事を「政治の弊」として嫌悪し、事務官の身分保障を強く訴えてきた。また五・一五事件の直前にも、満鉄幹部の人事で揺れる与党政友会の情勢に、天皇は「政党政治は駄目だね」と洩らした。天皇が最も嫌った派閥人事を大々的に行い、自派の勢力拡大に利用してきた中心人物こそ、鈴木喜三郎である。鈴木が田中内閣の内相時代に大量の更迭人事を行ったことは、よく知られていた。

さらに「協力内閣と単独内閣など」は問わない、との一文は、一見すると文字通りの意味しかないように思える。だがこの文は、半年前に犬養毅を首相に推挙する段階で、牧野伸顕内大臣らが協力内閣を主張したことと関係している。このとき西園寺は牧野の説に反対して、犬養の「単独内閣」説を擁護し、協力（連立）政権構想を「組合せは難しい」と拒否した。

右の経緯を考慮すれば、「問うところにあらず」とした項目の重要さがわかる。西園寺の「単独内閣」へのこだわりを前提として、単独か協力かの形式ではなく「人格」をもって首相を選べ、と天皇は要望したのである。もし「単独内閣」の形式を守るのであれば、「憲政の常道」にしたがって鈴木総裁の政友会に政権を託すしかない。この注文は実質的に、西園寺の考えていた鈴木首班説の再考をうながしたことと同じ意味となる。

最後に「外交」については、国際関係に関心の薄い鈴木総裁よりも、鈴木に近い森恪が主導権を握り、陸軍強硬派の方針を推進することが危ぶまれた、とも考えられる。いずれにせよ、犬養亡き後の政友会が、陸軍を抑えて「国際関係を円滑」に処理するとは考えにくい。鈴木喜三郎内閣の成立は、昭和天皇にとって、あらゆる意味で望ましくなかった。

天皇の「希望」を告げられた西園寺公望は、これらの意図を十分に察したはずである。

西園寺は原田熊雄に向かって、天皇の言い分は「いずれももっとものことである」と述べた。さらに木戸幸一の日記には、侍従長との会見後、「陛下より後継内閣につき御注文」を受けた西園寺が、「少し考えねばならぬ」と洩らしたことが記されている。それまで鈴木喜三郎を想定していた西園寺が、天皇の「希望」によって改案を迫られたことが、うかがえる記述であろう。

天皇が元老に後継内閣の「希望」を述べる、しかも元老が想定した「憲政の常道」による政権交代を中断させるほど、強い影響力を振るうのは異例の事態である。

だが天皇にとって、軍部の暴走への危機感と、政党政治への不信感は、それだけ強かったのだろう。他方で、西園寺は政党政治の定着を願っていたが、天皇の意思を重んじる必要もあった。少なくとも「国際平和」については、西園寺と天皇は同意見であった。

天皇の切迫した危機感に直接触れたことで、最終的に西園寺は政党政治の中断に同意し、牧野伸顕ら宮中側近の「挙国一致内閣」案を受け入れる。そして牧野の助言に従い、政界の諸勢力から意見を聴きとったうえで、政党に関係を持たない斎藤実を首相に奏薦する。首相の奏薦を独占してきた西園寺が、諸勢力の意見を聞くことも異例であった。

西園寺と会見した諸勢力の代表は、以前から約束していた倉富勇三郎（枢密院議長）のほか、牧野内大臣と同じ五月二〇日に会った高橋是清（臨時首相代理、元首相）、および二一・二二の両日中に面会した若槻礼次郎（前首相、民政党総裁）・山之内一次《やまのうちかずじ》（山本権兵衛代理）・清浦奎吾《きようらけいご》（元首相）・上原勇作《うえはらゆうさく》（陸軍元帥）・荒木貞夫（陸相）・大角岑生（海相）・東郷平八郎（海軍元帥）などである。そのなかに、鈴木喜三郎を推す人物はひとりもいなかった。

これらのなかで、東郷元帥は「平沼が一番適当」だが「斎藤でも宜《よろ》しい」との意見を出したが、荒木陸相は「政党内閣では困る」としながらも個人名は出さなかった。さらに若槻総裁は、政党を否認する政権は絶対にだめだが、「軍の衆望を負う者」が望ましいとして、政党政治の継続を強く主張しなかった。

のちに西園寺は、「一番話の筋がわかっていた」のは若槻総裁だと語っている。

平沼騏一郎の擁立工作

ところで、斎藤実首班が有力となった五月二〇日の前後、森恪は政界の風向きが「挙国一致内閣」に変わったことを敏感に感じ取った。政友会と軍部との了解は絶望的であった。鈴木喜三郎総裁は党大会で「危機に瀕した憲政を身をもって擁護せよ」と絶叫し、同夜に鳩山一郎を呼んで、単独内閣で邁進《まいしん》する方針を再確認した（『東京朝日新聞』）。詰めを誤った森は、ついに最後の策に走った。かねてから内々に準備していた平沼騏一郎の擁立に動き鈴木単独内閣を断念したのである。

五月二一日に予定されていた軍部批判の政友会代議士会を強引に中止させた森は、同日の午後、内相官邸で鈴木・鳩山との談判に及んだ。森は鈴木単独内閣が不可能となった事情を説明し、政友会は陸軍との了解が可能な「超党派的人物」（平沼）を首班に推すべきと主張した。だが鈴木・鳩山は単独内閣を当然視しており、あまりに唐突な森の提案を拒否した。

あきらめない森は、さらに同日午後一〇時半、鈴木の自邸で再び三者の協議に持ち込み、激論の末、ついに鈴木・鳩山から「鈴木内閣」であれば「挙国一致」であってもやむを得ないとの合意を得た（『東京朝日新聞』）。その夜のうちに森は近衛文麿を訪問し、鈴木が平沼首班の「挙国一致内閣」に賛成したと脚色して述べて、西園寺に伝えるように依頼した（『政界夜話』）。

だが五月二一日以降の局面で、平沼内閣が樹立する可能性はほとんどなかった。西園寺の上京後、宮中・元老の間で斎藤首班は動かないものとなっており、首班候補としての平沼の忌避は確実であった。鈴木首班を難しいと見た森恪の判断は正しかったが、最終局面での平沼擁立工作は窮余《きゅうよ》の策にすぎなかった。森は西園寺と面会する予定の荒木貞夫陸相に、平沼を推すよう執拗《しつよう》に要望したが、ついに荒木は平沼の名を言い出せなかったという。森の策が実現する機運はすでに過ぎ去っていた。

なお、森が平沼擁立に動いた事実を指して、森が軍部内閣をめざして政党を裏切り、議会政治の理念を棄てたとする見解も強い。だがそれは正確ではない。たしかに森にとって、議会政治の理念などは重要でなかった。ただ政党内部で勢力を構築した森が、政党の価値自体を無意味と判断したわけではないだろう。大切なのは、自身の外交政策に理解のある「上役」を首相に担ぎ、権力の実を握ることにあった。だが田中義一も、犬養毅も、森にとっては期待外れであった。その次の「上役」候補として森が目をつけたのが、鈴木であり、平沼であった。

平沼騏一郎（1867〜1952）

森の平沼擁立構想については、鈴木では政権獲得が難しいと判断された場合の次善策であった、と考えるのが妥当な解釈である。平沼擁立の前提は、平沼と鈴木がかつて長年にわたって司法省内の上司・部下であり、深い関係を持つことである。つまり森は、鈴木が政友会の総裁就任可能であれば、全力で鈴木を推し、軍部や政界の風向きが「挙国一致」を求めた場合には、軍部に受けのよい平沼首相のもとに「挙国一致」内閣をつくって、政友会三〇〇超の議席を持つ鈴木を副総理格とし、政局の主導権を保持しようとしたのである。これは軍部との関係を長らく培ってきた、森の観察から導き出された戦略であった。

なお犬養毅との不仲が高じた三月末頃、森が平沼擁立を模索し始めた時機に、「憲政の常道」を守る考えであった鳩山一郎は、森を強く諫《いさ》めた。鳩山は森の平沼擁立工作を、軍部に近付く危険な行動とみて、運動の中止を求め「二三時間も激論」した（『木戸幸一日記』）。鈴木・鳩山は、森ほど外交に関心がなく、軍部との連絡の必要性も感じなかった。そして彼らは政界の常識としての「憲政の常道」にとらわれ過ぎたために、政権の気運を逃し、政友会の価値を暴落させて、かえって「憲政の常道」それ自体の破局を導いたのである。歴史の皮肉とも言える結末であった（『憲政常道と政党政治』）。

成立した斎藤内閣に猛反発した森は、鈴木への政権禅譲工作を進めるが、不治の病に罹《かか》って同年一二月に死去する。

斎藤実「挙国一致」内閣の誕生――「日本縦断の空気」の醸成

五月二二日、組閣の大命は斎藤実に下された。「政党を基礎とする挙国一致内閣」によって、「非常時」を鎮静させること、すなわち「現状維持」が、斎藤内閣に与えられた使命であった。木戸幸一はこの日、「余の当初より考えて居ったこと」が実現し、きわめて「愉快」であると日記に記し、自説の勝利をかみしめた。

斎藤内閣での政党の凋落は明らかであった。純粋な衆院議員（政党所属）の大臣は一〇名から三名に激減した。かわりに官僚出身者が多数進出した。その後の展開を考えれば、これは政党没落の始まりに他ならない。特に衆院での絶対多数を有しながら、政権を逃した政友会の混迷ぶりは、議会勢力そのものの価値を切り下げてしまった。

他方で、政党政治が失われたことによって、より巨大な争点が浮上する。ある政治評論家は、五・一五事件後に流れ始めた「日本縦断の空気」について、次のように観測した。

今度の政変で〔中略〕険悪な空気がどうやらハッキリして来ちょる。元老やいわゆる重臣、枢密院、政党、軍部ちう日本の中枢機能が、縦に二つに割れて大きな対抗的勢力に分れて来たのじゃ。〔中略〕政党同士の喧嘩なら、たかが悪太郎と弥次馬の摑み合いですむが、今の話の二大潮流が渦を捲《ま》く事になると一体、どうなると思う。政情安定どころか、風はいよいよ募り、浪はますます高まりはせんか。（『政界夜話』）

ロンドン海軍軍縮条約から、次第に現れ始めた対立軸。軍縮か軍拡か。協調外交か積極外交か。欧米提携かアジア主義か。そして、政官財エリート支配の継続か、大衆を基盤とする革新政治か。現状維持か、それとも昭和維新か。

斎藤内閣の組閣にあたり、裏で全面的に尽力したのは、ロンドン海軍軍縮条約会議の全

斎藤実内閣　1932年５月発足．前列左から鳩山一郎文相，斎藤実首相兼外相，１人おいて岡田啓介海相．中央軍服姿が荒木貞夫陸相，最後列左から３人目が高橋是清蔵相

権・財部彪であった。海相には条約派の岡田啓介が就き、斎藤首相自身も条約賛成である。政党政治はたしかに後退したとはいえ、成立したのはロンドン海軍軍縮条約を推進した海軍軍人を中核とする内閣であり、明らかに現状維持派の政権であった。海軍部内で「昭和維新」を唱えた青年将校らに同情的な人々にとっては、きわめて不本意な結果である。

　また士官候補生から事件の被告を出した陸軍では、陸相交代説が現れ、林銑十郎《はやしせんじゅうろう》（朝鮮軍司令官）が候補として招致された。だが、荒木貞夫留任を唱える陸軍部内の声が高まり、結局林は辞退して、荒木が続投する。陸軍部内の昭和維新運動を慰撫するための措置といえよう。だが同じく留任した高橋是清蔵相、さらに山本達雄《やまもとたつお》内相（民政党、元蔵相・日銀総裁）の両名が財界重鎮として睨みを利かせる内閣で、荒木が陸軍の予算要望を貫きとおすのは至難であった。

つまり斎藤内閣は非政党内閣であっても、現状維持を使命とする意味で、昭和維新運動と対峙する厚い壁であった。陸海軍は、ともに不満であった。くすぶる不満は、さまざまな形で野火となって現れ、やがて大火へと燃え上りかねない。五・一五事件から一年後、事件の全容が明らかにされたのは、まさにそのような状勢のなかであった。

第5章　法廷闘争——なぜ被告は減刑されたか

大きな榧の木の下で

「道公、お祖父ちゃんと散歩しないか」

学習院から帰った一一歳の孫・道子を、犬養毅首相が珍しく呼びに来た。犬養は「今日はヒマでのう」といいながら、護衛を首相官邸日本間の玄関に残して、道子の手をつなぎ、別棟の内閣書記官長官邸を仰ぎ見る崖下の畑に出た。

桜の若木や野ばらの植えられた畑で、犬養は慣れた手つきで虫を取り、石を除き、草を抜いた。そして、道子に「生の教訓」を静かに語った。

どんな言葉をお祖父ちゃまは使ったのか。言葉として私は何ひとつおぼえていない。〔中略〕土に托し、花のすんだあとの坊主になったバラの実に托し。この坊主は地に落ちる、〔中略〕落ちるとそこから芽が出る……逆に言うと、落ちなければ生命はつづかないのだ、と。

（『花々と星々と』）

犬養毅と犬養道子

楽しい散歩は、官邸の隅にある大きな榧《かや》の木の根もとで終わった。

それまでにも道子は、ここに時折たたずんで、まるで何かに心奪われるかのように、樹の梢《こずえ》を見つめる犬養を目にしていた。「剛毅朴訥仁《ごうきぼくとつじん》に近し」との論語の一節から「木堂《ぼくどう》」の号を得た犬養は、自然の樹木をこよなく愛した。

だが、榧の木を眺める犬養の表情は、憂慮に満ち、疲れ切ったものであった。

もうお帰り。お祖父ちゃんは少し考えごとがあるでな。

この日も、犬養はそういって、大きな榧の梢をじっと仰いだ。五月一三日、金曜午後。仲睦まじい祖父と孫の、それが最後の会話となった。

「話せばわかる」と言ったか

犬養道子は『花々と星々と』（一九六九年）、『ある歴史の娘』（一九七七年）の二編の自伝的作品を著した。戦前期の激動のなかを生きた、ひとりの少女の「魂の記録」である。さらに「ちっちゃな女の子」の目線でみた昭和史の証言として、日中和平工作、ゾルゲ事件、「同級生の父親」としてみたときの、木戸幸一や近衛文麿の等身大の姿など、もはやいまとなっては知りようもない歴史の息づかいをのこす貴重な作品である。

そして多くの読者が、道子の文によって五・一五事件の詳細を知ったことであろう。襲撃を受けた被害者であるはずの犬養家が、かえって世間からの糾弾を浴びたことも、さりげなく書かれている。それればかりでなく、驚くべきことに、彼女らは「犯人下手人」への恨みの感情を「これっぽっちも抱いていなかった」という。

その証拠のひとつは、私が、新聞に出、人の口の端《は》にものぼる、犯人の陸海軍将校の名をほとんどそらんじなかったことである。〔中略〕なぜなら私たちの関心は——〔中略〕事件を行なわせるに至った背後事情に在《あ》ったからである。

（『ある歴史の娘』）

五・一五事件から一年後の一九三三年（昭和八）五月一七日、内務省は五・一五事件に関する報道管制を解き、事件の公判準備が開始された。後述するように、公判の進行にともなって報道はエスカレートし、被告は「英雄」となり、事件は「義挙」となって、人々は被告の供述に「涙」した。古賀清志（のち不二人と改名）中尉や三上卓中尉の言動に、国中が注目したのである。

にもかかわらず、その名さえ記憶していないとする道子の回想は、遺族ならではの複雑な感情、さらにいえば、かえって強いこだわりを感じられてならない。

「話せばわかる」という犬養首相の有名にすぎる最期の言葉にも、道子は強いこだわりを持っている。彼女の主張は、そういった最期の言葉は「語られなかった」と、著書のなかで、はっきりと記されている。

祖父遭難時の言葉は、ここ（『花々と星々と』）に記したものだけが正確であり、（母の証言、テルの証言）彼はそれ以外いわなかったのである。　（同「増補版あとがき」）

「ここに記したもの」とは、三上中尉らと対峙した犬養首相が「まあ、靴でも脱げや、話を聞こう……」と語りかけ、撃たれた後には「呼んで来い、いまの若いモン、話して聞かせることがある」と山本照に命じた、それらの言葉に限られる。これは「公式記録にのこされる母とテルの証言にもとづいた」ともある。

たしかに首相官邸内部の証言をもとにした森恪書記官長の談話には「話を聞こう」と「話して聞かせる」が採録されているが、「話せばわかる」とは差異がある。

それでも「話せばわかる」がまったく無根拠かといえば、そうでもない。『検察秘録五・一五事件』に収録された予審調書では、他ならぬ山本照自身が「呼んで来い、話せば判る」と三度繰り返した、と証言している。銃撃した三上中尉も「まあ待て、話をすれば分るだろう」との、犬養の言葉を公判で述べている。何より、事件現場の状況から、三上と遭遇したときの犬養の言葉は、三上と、山本照、田口巡査のほかに知るすべはないはずだ。

だが筆者は、道子のこだわりのなかに、言った言わないという以上の何か、それもとてつもなく強い意思を感じる。そもそも「話して聞かせる」でも「話を聞こう」でも、会話を前提とした言葉である以上、含意は「話せばわかる」と大差ない。だが「お祖父ちゃまと言う人は、こんな一言を麗々《れいれい》しくのこすにしては、もうすこしわけ知りの人であった筈《はず》だ」と、道子は記す。言論の自由が暴力に踏み倒されてはならない、とする安易な教訓。「話さえすればよくなる」という、人間の不条理や歴史の深淵を無視したような言い草、「これは危い」。話してわかるのであれば、こうした事件が起こるはずもないのだから、と。

張学良からの「金」を追求したか

さらに道子は、のちに母の仲子も最期の瞬間は首相から引き離されており、言葉を聞くことはできなかったかもしれないと認めている。「話せばわかる」と、あるいは言ったのかもしれない。そこで道子は、原田熊雄〔西園寺公望秘書〕の記録の一段を引き、「話せばわかる」に新たな解釈をくわえた。

噂によると、張学良の倉庫の中から日本の政党の領袖や大官連の署名ある金円の領収書が現われた中に、犬養総理のものも混っていたとかで〔中略〕総理はこれに対して、『その話なら、話せば判るからこっちに来い』と言って〔後略〕

（『西園寺公と政局』）

犯行に及んだ青年将校たちは、張学良から犬養首相に渡った噂の「金」を追求しようとした。それを釈明しようとして「話せばわかる」と口に出た。道子は直観した。「私はこの『噂』こそ『真実』と思う。〔中略〕五・一五公判過程の厖大な書類を見るまでもない」と。否、見るまでもない、どころではない。あの莫大な公判記録の内容を、それこそ隅々までを読みこんだ痕跡が、道子の文章からは立ちあらわれている。そして読んで、知っているはずである。青年将校たちが、犬養首相を「大義」のために撃った、個人的な怨恨《えんこん》はなかったと明言する一方で、張学良の張の字さえも口にしなかったことを。

それでも、道子は原田熊雄の書き留めた噂を「真実」とした。彼女の遠い記憶から蘇った張学良の青い手紙のイメージもさることながら、やはりそこにはどうしても、認められないことがあったのだ。「話せばわかる」という言葉の問題ではない。誤解を恐れずに言えば、犬養首相が青年将校と交わされた最期の問答、それ自体に、なんらかの意味が見出されること。それだけでも道子にとっては、実に耐えがたいことだったのではないだろうか。

ふしぎにも、私は五・一五事件の判決の日のことをこれっぽっちも憶えていない。父や母が判決文の掲載された新聞を前にして、どんな反応を示したかも記憶にない〔中略〕私自身について言えば、判決なんぞどうでもよかった、のである。（『ある歴史の娘』）

被告たちへの判決は、まことに軽かった。だが「軽すぎるとか、これじゃ殺された方が浮かばれないとか」いうことは、一度たりとも道子の脳裏をかすめなかった。そんなことよりも、正義とはなにか。この人間の世に正義はあるのか。道子の心を覆ったのは、より大きく普遍的な問題であった。

話の筋がそれすぎた。あらためてこの事件を、そして事件の裁判をめぐる人々の動きを、見返してみたい。

なぜ被告たちは「英雄」となったのか。なぜ彼らへの判決は軽かったのか。そして法廷を通して、日本の国民は何を見て、何を感じたのか。忘れ去られた当時の熱狂をなぞるとき、道子の言う「人間の不条理や歴史の深淵」を、理解する切っ掛けが得られるかもしれない。

陸海司法三省の共同発表——事件報道の開始

一九三三年（昭和八）五月一一日、五・一五事件に関する民間側被告の予審がすべて終結した。それを受けて、事件記事の差し止めを解除するとの通達が、五月一六日に内務省より発せられた（『内務省新聞記事差止資料集成』）。翌一七日午後五時、陸軍・海軍・司法の三省が共同で、五・一五事件の概要を公表する（『五・一五事件期憲兵司令部関係文書』）。

前年五月一五日の事件発生直後から、犯人逮捕と取調べは着々と進められていた。

陸海軍人の関係者はすべて憲兵隊に自首した。公判までに現役軍人は休職処分となり、士官候補生は退校となった。直接事件に参加しなかった海軍将校たちもそれぞれの部隊で保護検束され、待命となった。

民間側では、五月二四日までに橘孝三郎（愛郷塾頭）をのぞく犯人の全員が自首または逮

判決
禁固15年
同
禁固13年
禁固10年
同
同
禁固２年（執行猶予５年）
同
同
禁固１年（執行猶予２年）
禁固４年
同
同
同
同
同
同
同
同
同
同
無期懲役

五・一五事件，受刑者一覧

	被告名	地位	年齢	罪名	求刑
海軍	古賀清志	海軍中尉	26	反乱罪	死刑
	三上卓	同	29	同	同
	黒岩勇	海軍予備少尉	27	同	同
	中村義雄	海軍中尉	26	同	無期禁固
	山岸宏	同	26	同	同
	村山格之	海軍少尉	26	同	同
	伊東亀城	同	26	反乱予備罪	禁固6年
	大庭春雄	同	25	同	同
	林正義	海軍中尉	28	同	同
	塚野道雄	海軍大尉	35	同	禁固3年
陸軍	後藤映範	陸軍士官候補生	25	反乱罪	禁固8年
	中島忠秋	同	25	同	同
	篠原市之助	同	24	同	同
	八木春雄	同	24	同	同
	石関栄	同	24	同	同
	金清豊	同	24	同	同
	野村三郎	同	23	同	同
	西川武敏	同	23	同	同
	菅勤	同	23	同	同
	吉原政巳	同	23	同	同
	坂元兼一	同	23	同	同
民間	橘孝三郎	愛郷塾頭	41	爆発物取締罰則違反・殺人・殺人未遂	無期懲役

捕され、満州に逃れた橘も六月二四日にハルビン憲兵隊に自首した。さらに重要な関係者として本間憲一郎（紫山塾頭、天行会理事）が九月、頭山秀三（天行会長）が一一月に逮捕され、これで関係者全員が検挙拘束された。

事件関係者の尋問は、陸・海軍は軍法会議で、民間側は東京地裁の予審部で、それぞれ実施された。

東京地裁が予審終結を宣言し、二〇名の被告を爆発物取締罰則違反・殺人未遂・殺人・同幇助・殺人未遂教唆などの罪で起訴したのが、五月一一日。

これにやや遅れて、海軍軍法会議が五月一七日に予審を終結した。反乱罪・反乱予備罪で古賀清志・三上卓ら実行犯六名、および伊東亀城・大庭春雄・林正義・塚野道雄の四名をくわえた計一〇名が起訴、田崎元武・鈴木四郎・村上功・古賀忠一・沢田邲の五人が不起訴、浜勇治が神経衰弱のため取調べ中断となった。同日、陸軍軍法会議も海軍と同罪名で、元士官候補生一一名を起訴した。

懲役15年
懲役12年
懲役7年
同
同
同
懲役5年
懲役3年6月
懲役12年
懲役15年
懲役3年6月
同
懲役8年
懲役5年
同
懲役12年
懲役15年
懲役8年
懲役10年

民間	後藤圀彦	愛郷塾教師	32	同	懲役15年
	林正三	愛郷塾教師	41	同	懲役12年
	矢吹正吾	愛郷塾生	22	同	懲役10年
	横須賀喜久雄	同	22	同	同
	塙五百枝	同	22	同	懲役８年
	大貫明幹	同	24	同	懲役10年
	小室力也	同	22	同	懲役７年
	春田信義	同	27	同	同
	奥田秀夫	明治大学学生	24	同	懲役15年
	池松武志	陸軍士官学校中退	24	同	同
	高根沢与一	無職	23	爆発物取締罰則違反・殺人	懲役７年
	杉浦孝	愛郷塾生	25	爆発物取締罰則違反・殺人幇助	同
	堀川秀雄	本米崎小学校訓導	28	爆発物取締罰則違反・殺人未遂教唆	懲役12年
	照沼操	同	24	同	懲役10年
	黒沢金吉	農業	26	同	同
	川崎長光	同	23	爆発物取締罰則違反・殺人未遂	無期懲役
	大川周明	神武会長・法学博士	48	爆発物取締罰則違反・殺人幇助	懲役15年
	頭山秀三	天行会長	27	同	懲役10年
	本間憲一郎	紫山塾頭	44	同	同

註記：年齢は公判時の数え年
出典：「五・一五事件」『国史大辞典』第５巻（吉川弘文館，1985年）を基に筆

ここに至るまでに、陸海軍と司法省の間で「擬律の統一」、つまり法規の適用基準についての調整が図られていた。同一国家下の同一事件で、罪名などが不統一となる事態を避けるためである。だが、反乱罪（軍刑法にのみ存在）を軍人以外に適用拡大するよう求める陸海軍側と、民間人への反乱罪適用に抵抗する司法省の溝は最後まで埋まらず、先に見たように、軍と民間で異なる罪状での起訴が決まった。裁判をめぐる軍民間の格差問題は、公判を通して常に問題となり続け、判決にも少なからず影響を及ぼすことになる。

他方で、事件概要の公表までの一年間、報道管制の影響もあるが、国民世論は事件に対して冷静であった。すでに減刑嘆願運動も起こってはいたが、盛り上がりを欠いていた。特高警察は「一般民衆は寧《むし》ろ〔中略〕暗殺行為そのものに嫌悪をすら感じつゝあり」、「減刑運動は予想外に発展を見」ていない、と分析した（『特高月報』）。

事件概要の公表を受けても、一年が経過したこともあり、「一般民衆の関心やや薄らぎ」、「格段なる動揺を見ざりき」との見方が強かった（同）。右翼団体は「五・一五事件記念運動」と銘打って世論喚起に努めたが、そこまで大きな反響はなかったのである。

ところが、五月一七日の三省共同発表には、特に動機の面で、犯人たちの行動を「至純」つまり私心がなく、情状を汲《く》むべき点が多いとする論理が色濃く刻まれていた。現下の日本の情勢は「あらゆる方面に行詰りを生じ」ており、「精神」も「頽廃」をきたしている。その「行詰りの根元は政党、財閥及び特権階級」の「結託」にあり、これを打破して「国家の革新を遂げ、真の日本を建設」することが、犯人たちの動機であると。公式の見解としては、かなり異例ともいえる。

さらに報道を受けて、斎藤実内閣で陸相に留任した荒木貞夫が「純真なる青年がかくの如き挙措《きょそ》に出でたその心情について考えれば、涙なきを得ない」と談話する。事件の責任をとって退任しながら、岡田啓介海相の辞職（一九三二年一二月）で再登板した大角岑生海相も、「罪とか刑罰の問題を離れ、ただ彼等青年の心事に想到する時、涙なきを得ぬ」と語り、被告らの「至純」に同情を隠さなかった。

行為はともかく動機は純粋とする陸海軍側の論理構成は、すでにこのときの陸海軍の発表、および要職者の態度からうかがえる。それだけではなく、軍側による報道論調への誘導さえも感じられる。

新聞の抵抗——桐生悠々・菊竹六鼓

五・一五事件発生の直後、新聞は号外などの形で事実関係を報道した。犯人の氏名などの公表は規制されたが、在京新聞社は報道禁止に反対する旨を決議し、内務省に通知している。

他方で、地方紙には事件への批判を展開したものもあった。桐生政次《きりゅうまさじ》（悠々《ゆうゆう》）を主筆とする『信濃毎日新聞』、菊竹淳《きくたけすなお》（六鼓《ろっこ》）の『福岡日日新聞』などはよく知られている。

事件発生直後の『信濃毎日新聞』（一九三二年五月一七日付）には、次のようにある。「犬養さんもつまらない最後、お気の毒に堪えない。『軍人ならば、会ってやろう』と気を許したのが運のつき。犬養さん、狂人に対する認識不足だった。狂人といいたいが、寧ろ『狂犬の群れ』だね。この狂犬の群れが『祖国を守れ』か」。同二〇日付には、こうある。「大臣の首さえあれなんだから、国民の首なんか、裏の畑の水瓜か大根だ」。

また『福岡日日新聞』（一九三二年五月一七日付）は、社説で事件を取り上げて「今回の事件は〔中略〕暗殺というよりも一種の虐殺」であり「革命の予備運動」と論じ、「軍隊および軍人が政治に容喙《ようかい》することは、ただちに軍隊および軍人の潰乱頽廃を意味するもの」など と軍部批判に徹した。

これらの記事は、いまも新聞史上に語り継がれるほどの徹底した、当時を考えれば最大限の事件批判といえよう。また事件批判の論調に、賛意を示す読者もいたはずである。

地方新聞紙は政党との関係が深い。『信濃毎日新聞』の社主・小坂順造《こさかじゅんぞう》は政友会から民政党に移籍した代議士・実業家で、山本達雄（斎藤内閣内相・政友会のち民政党）に近く、同紙前主筆の風見章（茨城県選出）も民政党の代議士である。『福岡日日新聞』も伝統的な政派新聞で、自由民権運動の流れを色濃く持つ政友会系新聞であった。当然ながら両紙の読者にも、親政党、反軍閥の傾向があったろう。両紙には抗議文も届いたが、同時に激励の手紙も多数寄せられたという。

陸軍による世論対策

だが、こうしたメディアの傾向は、長くは続かなかった。

右の二紙のその後にも触れておこう。桐生悠々は一九三三年八月、社説「関東防空大演習を嗤《わら》う」で防空演習を無意味だと論じ、軍関係者の猛反発をかった。長野県下の在郷軍人関係者が不買運動を展開したことで、桐生は『信濃毎日新聞』を退社に追い込まれる。他方で福岡では、先述した社説掲載の当日に、久留米第一二師団から記事の取消と謝罪の要求がきた。『福岡日日新聞』には、連日のように脅迫状が舞い込み、在郷軍人会も不買運動に乗り出したともいう。軍用機が『福岡日日新聞』の社屋上空を旋回し、威嚇飛行をくりかえしたという話もあるが、これは伝説の域であろう。だが『福岡日日新聞』の首脳部は結束して菊竹を擁護し、菊竹は一九三五年に副社長へ就任している（一九三七年死去）。

『信濃毎日新聞』と『福岡日日新聞』の対応の差は、それ自体が興味深い。ただ桐生や菊竹ほど徹底した軍部批判は、他にはほとんど皆無であり、例外的だった。両社ともに軍関係者からの厳しい抗議を受けているように、地域社会における在郷軍人の存在は軽視できないものがあった。

在郷軍人を中心とする政治団体は、一九三三年に多数成立している。明倫会（五月結成・田中国重《たなかくにしげ》陸軍大将総裁）、皇道会（四月結成・等々力森蔵陸軍中将総裁）などである。これら軍人系の運動団体は、一九三三年に高揚する五・一五事件の被告減刑嘆願にも深く関係し、

「陸軍パンフレット」問題（一九三四年）の擁護や、天皇機関説の排撃運動（一九三五年）などでも宣伝活動を担った。先鋭化する民間右翼とは異なり、あくまで合法活動を標榜した軍人系団体は、のちには代議士を議会に送り込むまでに成長する。

さらに陸軍中央でも、すでに「新聞班」が設置（一九一九年）され、世論・メディアへの対策が重視されていた。満州事変で新聞各紙との連携が強められ、積極的なメディア・キャンペーンが行われることで、親政党の牙城であった新聞紙面にも、軍の意向が次第に反映されるようになっていく。

五・一五事件被告らの法廷闘争の最中に、桐生悠々は新聞社を辞めさせられた。これは同時期における陸軍の政治組織化・メディア進出を背景とした、世論の転換を象徴する出来事であったのかもしれない。

神兵隊事件——残党たちの決起

事件記事解禁から約二ヵ月後の、一九三三年七月一〇日夜。陸軍士官学校の卒業式を翌日に控え、警視庁は一斉に特別捜索を行った。内偵の結果、右派団体に不穏な動きがあることがわかり、警戒を強化したのである。そして明治神宮講会館に五〇名を超える人数が集まっているとつきとめた警視庁は会館を包囲し、前田虎雄（皇国農民同盟）ほか計四七名を検挙する。

調べを進めると、驚くべき計画が発覚した。集団の首領は天野辰夫（愛国勤労党）、ほかに片岡駿（回天時報記者）、影山正治《かげやままさはる》（大日本生産党）らが中心となって、全国の右翼団体ら数百人を動員。斎藤実首相以下全閣僚、牧野伸顕内大臣、一木喜徳郎宮相、鈴木喜三郎（政友会）・若槻礼次郎（民政党）・安達謙蔵（国民同盟）・麻生久《あそうひさし》（社会大衆党）ら政党総裁、山本権兵衛元首相、藤沼庄平警視総監、それに原田熊雄や、池田成彬・郷誠之助《ごうせいのすけ》ら財界人などの襲撃、殺害が計画されていた。世にいう「神兵隊事件」である。

当初は七月七日の閣議が標的とされ、約二〇〇名が警視庁を占拠して戒厳令を布き、ここを本部としたうえで、首相官邸・牧野内大臣邸などを襲う予定であった。さらに山口三郎海軍中佐は海軍機で上空から警視庁・首相官邸を爆撃し、檄文を撒布することになっていた。

だが七月五日、決起に際して内部での反対意見が出て、計画は挫折するかにみえた。そのなかで前田虎雄は単独でも実行すると決意し、次回の閣議予定である一一日に決行と定めた。大日本生産党青年部や関西本部、国家社会党、大阪愛国青年連盟、神武会大阪支部ら関西方面の団体も合流し、毛呂清輝《もろきよてる》ら国学院大学の学生も参加した。警視庁による検挙は、神宮講会館・上野駅前に集合待機中のことであり、山口中佐は館山飛行場で爆撃の実行を待っていたところであった。

首謀者の天野辰夫は、かつて血盟団の井上日召に天行会道場で出頭をうながしたとき、弁護士ながら日召から後事を托され、海軍側の決起計画についても知らされた。五・一五事件が発生すると、天野は同じく日召に自首を勧めた本間憲一郎（紫山塾頭）と相談した。そこで本間から前田虎雄を紹介された天野は、上海から前田を呼んで計画にあたった。「破壊」の担当者は「建設」にあたるべきでない、との考え方（三月・十月事件への批判と反省）に立って、前田は「破壊」を、天野は「建設」を受け持つことになった。人的なつながりとしても、決起の趣意からしても、神兵隊事件は「第二の五・一五事件」であった。

さらに東久邇宮《ひがしくにのみや》付の武官であった安田銕之助《やすだてつのすけ》（陸軍予備役中佐）が天野の知人であり、資金提供などに関わっていた。安田の資金源は、西園寺公望の護衛を経験したこともある中島《なかじま》勝治郎《かつじろう》（元陸軍曹長）で、中島はさらに松屋呉服店常務の内藤彦一《ないとうひこいち》から資金を得ていた。検挙者九五名（うち起訴六三名）にのぼる神兵隊事件は、かろうじて未然に防がれたとはいえ、五・一五事件の続発があると知った政・財界の要人に多大な衝撃を与えた。

なおこれほどの大規模な騒乱計画にもかかわらず、神兵隊事件で最終的に刑を受けた者はいない。東京地裁で開かれた裁判では、やがて天野ら五四名が大審院（最高裁）に回された。一九三七年三月に始まった公判は、実に一一六回。一九四一年三月に全被告に対して「刑を免除」する旨が言い渡されたのである。

ただし神兵隊事件を含む「昭和維新運動」の趣旨が、当局者によってまったく許容・容認されたわけではない。民間における急進派右翼運動それ自体は、事件をきっかけに主導者を失い、当局の取締厳格化などを受けて沈滞化していく。五・一五事件直後の六月に結成された「国難打開連合協議会」も、事件によって大日本生産党・愛国勤労党・神武会などが打撃を受け、中核となる構成員を失ったことで自然消滅した。

以上のことは、国家主義運動の主導権が、革命を志向する民間右翼から、政治権力の掌握をめざす軍部に移行していくことを物語る。軍部と右翼は今日では一体にされがちである。両者は時に似た主張も行うが、民間右翼と国家権力に属する軍は異なる。両者は時には反目して、衝突に至ることさえあるが、それについては次章で述べていく。

陸軍の公判開始

神兵隊事件検挙の約二週間後、五・一五事件の公判が始まった。

すでに六月二八日に血盟団事件の公判が始まっており、七月二四日に海軍側、翌二五日に陸軍側の公判が開始された。海軍側は横須賀鎮守府、陸軍側は青山の第一師団の軍法会議法廷で開廷され、判士長（裁判長にあたる）には、高須四郎《たかすしろう》海軍大佐、西村琢磨《にしむらたくま》陸軍砲兵中佐がそれぞれ就いた。

陸軍側で公判の口火をきったのは被告の後藤映範（元士官候補生）である。後藤は、菅波三郎陸軍中尉から「維新史」を教わったとして、勤皇志士の事績を論じた。そのうえで、国家の「大改革」を行うには三段階があるとして、①先覚者の思想的覚醒、②先覚者の具体的行動、③一般の覚醒を挙げた。そして、自分たちは②の最も困難な具体的かつ「犠牲的行

陸軍側第１回公判，1933年７月25日　上段右から３人目が西村琢磨判士長．青山第一師団司令部軍法会議法廷

為」を行ったとして、五・一五事件を「桜田門外の変」になぞらえた。

さらに社会情勢を問われた後藤は「それは篠原が述べます」と述べ、篠原市之助は政治家が軍縮を断行し、軍を圧迫していると訴えて、政治家を憾《うら》むのではなく政党に左右される人を憾むと述べた。そして故犬養首相について次のように供述した。

私共は犬養閣下には何等の怨恨もありませぬ。清廉《せいれん》なる我国民衆政治家の第一人者として、犬養閣下にはまことに御気の毒に堪えませせぬ。ただ内閣総理大臣、現在政党政治の首領であると言うことの為に〔中略〕犬養閣下は支配階級の犠牲になられました。〔中略〕私は犬養閣下に済みませせぬ。

（『調査彙報号外』）

元士官候補生の被告らは口を揃えて、政党・財界の横暴、統帥権干犯、牧野伸顕内大臣の上奏阻止などについて、公判の場で一斉に批判した。そして犬養毅首相個人にはまったく恨みがなく、あくまで「支配階級」の象徴として斃したと強調したのである。

さらに吉原政巳（同）は、砲兵科の首席で恩賜の銀時計が約束されていたが、「名も金も名誉もいらぬ人間ほど始末に困るものはない」との南洲（西郷隆盛）遺訓を挙げ、非常時日本に必要なのはこうした人物だと述懐した。そして郷里福島の農村の困窮を涙ながらに語ったとき、傍聴席もまた嗚咽《おえつ》に包まれていた。

殺害された犬養首相に対する人々の同情心は、自らのエリートとしての名誉も生命さえも捨てて、農村の貧困と政財界の腐敗を打破しようとした青年たちへの、驚嘆と礼賛の心情に移り替わっていった。

陸軍軍法会議の場も、被告たちに最大限の配慮を行った。会議の構成は、被告に有利であった。軍法会議では、最高責任者として陸海軍大臣がいるほか、実際の公判では判士長のもと、判士四名、法務官一名で構成される。法律の知識を持つ専門者は法務官のみであり、当然のことだが、陸軍の主張や論理が反映されるようになっている。さらに陸軍側被告たちは当初弁護人を拒否したが、最終的に付けられた特別弁護人八名のうち、三名は被告らの元教官であった。

「私心なき青年の純真」

初日の公判ののち、陸軍の西村琢磨判士長は、青年たちの供述に感激し、控室に戻るなり巨体を震わせて泣いたという。弁護人も、新聞記者も同様の心情にとらわれ、被告たちの供述に感激した。検察官の匂坂春平《さきさかしゅんぺい》（第一師団法務部長）も、被告たちの心情に理解を示した。

「私心なき青年の純真」という被告イメージが形成され、その主張である「政党による軍部の圧迫」「政党・財閥ら支配層の腐敗」「農村の窮乏」といったトピックが、裁判報道の名目で大量にメディアから流れ始めた。これはつまり、陸軍側のメディア・キャンペーンである。陸軍とメディアの連携が強化されるなか、事件報道は陸軍の主張を喧伝《けんでん》する格好の題材となった。被告を裁くための軍法会議の場は、かえって軍を圧迫する腐敗した支配層、政党・財閥などの既得権益層に向けた「欠席裁判」として機能した。

陸軍側公判は八回にわたり、八月一九日に論告求刑が行われた。匂坂検察官は、被告らに反乱罪で一律禁固八年を求刑した。同罪は「首魁《しゅかい》」を死刑、謀議者や群衆指揮者も死刑のみと、厳しい量刑を定める。だが論告のなかで、元士官候補生らは犯罪の指導的立場になく、「諸般の従事したる者」（三年以上の有期刑）に該当するとされた。

そのうえで匂坂検察官は、被告らの性質や素行には一点の非の打ちどころもなく、また一点の私心も認められないと褒め称えた。支配階層への批判が「広く世上に流布」されていたので、被告らがこれを信じたのは少しもおかしくない、とかえって弁護する姿勢も見せた。

のちに二・二六事件の公判も担当する匂坂検察官は、「法の論理に徹した大法務官」との評がある一方で、「当局からみて有能な法務官」に過ぎないとの評もある（「匂坂春平の虚実」）。匂坂の個人的資質はともかくも、軍法会議が軍の組織であり、法務官もまた組織の一員である以上、軍当局とまったく独立した見解を打ち出すことは難しかった。禁固八年の求刑には、陸軍内の意向が強く反映されていたといえよう。こうした事情は、同じく軍法会議を構成する海軍にも共通するものがあった。ただし陸軍の状況に比べると、海軍内の事情はもう少し込み入ったものであった。

海軍の公判前夜——決起の真意をいかに広めるか

横須賀海軍刑務所（浦賀町大津／現横須賀市）に収監された海軍側被告は、四畳半程度の板の間に畳が二枚ある独房に、隣り合って入れられた。ただ海軍軍人の被告らはモールス信号などを使って、獄中でもお互いの連絡はできたという。

事件から一ヵ月ほど経った頃、佐世保から横須賀に移送された林正義は、刑務所到着の直後に、三上卓とチリ紙につづったメモをやりとりしている。「いつつかまったか」「十五日晩」。林は「吾々不実行組は出来るだけ臆病になって嘘をいって出獄するぞ。死んだ藤井と実行組に悪いことはなすくり〔ママ〕つけるぞ」と書いた。三上は「よしきた」とチリ紙をのぞき穴から返し、一同に方針を広めることを決めた。

林たち「不実行組」が出獄をめざすのは、もちろん「再起」を図るためである。「オレ達が実行して後の世の中の様子はどうか」と三上は聞いた。林は「荒木が陸相だ。他あまり香〔ママ〕ばしくない」と答えた。昭和維新はいまだ成らずと彼らは考えた。

だが公判に向けた詳細な取り調べが続き、これほどの人数の関係者が個別に供述するなかで、重要な事実を隠し通すのは無理である。連日の聴取で、他の証言との整合を求められた林も、次第に自白を始めざるをえず、事件の全容について語るようになっていった。

そのうち、ちょっとした事件が起きる。事件計画の中心であった古賀清志が、獄中で『懺悔録』というべき文章を記したのだ（「五一五事件を回想して」『国家主義運動二』所収）。古賀は悩んでいた。決起を抑えていた西田税を撃てば陸軍側が立つと考えたが、それは見当違いであった。牧野伸顕内大臣邸の襲撃が不十分であったことを、陰に陽に責める声にも苛まれた。

さらに古賀は西田税襲撃を川崎長光に命じたが、直接川崎に会ったわけではなかった。獄中で古賀は、命令された川崎が最初「イヤダイヤダ」と拒否したことや、井上日召が川崎の役割を知って、せっかく薫陶してきた青年を、内紛のために用いるとはと大変立腹したことなどを、木内曽益検事（東京地裁・民間側被告および血盟団事件の担当）から知らされた。思い悩んだ古賀は、計画当時の自分を「理想という未来に生きて現実を忘却した、いわゆる改造論に満足していたもの」として、当時の改造への手段は「重大」かつ「全くの誤謬」と手記に記した。

三月末に何げなく書いた古賀の手記に、目をつけたのは島田清《しまだきよし》予審官（終戦時の海軍省法務局長）であった。「古賀君、こんな雑な計画でよくもやったものだな」と、気やすく話しかけてきた島田予審官は、あるときに「ちょっと見せてくれ」と古賀から手記を借り受けた。やがて古賀の父親から、「弱気を出すな」との手紙が届いた。何のことかと古賀が思っていると、大角岑生海相が帝国議会の場で古賀の手記を引用し、犯人らは反省していると強調したことがわかった。古賀は激怒し、取り戻した手記を破棄したが、時すでに遅かった。

この出来事は、獄中の被告らにショックを与えた。特に三上卓は、自分たちが決起した「真意」を語らなければ、海軍上層部や他の人間が都合のよいように捻《ね》じ曲げてしまう、と思いを固めた。黒岩勇も三上に同調した。公判の迫る七月の中頃、山岸宏は林正義に「黒岩君らは公判闘争をやると息巻いている」と告げた。林は「天の聖断に任せる積《つも》りで、何もいいたくない」と法廷闘争に反対した。二人が古賀や中村義雄を交えて意見を出し合った結果、四人とも林の意見に一致した。そこで林が三上と黒岩を説得にかかった。

だが三上は、「貴様の気持はよくわかる」としながらも、公判で闘争をやる、決起の趣旨を国民に広め、公判を通じて時局を是正したい、と強い希望を述べた。黒岩も三上に賛成し、林は「それもよかろう」と引きとった。

かくして被告らは、闘争への温度差こそあれ、法廷の場に臨んだ。特に三上は、公判前に熱心にメモを作り、可能な限りの準備をしたという。それは公判の行方に、そして彼ら自身の運命にも影響を与えることになる。

海軍の公判開始

海軍側公判は、陸軍よりも一日早い七月二四日に開廷した。被告らには特別に、新調した軍服が与えられ（ただし無帽無帯剣）、「級友から」贈られた友情の証として「裁く人も裁かれる者も清き軍服」と報道された。

公判は高須四郎判士長を筆頭に、大和田昇（海軍少佐）・藤尾勝夫（海軍大尉）・木坂義胤《きさかよしたね》（同）が判士、高瀬治法務官、山本孝治（海軍）検察官、特別弁護人に朝田肆六《あさだしろく》海軍大尉・浅水鉄男《あさみずてつお》海軍中尉、弁護人は塚崎直義・清瀬一郎・林逸郎・稲本錠之助・福田庫文司の五人で構成された。

高須判士長の開廷宣言を受けて、公判は山本検察官の公訴事実陳述から始まり、古賀清志への訊問審理が行われた。被告たちは陸軍公判と同様に、意見論述を行うことが許された。古賀は思想的背景として、権藤成卿の思想と「社会の欠陥」について論じたほか、故藤井斉少佐の「大アジア主義」連盟への共鳴、安岡正篤・大川周明の影響、頭山満から聞いた南洲

海軍側第１回公判，1933年７月24日　上段左が山本孝治検察官，２人おいて高須四郎判士長．海軍横須賀鎮守府

遺訓（金も命もいらぬ）、西田税からもらった安田善次郎を暗殺した朝日平吾の斬奸《ざんかん》状、そして北一輝の著作などに触れた。

さらに王師会の創立や、ロンドン海軍軍縮条約への憤慨を語り、当時の財部彪全権を「薩閥」であり「特権階級に屈した」ものと痛烈に罵った。さらに三日間にわたる陳述の末尾で、現在の心境を問われた古賀は、牧野伸顕を倒せなかったことが「一代の不覚」と語り、次のように述べた。

事件後、過去の私というものを批判したが〔中略〕救国済民の志は七転び八起き、どうしてもやりたい。〔中略〕政党政治家は特権階級と結託し、私利私欲を図り〔中略〕統帥権で大権干犯をなし、軍部もその本意を没却して居る〔中略〕中大

兄皇子をならって君民一致の政治に改めなければならぬと思う。（七月二七日第三回公判）

他方、後日の公判で、『懺悔録』の内容を法廷で検察官に朗読された古賀は、手記の「一部分は真であり」、自分が「結局において懐疑の状態に陥って」いたことを認めながら、「精神においては何の恥ずる所はない」と述べている。

公判は計二八回にわたり、古賀に続いて、中村義雄・三上卓・黒岩勇・山岸宏・村山格之らが判士の前に立って陳述した。中村は政党政治を「幕府政治に還元するもの」と批判し、下々に増税を課し、疑獄を引き起こす政治家には「国家百年の大計を考えて居る者は一人もな」いとして、「平沼氏と荒木陸相を中心とした連立内閣」を期待したと述べた。そして八月一日、三上卓の供述が始まる。

三上卓の法廷「演説」

海軍側被告らの供述のなかで、三上卓のそれは圧巻であった。平素は寡黙な三上は、中学時代には弁論部に所属した雄弁家であり、闘志満々で質問以外のことにも言及し、あらゆる権威を罵倒し尽くして、実に三日間にわたって自説を論じ尽くした。林正義はこのとき、「三上君はやはり公判廷の花形であった」という。三上の供述は事件報道のターニングポイントであった。

第六回公判、八月一日に法廷へ立った三上は、冒頭から法務官の質問をさえぎると「革命の意義を明らかにして置きたい」と述べ、革命と維新は同義であること、「天皇親政、君民一如」の思想のもと、「天皇の大御心」に背く者は政治家・財閥・軍閥を問わず排除すべきこと、共産主義とファシズムも断乎として排撃することなどを主張した。ファシズムは国利民福を図らず、ただ権力で横暴を働くのみであり、これは薩長藩閥政治と同様だ、と述べる三上の弁論は、次第に熱を帯び、それまで漫然と供述を聞いていた傍聴者に「意外な面持」をさせた。

休憩後、同志との関係を問われた三上は、大川周明・西田税は同志でないが、井上日召は「吾々の同志である」とした。また故藤井斉について「指導的な力」を認めつつも、同志に上下の区別はないと弁じ、権藤成卿は「善にせよ悪にせよ、食えない男」と評した。

午後に入り、海軍兵学校時代を振り返った三上は、ロンドン海軍軍縮条約調印の非を鳴らし、若槻礼次郎全権を「酔ッぱらい若槻」、財部彪全権を「欧米クンダリまで皺《しわ》クチャのカカアを引具して」と罵り、財部暗殺を果たせなかった草刈英治海軍少佐の自死を惜しんだ。さらに谷口尚真を「最も不適当な軍令部長」とこき下ろし、東京駅へ帰還する財部と、出迎える浜口雄幸首相を銃撃で斃そうと計画したことを述べて、傍聴席は騒然とした。

審議がロンドン海軍軍縮条約締結後の維新運動に及んだところで、傍聴公開は禁止となった。三月事件・十月事件など、当時非公開の軍機事項が関連するためである。だがこの措置にも三上は、言わせていただきたいと立ち上がり、「善は善とし悪は悪とし、飽までも国民の前に披瀝《ひれき》して」「陛下の聖明なる裁断に待つべきである」、それが「本当の裁判」だと批判した。弁護人も同調し、判士たちは合議の末で、あらためて公開禁止を宣言した。休憩の折、林正義は三上の背中をこづいた。「オイなかなかやるのー」「ウンやるさ」。公判の空気が変わりはじめていた。

続く八月三日の第七回公判でも、午前から公開禁止は解かれなかった。だが三上の弁論を重大と感じたのか、秦真次憲兵司令官をはじめ、陸海軍の関係者が特別傍聴席に詰めかけた。午後二時十五分、禁止が解かれた法廷で、三上は上海事変以来の経過を語った。いよいよ供述が官邸襲撃の前夜となったところで、公判は翌日に持ち越しとなった。

首相襲撃についての詳述

八月四日。八回目を迎えた公判の法廷は、朝から殺気がみなぎっていた。冒頭、三上は「檄文」の趣旨を述べた。そして政党の堕落は「周知の事実」だが、天皇親政に反し、財閥と結託して、党利党略に耽《ふけ》っている。「五当三落」（五万円あれば当選、三万円では落選の意）や「三バン」（地盤、看板、鞄）と言われる選挙の実態は「醜悪なる買収」の事実を示している。元老西園寺については「二大政党を対立」させて「三井、三菱の二大財閥」を配し、これを競わせて自らキャスティングボートを握った、などと批判した。

午後、三上は首相襲撃の一齣《ひとこま》を語り出した。田中五郎巡査の死を「誠に済まぬと思った」と述べたのち、首相官邸の食堂で犬養毅首相を発見した場面を詳述した。

首相は両手を挙げ制止する如く「マアー待て、話をすれば分るだろう」と云い、首相自ら私の方に近寄って来た。その途中「話をすれば分る」と一、二回云い「あっちへ行こう」と付加えて室外に出ようとした。

「誠に落着いて悠々たる態度」「親しみを覚えさせるような言動」で「何事かを語らうと欲する」首相に、三上は「苟《いやし》くも一国の首相が死に際して言い残す何事か」を聞くのは「武士道の情」と感じたと述べる。

首相個人に対する怨《うら》みは毛頭ない。私には当時の気持は悲壮の感があった。首相の態度は立派だが、我々は首相を悪《にく》まず、革命運動の犠牲者として撃つ積《つも》りである。

「靴くらい脱いだらどうじゃ」「靴の心配はあとでも宜《よ》いではないか」——しばらく間があり、「我々が何のために来たかは分るだらう。この際何か言い残すことはないか」。首相はうなずきながら、やや身体を前方に乗り出し、両手を座卓において何事かを語らんとした。そして山岸宏が「問答無用、撃て」と言い……。

山岸の「撃て」の言葉がなく、首相が何事か語り出さんとするのを聞いたら、私は首相に「総《すべ》ては天命である。我々は首相一個人を撃つのではない、安んじて眠れ」と言ってやりたかったのです。

三上は言葉が詰まり、声は涙まじりとなった。語り終わってハンカチを出し、流れ出る汗をぬぐった。傍聴人は初めて、悲壮なる犬養首相の最期を知り、ただ茫然としていた。「緊張と昂奮の半刻、海軍軍法会議開廷以来の息詰まる様なクライマックス」と傍聴記は記す。

法務官は問う。「目的を達したと思ったか」「思いました」「首相の死は何処《どこ》で知ったか」「刑務所で知りました」。そして「私は首相の立派な最期は全部目撃していたため、首相個人に対する人間としての哀悼の念を禁じ得ない。と共に、首相の尊い死を転機として、これまでの邪悪に満ちた日本の政治が、吾々の念願する天皇親政へ、又昭和維新への首途《かどで》たらしめんと心中祈って止まなかった次第であります」と、「亡き首相の霊に一掬《いっきく》の涙を注いだ」。

犬養首相に個人的な怨みはない。ただ現下の「邪悪」な政治に異を唱え、首相の死を「昭和維新」に活かさねばならないとの三上らの主張が、どこまで理解を得たのかわからない。だが、被告らの主張に同意し、強い感慨を受けた傍聴人や記者らはたしかにあり、それは新聞報道に影響した。老首相を惨殺した悪人という被告への印象は、公判が進むなかで大きく様変わりしたのである。

危機感を抱く「支配階級」

三上卓が首相襲撃を語り終えた、八月四日晩のこと。寺島健《てらじまけん》海軍中将（海軍省軍務局長）が原田熊雄（西園寺秘書）を訪ねた。突然の訪問であった。「五一五事件の公判で、被告側は随分ひどいことを言っている」。寺島局長は昂奮した状態で、被告は牧野伸顕内大臣も元老西園寺公望も中傷し、なぜ判士長が黙って聞いているのか理解に苦しむと述べた。

高須四郎海軍大佐が判士長となったとき、寺島局長に意見を求めてきたことがあった。そこで寺島は「自分の信念」でやるようにと高須大佐に伝えたが、大角岑生海相は「荒木（貞夫陸相）の悪口なんかを言わせないように」などと要望して、厳格な態度をとることを欲していなかった。「現に昨日の公判では」と、寺島局長は三上卓の陳述に触れ、虚偽を信じて、まったくの事実のように興奮して述べている。陛下の信任する大官を陥れる空気をつくることは、甚だよくないなどと訴えた。司法省にも内務省にも訴えたが、「大官に対する悪口はよくあること」といって、対応してもらえなかったと寺島局長は嘆いた。

寺島の訪問を受けた原田は、同月の二五日、観艦式に参加して実際に多くの海軍将官と談話した。その結果、「事件の公判を傍聴して、中には随分感心している連中」もいること、

牧野伸顕（1861～1949）

元老西園寺や牧野内大臣に関する事実無根の噂が信じられていることなどがわかった。西園寺が一度も大正天皇の見舞いに行かなかったというデマについて、原田が実例を挙げて反論すると、海軍将官たちは「そうか、それは全く知らなかった」と理解したという。だが所詮は、大火の前の手桶水にすぎない。三日後の二八日に、原田が一木喜徳郎宮内大臣に会ったところ、一木も観艦式のとき、公判の影響について「あたかも宣伝」のようでよくないと、高橋三吉《たかはしさんきち》（軍令部次長）に談じ込んだと語った。

八月二八日、華族を司る宮内省宗秩寮《そうちつりょう》総裁に選任されたばかりの木戸幸一（内大臣秘書官長と兼任）が、牧野内大臣を訪ねた。木戸はすでに古賀清志中尉の手記などを読んでおり、その「眼界の狭き偏見と独断に驚く」との感想を得ていた（七月一八日）が、被告の主張が事実と異なり、また世論の支持を集めていることに危機感を抱いた。

被告らの陳述のうちの牧野に対する讒言《ざんげん》、特にロンドン海軍軍縮条約調印にあたって軍令部長の上奏を牧野が「阻止」したとの主張に対して、木戸は「全く事実の無根なることは之《これ》を正し置くことが必要」と牧野に述べた。その後、木戸は斎藤実首相にも挨拶し、同様のことを告げた。

自身もロンドン海軍軍縮条約に賛成した海軍重鎮の斎藤首相は、ただちに陸海軍省の次官を呼んで、木戸の趣旨を通じた。これを受けて海軍部内は、大臣・次官・法務局長が協議を行った。その結果、海軍側は「目下被告並《ならび》に弁護士等の心境の異常なる」ことを考えると、いたずらに刺激するのみに終わるだろうから、牧野内大臣の出廷などは「思い止まられたく」、書面で説明したらどうか、との結論を首相に伝えた。また書面も協議の結果、法廷には提出せず、大臣宛とすることになった。そこで木戸は文書を起草したが、結局、大角海相の判断に委ねるしかなく、効果は限定的であった。

斎藤首相や宮中勢力は、先鋭化する世論に手を打とうとしたが、軍法会議を囲む軍部の「独立」性のために、効果的な反論はできず、その機会も与えられなかった。

減刑嘆願運動の高揚

公判で三上卓らがめざした「真意」の訴えは、大きな反響を呼んだ。『国民新聞』（八月六日付）は、「五・一五被告に感激」と題し、「減刑運動」が起こる気配を報じている。以降八月末にかけて、被告らに同情し、減刑運動の広がりを伝える内容が、各紙によってしばしば報道された。病気の家族にも内密で決起に加わった、遺書をしたためて覚悟を決めたなどの被告らの行動は、主君の敵討ちに向かう「赤穂義士」になぞらえられ、まるで浪花節《なにわぶし》の主人公であるかのような戯曲や、「昭和維新行進曲」と題するレコードまでがつくられた。

世論の盛り上がりの背景には、公判報道の盛り上がりから、支持者の獲得をめざす右派諸団体の活動が活性化したことが挙げられる。

日本国家社会党、大日本生産党、神武会、建国会など、数多《あまた》の団体が嘆願署名の運動に従事し、「減刑嘆願民衆大会」などと題する演説会も開催された。新潟県から届いた嘆願書には、小指九本を入れて荒木貞夫陸相に「捧呈」した血書もあった。

一九三二年一二月に結成された「国体擁護連合会」(大日本生産党、原理日本社、神武会、建国会などが参加)の回顧によれば、八幡製鉄所の四万通、石川島造船所の一万五〇〇〇通などを含めて、計一五万九九四四通の署名が右派諸団体のもとに集められた。あまりの勢いに、佐郷屋留雄(浜口雄幸首相狙撃犯)の減刑運動をしていた愛国社でさえ、途中から五・一五事件の運動に転換合流したという(『五ヶ年を顧みて』)。

しかも運動は右派諸団体の枠組みにとどまらなかった。特高の分析によれば、新聞報道を受けて「純真なる意味の自発的嘆願運動」が続発し、まったく単独で嘆願書を郵送するものが増えてきた。そこには「市町村長、在郷軍人分会長、青年団長等の主唱」する者や、宗教団体の参入など、右派団体の運動とは別途の動きも強まった。なかでも在郷軍人会は、表向きは「内外の誤解を招く」と運動を抑止する通達を発していたが、実際の地域での活動は相当数にのぼっていたと見られる。その他、政党では国民同盟の各支部、企業では星製薬会社などの運動もみられた。

これらの動きは、海軍の論告求刑が行われるとさらに高揚し、嘆願書は多くの血書や、児童らの書いたものなどを含め、九月末までに七〇万通を超えた。

『九州日報』（一九三三年九月九日付）には、とある記事が載っている。「犬養健氏が減刑を嘆願」との見出しで、被告らが「いずれも犬養首相を尊敬しつつも」あえて撃たねばならず、純真な気持ちで供述したので「遺族も大いに心を動かされ」、「目下健氏は〔中略〕具体的手段を考えて居る」、これは「日本武士道の真髄を後世に伝える佳話である」とある。

この記事について、八木春雄（元士官候補生）が「私たちの『国を思い、首相を尊敬する誠意』がスムースに犬養健氏に御理解いただけたことを思うと〔中略〕恐縮し感激し、感謝して余りある」と言及している。しかし犬養家の人々の心情を考える限り、にわかに真実とは信じ難い。江面弘也はこの記事を引いたうえで、犬養健に減刑嘆願させようとの動きがあり、「〔健は〕さすがにそれには応じかねて、逃げまわっていた」との噂を、正宗白鳥が『文壇五十年』に書いていることを紹介し、このあたりが真相ではないかとしている（『「青年日本の歌」をうたう者』）。筆者も同意見である。

三上による「青年日本の歌」

三上卓が作詞した「青年日本の歌（昭和維新の歌）」も、公判報道を機会に広く知られるようになった。三上自身はこの歌について「作詞のことも、作曲のことも忘れてしまっていた」ところに、獄中で新聞記事を見せられて大いに驚いたという（「若い日の情熱」）。

歌は一九三〇年、佐世保にいた三上が水交社で酒を飲んでいる折に、鎮守府軍楽隊の楽長と談話になって、一晩のうちに書き上げたものであった。

一、汨羅《べきら》の淵に波騒ぎ　巫山《ふざん》の雲は乱れ飛ぶ
　溷濁《こんだく》の世に我立てば　義憤に燃えて血潮湧く
二、権門上に傲《おご》れども　国を憂ふる誠なし
　財閥富を誇れども　社稷を念ふ心なし
三、あゝ人栄え国亡ぶ　盲ひたる民世に踊る
　治乱興亡夢に似て　世は一局の碁なりけり
四、昭和維新の春の空　正義に結ぶ益荒夫《ますらお》が
　胸裡百万兵足りて　散るや万朶《ばんだ》の桜花　……（歌詞は一〇番まで）

「汨羅」とは、楚の屈原が諫言を容れられずに投身した地であり、「社稷」は権藤成卿の思想にある「土と穀物」つまり「民の生活事実」を表す。社稷を護るのが天皇の「御意思」であるが、いまや正論は受け入れられず、特権階級は私利を貪《むさぼ》って、民の生活を顧みないと。

歌詞自体は三上の完全な独創とはいえず、土井晩翠や大川周明の『則天行地歌』などの影響を受けている。ただ権藤の「社稷」概念を込めるなど、三上自身の触れた思想も投影され

ており、何よりこの歌詞は、社会や政治に向けた青年の「義憤」をよく表していた。多くの人々に好まれ、歌い継がれたことも確かである。

二・二六事件の決起でも青年将校に歌われ、満州にいた末松太平は渋川善助《しぶかわぜんすけ》（元士官候補生）から歌詞と楽譜を送られたという。この歌が広く受け入れられたそのこと自体が、時代の厳峻《げんしゅん》さを物語っている。

海軍軍法会議の論告求刑

九月一一日、海軍側軍法会議で論告求刑が行われた。山本孝治検察官は、論告執筆のため面会謝絶し、八月三〇日から九月六日まで文案作成にかかったと報じられている（『東京朝日新聞』九月七日付）。しかし求刑には、もっと複雑な事情が動いていた。

もともと陸・海・司の三省は、別個の法体系で同一の事件を裁くにあたって、量刑の差異を調整する意向を示しており、首謀者は死刑との方針も確立していた（『東京朝日新聞』八月一一日付）。だがこれに陸海軍側弁護人が陸海相へ直接抗議し、軍検察権の「独立」を侵害せぬよう要望する。陸海相は独自の権威で裁くことを表明し、積極的な調整は難しくなった。八月一九日の陸軍側求刑が一律に懲役八年と軽く、被告側に同情的であったのも影響した。

八月二九日、大角岑生海相は山本検察官に「赤穂義士」の例を引用するよう提案した（「岩村清一日記」、なお赤穂義士のくだりは論告文に採用されている）。この間、軍事参議官などからの口出しも想定されたが、大角海相はこれを退ける姿勢を示している。九月三日には、海軍省軍務局で論告案が検討された。論告の草案を見ると、たとえば被告らが主張する統帥権干犯について「大に考慮する問題」とある原文が、「首肯し能《あた》わざる所」と修正され、主張を退ける形に変わっている（「山本孝治関係文書」）。

論告案の正文は山本検察官の起草後、大角海相のほか、藤田尚徳次官・山田三郎法務局長・寺島健軍務局長らが協議して、決定された（「岩村清一日記」）。

このように海軍側論告の成案は、他の裁判との調整は難しかったものの、山本検察官のスタンドプレーではなく、海軍首脳部の意向を踏まえて作られたと考えるべきであろう。九月六日、原田熊雄は小山松吉法相から「三上、黒岩等に対しては勿論死刑にする」が「あとは無期が多いだろう」との観測を聞いている。

注目された山本検察官の論告求刑は、被告に同情的な陸軍側の論告と異なり、被告の犯行の違法性を厳重に指摘し、秩序の維持を重視するとともに、被告側の主張を全面的に論破する内容であった。

論告求刑では、古賀を「反乱罪の首魁」と認定して死刑、三上卓・黒岩勇も謀議に参加したとして死刑。中村義雄・山岸宏・村山格之は同じく謀議参加で無期禁固、伊東亀城・大庭春雄・林正義は反乱予備罪で禁固六年、塚野道雄は同三年がそれぞれ言い渡された。

犯行は「暴挙」である

続いて論告文は、ロンドン海軍軍縮条約をめぐる統帥権干犯問題で、被告らが予審調書で自己の犯行を「独断的」と振り返っていることなどを挙げ、すぐに直接行動に走らねば国家存亡に関わると決めつけた被告らの認識不足を指摘。犯行は「暴挙」であるとした。

思想的背景としては、西田税のほか、井上昭（日召）、橘孝三郎、権藤成卿、大川周明らの影響を認め、それらの思想自体に強い批判や非難を加えた。さらに軍人と政治の関係について、「軍人勅諭」の「世論に惑わず政治に拘わらず」との文言や、かつて陸軍を支配した山県有朋の「軍人訓戒」を引用して、軍人の政治への関与自体を強く戒《いまし》めた。

被告らは論告に対して、予審調書の内容は本意でないと不満を訴えたが認められず、弁護人の弁論に移った。

朝田肆六・浅水鉄男特別弁護人は、ロンドン海軍軍縮条約調印を中心とする政党政治の弊害や国防危機を論じ、各弁護人は被告の「愛国心」を称えて、情状酌量を訴えた。塚崎直義弁護人は、死刑廃止論に触れながら量刑を難じ、清瀬一郎弁護人は古賀の首魁認定を疑問視した。そして林逸郎弁護人は、特権階級による政治腐敗や軍縮問題を論じ、政治テロの犯人が無期刑であったことなどを強調して弁護にあたった（『弁論要旨』）。この後、日を改めて弁護人の論述が重ねられ、九月二〇日の清瀬弁護人による最終弁論をもって審理は終了し、判決を待つこととなった。

特筆すべきは、海軍側の論告文の内容に対して、強く反駁《はんばく》したのが陸軍であったことである。福本亀治憲兵大尉は憲兵司令部内の軍警会が発行する『憲友』誌上で、山本孝治検察官が「軍人勅諭」を引いて軍人の政治関与を戒めたのに対し、真向から反論を加えている。いわく、勅諭は軍人による政治への「関与」ではなく、政治への「拘泥」を諌めているものである。さらに「国防の重責に任ずる軍人」がその本分をまっとうするために「政治に全然無関心であることは許されない」として、その職務に関する限り、むしろ積極的に政治へ関心を持つべきだと論じた（「五・一五事件の公判に現はれた軍人と政治問題に就て」）。

右の論文には政治活動を活性化させつつあった在郷軍人への言及も多い。つまり陸軍が大陸政策を中心とする国策推進のため、中央・地方を問わず、総意として政治への介入を強めていくなかで、五・一五事件の被告将校らを擁護することは、軍による政治介入の論理を正当化することにつながる。同論文には謄写版もあり、陸軍の政治介入の論理を伝えるものとして頒布された可能性もある。

山本論告の発表後、陸海軍将校の減刑運動がかつてない盛り上がりを見せたのも、この時期に在郷軍人の政治活動が高揚していたことが影響していよう。

求刑をめぐる世論と識者の反応

古賀清志・三上卓・黒岩勇の三被告に死刑が求刑されたことは、一般国民の世論に大きな衝撃をもたらした。

「至純」の精神を持ちながら、命を奪われることになった若きエリートへの同情論が沸騰する。傍聴席に赴いて、被告らに温情ある判決をと涙ながらに願う老婆。「論告に従えば、小学生に忠君愛国を何と教えるか」と憤る教員。「五・一五の方々を死なせたくない」と遺書を遺して電車に飛び込み自殺した一九歳の少女。日本国中が論告求刑に激しく反応し、公判の事実関係に添えられた報道が、世論の熱をさらに高めていく。

海軍側論告に続いた、九月一九日の陸軍側判決が、全員求刑よりもさらに軽い禁固四年であったことも、拍車をかけた。

山本孝治検察官のもとに、論告に対する全国からの賛否の書状が届けられた。その数は残るものだけで三八四通。山本は自身の手で、これを論告賛成（一八一通）、論告反対（一二九通）、減刑嘆願（三八通）と分類している（「山本孝治関係文書」）。

そのなかには著名な人物からのものもあった。笹川良一《ささがわりょういち》（国粋大衆党総裁）の手紙は、四万の嘆願書を集めたことを訴え、政党政治家や財閥への認識、および被告への情状酌量が論告にないことを強く難じた。『大菩薩峠』で知られる大衆文学作家の中里介山《なかざとかいざん》は、大角岑生海相に宛てた手紙（山本の手元に残る）のなかで、「彼等五一五の行動は赤穂義士よりは藤原鎌足に比すべきもの」として、仇討ちではなく「一代の危急を救はんとする正大なる報国精神」に出たものだと、被告を擁護している。

しかし山本論告を評価する声も一方ではあった。『此《この》一戦』の著作で知られる水野広徳《みずのひろのり》(海軍後備役大佐)は「公正妥当なる求刑」とし、下村宏(朝日新聞副社長)も脅迫にめげず断罪したことを褒め称えている。『改造』や『中央公論』などの総合雑誌上では、論告をめぐる特集が組まれていた。それらの論考のひとつ「五一五事件の社会的根拠」(『改造』)で、外交評論家の清沢洌《きよさわきよし》は「山本検察官の論告は、完全に日本を二分した。それはほとんど一人の中立も許さなかった」と述べ、論告をめぐる賛否の世論を「『日本主義』を代表する大衆」と、「『西洋流の教育』の影響を受けたる人々」に分類した。そして前者は被告に熱烈に同情し、後者は被告の心事を悲しみつつも厳正な処罰を支持する者とみなして、その人数的な比率を前者4、後者1と想定した。

清沢の仮定はもとより確かめようがないが、三上らへの死刑求刑が国論を二分したとの観測は、誤りないものであろう。それほどまでに事件の公判は日本国民の耳目をさらい、大きなセンセーションを巻き起こした。

ただし判決への影響に関してみれば、世論の高揚は、あくまで間接的な影響にとどまった。海軍側の軍法会議が「海軍独自の権威」で成り立っている以上、判決という結論は、海軍部内の動きで決まる。

焦点は海軍内部の議論自体が、やはり二つに割れていたことにある。公判での被告の主張に、反発もあれば、賛同もあった。特に被告がロンドン海軍軍縮条約を批判している点は、海軍内の条約賛成と反対の意見対立を再燃させ、不安な状勢を引き起こす火種となり得るものであった。

条約反対派の反撃――有期刑への減刑

三上らがロンドン海軍軍縮条約を公判で痛罵《つうば》していた頃、日記に「三上中尉の陳述、痛快を極む」と記した人物がいる。小笠原長生《おがさわらながなり》。かの東郷平八郎（海軍元帥）の「番頭」と評された海軍中将である。文筆に長《た》け、行動力に優れた小笠原は、一九二一年に予備役となった後も、東郷のかたわらにあって執筆活動を行い、海軍部内の機微に接していた。

山本論告に対し、条約反対派の頭目とされていた加藤寛治海軍大将（軍事参議官）も「涙無き機械的論告」「公平に見ても認識不足」と難じていた。論告の出た翌日の九月一二日、加藤のもとへ石川信吾《いしかわしんご》海軍中佐が来訪して山本論告を批判し、「小笠原より之《これ》に付《つき》電話」があったという。用件は、論告文への「対抗策を構ず」ることとである。統帥権干犯問題を批判的にとりあげた山本論告は、かえってロンドン海軍軍縮条約の締結を非難する反対派の結束をうながし、加藤大将と東郷元帥を背景とした小笠原らの対抗行動を促進した。

先にも述べたように、山本論告は海軍首脳部が関与した文書であり、論告への反発は部内の動揺につながる。背景に東郷の意向があるとみた大角岑生海相は、九月一六日、軍法会議では公正な判決が下るので、各人は本分である職務に精勤すること。また東郷元帥よりも自重を望む言葉があったことなどを訓示した。それを伝え聞いた木戸幸一は「相当事態は面倒なこと」になったと感じた（九月二六日）。

論告内容を協議したのは、大角海相のほか、藤田尚徳次官、山田三郎法務局長、寺島健軍務局長である。九月一八日、加藤・東郷の両名と会って論告につき意見を述べた小笠原は、翌一九日、大角海相と会い「五一五事件フンキフ善後策」について「協議」した。協議といいつつも、このときの小笠原は、かなり強硬に首脳部の更迭を要求したらしい。大角は躊躇した。だが最終的に、山田法務局長を辞めさせることで同意したという。

そして九月二三日、小笠原は南郷次郎《なんごうじろう》予備役少将、千坂智次郎後備役中将と大角海相の自邸を訪ね、「陸海軍青壮年将校の不穏の情況」を訴えて「種々協議の結果」、満州へ赴いた小林省三郎少将を中央に戻し「海軍省兼軍令部出仕」とすること、および「五・一五事件の被告を有期とすること」などを「決定」した。

南郷少将や千坂中将は、小笠原と意見の近い予備後備役の将官であり、小林少将は故藤井斉少佐らとの交流が深く、海軍内の維新運動に理解を示していた。そして何より、死刑を求刑された被告を「有期とすること」が、小笠原をまじえて決められていることは注目される。

判決は判士間の協議で決められるべきものであったが、大角海相が量刑にまで関与し、さらに背後には青年将校の不穏行動と、それを前提とした条約反対派の行動が見られたのである。翌九月二四日、千坂中将は加藤大将に「大角と予等同志の結束成る」と告げている。

海軍部内の動揺を隠蔽

九月一五日、横須賀の海軍クラス会（同期生の集まり）の代表が、加藤寛治大将への陳情に訪れた。海軍の青年将校たちは、同クラスの被告たちを熱心に支援した。横須賀で決議を行い、論告を難ずる文書を横須賀鎮守府に突きつけるなど、積極的な活動を行っていた彼らを、加藤大将は高く評価し、二一日の軍事参議官会議でクラス会の意思を議題に上らせた。

海軍クラス会の動向は連日新聞で報道されたが、どれほどの実態があったかは不明である。大角岑生海相に対して、三上卓らを死刑にすれば東京を砲撃すると脅したともいい、七月二八日の軍法会議中、海軍の戦闘機が公判廷をかすめるように飛んで、被告らを激励したとも伝えられる。治安を担当する神奈川県知事は「横須賀の事件が大きくなれば、第一師団の動員を願わなければ」と戦々恐々であった。

だが、事態を重くみた原田熊雄が大角海相以下、海軍の関係者に尋ねまわっても「クラス会全体としては、極めて穏当」とか「世間で言いふらすようなこととは違う」などの回答しか得られなかった。野村吉三郎《のむらきちさぶろう》（横須賀鎮守府司令官）も「加藤寛治一派」がある程度まで「若い士官の空気を握っており、それはかなり強い力」だと洩らしつつも、「海軍全体としてはさほど心配することはない」と、原田の懸念を退けた。

海軍部内者が、外部に問題を隠蔽することは、十分ありえる。その一方で、それほど実態のない青年将校の運動を大きくみせることで、岡田海相の更迭と大角復職（東郷らの強い希望があった）から始まっていた要職人事の奪還を進める条約反対派の戦略もあったのであろう。大角海相は、自身が加藤大将らの支援で復職したことに加えて、軍令部条例の改正（軍令部権限の強化）などで、一定の配慮を欠かせない立場にもあった。折しも論告文の作成に関与した寺島健前軍務局長が、九月一五日付で練習艦隊司令長官に転任したばかりにもかかわらず、一〇月二日に更迭された（軍令部出仕）。寺島の更迭は新聞や議会でも話題となり、木戸は「五・一五事件の犠牲とな」ったとの評判を聞きつけている。

この間、一〇月一二日に原田は近衛文麿からの情報で、荒木貞夫陸相が「陛下の思召によって」恩赦か大赦の詔勅を仰ぐ提案を、斎藤実首相に行ったことを知った。のちに大洗の護国堂裏に記念館を建設する田中光顕《たなかみつあき》（元宮相）も、大赦による被告の減刑を訴えている。後述するように、恩赦自体は実現した。ただ被告の量刑について決定的に重要であったのは、あくまで海軍部内の意思決定であり、部外の支援は間接的な影響にとどまったと考えられる。

判決、条約賛成派の粛清

一一月九日、横須賀鎮守府で注目の海軍側判決が下された。

高須四郎判士長が言い渡した量刑は、古賀清志・三上卓に禁固一五年。黒岩勇に同一三年。

中村義雄・山岸宏・村山格之は同一〇年。伊東亀城・大庭春雄・林正義は二年、塚野道雄は一年の禁固刑で、非実行組には執行猶予が付された。

判決は被告の犯行を「罪責寔《まこと》に重大」としながらも、「憂国の至情」を諒《りょう》とすべきものとして、被告の態度を褒め称えた。さらに判決は、山本論告の重要部分である事件背景を無視し、軍人の政治関与などの核心にまったく言及しなかった。

そればかりか「反乱罪の首魁は死刑」との海軍刑法第二〇条一項を回避するため、反乱の首魁はあくまで戦死した藤井斉に擬し、被告の全員を同条第二項「謀議に参与し、又は群衆の指揮を為したる者」と認定したうえで、情状酌量を行ったのである。

被告側は即日上告権を放棄、検察も上告を断念して刑は確定した。執行猶予がついた非実行組は四日後の一一月一三日に釈放され、実行組は一七日に小菅刑務所（現東京拘置所）へ護送された。

判決の翌朝、大角岑生海相は「非常に思いがけなく軽かったというので、海軍内部は非常に空気がいゝ」と語り、「所謂《いわゆる》過激派」の中心であった人たちは、今後海軍は「政治を云々」したり、「右傾の手先」になるのではなく、本分に邁進《まいしん》するべきだと語って、青年将校を戒めていると告げた。大角海相の言ったように、海軍部内の動揺は収束に向かった。

小笠原長生もまた「刑は余が大臣に希望したる通りなりしは喜悦に堪えず」と記した。小笠原のもとを、被告を支援する数々の人が訪れた。真崎勝次（海軍大佐）は、「判決につき謝意を表」した（一一月一三日）。特別弁護人の朝田肆六大尉・浅水鉄男中尉、クラス会の代表幹事将校、そして林逸郎弁護人ら七名も判決に「感謝の意を表するため」来訪した。先に訪れた真崎は、「林弁護人の依頼」で「佐郷屋〔留雄〕氏減刑に尽力」を乞うており、訪れた林も小笠原に、民間側の公判への協力を求めたと思われる。

だが小笠原の胸中には、林弁護士とは別の異なる目標があった。東郷元帥の意を呈して、平沼騏一郎内閣の実現をめざし、荒木貞夫陸相・加藤寛治大将、それに政友会の鈴木喜三郎総裁との連携を進めることである。新たな政治工作に向けて、小笠原は勇躍していた。

いずれにせよ、海軍側の判決は三上ら被告の命を救った。それは、海軍部内でロンドン海軍軍縮条約の意義が否定に等しい扱いをされたことでもあり、条約賛成派の粛清が進行することをも意味していた。

一九三三年九月一日に谷口尚真前軍令部長が、翌一九三四年三月には、寺島建前軍務局長、左近司《さこんじ》政三《せいぞう》中将が予備役編入となった。いわゆる「大角人事」をもたらす海軍部内の主導権争いに、五・一五事件の公判過程は少なくない影響を与えたといえよう。

そして一九三四年七月二七日、山本孝治検察官は急逝した。論告の心労があったのか、四九歳の若さであった。同年、ロンドン海軍軍縮条約の予備会議を脱退した海軍は、主力艦の対英米六割比率が規定されていたワシントン海軍軍縮条約の破棄も通告し、対英米協調路線との訣別、「無条約時代」への道を走るのである。

民間側・血盟団事件への厳しい判決

一九三三年九月二六日、東京地裁で民間側被告の公判が開始。神垣《かみがき》秀六裁判長のもと、二三回にもわたる審理を経て、一〇月二一日に結審した。被告二〇名、弁護士総勢五八名にわたる大裁判である。

このうち、橘孝三郎ら愛郷塾関係被告一七名と、大川周明・本間憲一郎・頭山秀三の三名は公判が分離され、後者の弁護士のうち林逸郎を含む五人は、陸海軍公判の弁護を兼ねた。一〇月三〇日、木内曽益検事によって論告求刑が行われた。橘孝三郎・川崎長光に無期懲役。後藤圀彦・奥田秀夫・池松武志・大川周明に懲役一五年。ほかの被告らに懲役七年から一二年が求刑された。民間側には内乱罪が適用されず、爆発物取締罰則違反などの罪名がつけられた。

民間人への判決はおしなべて重かった。特に事件当日に満州にいた橘への無期刑求刑は、関連する事件判決のなかで最も重く、首相を射殺した三上卓らが懲役一五年という軍側の判決にくらべ、きわめて不均衡に感じる。その理由としては、論告が事件のもたらした社会的影響や将来の予防警戒を十分考えるべきとした点にある。非合法手段をあくまで非難し、犯行の動機自体に対しても批判が展開されており、情状酌量の余地を限定する論理となっている。

一九三四年二月三日、東京地裁大法廷で判決が言い渡された。論告の主張をほぼ全面的に認めたうえで、ほぼ求刑通りか、求刑と近い量刑となっている。すなわち重い刑を受けた被告では、橘の無期、後藤・池松・大川の一五年は変わらず、川崎・奥田は一二年に、他の被告らも懲役一二年から七年であった。なお本間・頭山は総選挙に際しての恐喝事件でも立件されており、併合罪として量刑が加重された。大川・本間・頭山は判決を不服として控訴。同年一一月九日に控訴院判決、一九三五年一〇月二四日に大審院判決が出て、量刑は確定した。

橘ほか愛郷塾関係者は一審の刑に服することを決め、二月九日に刑務所へ収容された。実は二月一一日の紀元節を機に、皇太子生誕にともなう大規模な恩赦が予定されており、量刑や判決のタイミングもこれを意識したものであった。陸海軍の被告や、死刑判決を受けた佐郷屋留雄も減刑の恩典に与《あずか》った。

さらに同年一一月二二日、九一回の公判におよんだ血盟団事件にも判決が下り、死刑を求刑された井上日召・小沼正・菱沼五郎は無期、古内栄司は懲役一五年、無期求刑の四元義隆も同一五年などと一様に量刑が減ぜられた。

藤井五一郎《ふじいごいちろう》裁判長（戦後の初代公安調査庁長官）は維新運動に理解を持つとされ、後年「判決では恩赦があったことも酌《く》んで」死刑を出さなかったと振り返っている。

それでも、同一事件として比較した場合に、軍側と民間側の量刑格差は際立つ。さらに世

血盟団事件の公判，1933年６月28日　深編笠をかぶる被告たち．前列右端が井上日召．東京地裁

論にも、判決自体に対する反発や動揺は見られなかった。特高は「本公判に対する一般の関心は、前回公判の夫《そ》れに比し、著しく薄らぎたるやの模様」とまとめている（一九三四年八月）。一時期あれだけ沸騰した国民世論は、民間側の裁判に対する盛り上がりを欠いていたのである。皇太子生誕の祝賀ムードのなか、死刑判決が出なかったことや、在郷軍人系統の諸団体が活動を控えたこともあるだろう。だが、それにしても不可思議である。

筒井清忠の考察では、当時は大衆小説・時代劇映画の普及が進み、「幕末維新もの」が非常に人気を博していたという（『時代劇映画の思想』）。世間に求められたのは、講談・浪曲などで主役を張れる「時代のヒーロー」であった。清廉《せいれん》で私心がなく、純真に国家国民を思って罪に問われた、若い青年たち。大衆の希求したヒーロー像に合致した者こそ、陸海軍の被告たちであり、他ではなかったということだろうか。

現在でも世論が何かのきっかけで沸騰するとき、その渦中にある人物へのイメージが、結論にさえ少なからず影響することがある。あるいはこの現象は、時代を超えて「大衆社会」に共通するものかもしれない。

獄中の受刑者たち

海軍側の被告は、刑の確定とともに全員が一般人となり、長期受刑者を対象とする小菅刑務所に収容された。護送の朝、横須賀海軍刑務所では赤飯が出されたという。

当時、小菅刑務所内では、たびたび傷害事件が発生して、自殺や殺人もあった。千数百名の受刑者のうち、数百名が無期刑であり、さらにその約四割が尊属殺傷を犯していたという（『私の歩道』）。

他方で、河上肇《かわかみはじめ》をはじめとする左翼研究者や、共産党員、活動家・思想家なども獄中にあった。古賀清志は炊夫を担当した関係で、河上を見知っていたが「こんなおとなしい真面目な人が」と感じたという。他にも古賀は、「佐野学《さのまなぶ》は学者肌」「田中（清玄）はむしろ右翼ではないかと思うほど、竹を割った気性」「鍋山《なべやま》（貞親《さだちか》）は〔中略〕素晴らしい労働者とソ連で称賛されたというに相応しい人物」などと、転向左翼組の印象を記している。

また政党・官僚腐敗の代表的事件とされ、被告らも法廷で非難した「売勲事件」で収監されていた天岡直嘉《あまおかなおよし》（元賞勲局総裁）は「麦飯が食えない」とわがままを言って、白米を食べていた。「何とも不愉快な人物で堪らなかった」と古賀はいい、河上肇によると、三上卓が天岡にいやみをいって、豊多摩刑務所へ移させてしまったとも伝えられる。「特権階級」の者はともかく、獄中で右派と左派は互いに親しんだ。

古賀は海軍出身受刑者のうちで、同期（五六期）の山岸宏（のち敬明と改名）と親交を深めたようである、山岸が大本教《おおもときょう》に親しんだこともあり、出口王仁三郎《でぐちおにさぶろう》の伝記を読むなどしたが、山岸を経由して、出口から「嫁を決めておけ」との伝言を受けた。そこでふと、大津刑務所にいた頃に嫁の志望者が三人いると父武次から聞いたことを思い出し、そのうちの一人と獄中で結婚を決めた。また独房で静思していると、どこからともなく「フジトー、フジトー」と聞こえる。そこで名を「不二人」と改めることにした。結婚、改名と、古賀は獄中生活のなかで、新たな人生の契機をつかもうとしていた。

ところで、転向した鍋山によると、五・一五事件の関係者は優遇されており、炊事場で働けるのもその一例であった。特に三上卓は、明らかに首領然としており、報道などで古賀清志が中心と思っていた鍋山は意外な感がした。配膳のとき、三上は黒岩勇らを指揮するだけで自身何もせず、鍋山の前にくると目配せをして、多めに盛ってくれたという。

三上は多芸で、獄中で書の勉強をした他、和歌や俳句もつくるようになった。同じく小菅に送られた井上日召が熱心に句作に励んでおり、その影響があったのかもしれない。

一九三七年の三上の日誌が残されている（「橘孝三郎関係文書」）。これによると、きわめて詳細な記述のなかに、多数の読書記録があり、歴史・宗教・哲学・経済などの分野（河上の著作もある）を学んだことがわかる。また古賀によると、同じ刑務所内の仕事でも、三上は「不器用な私の五倍位」の速さで済ませてしまったという。

二・二六事件の余波

一九三六年二月、いわゆる二・二六事件が起きた。古賀不二人（清志）は「少し遅すぎたなあ」と感じたが、それでも決起に期待を寄せた。だが数日で鎮圧されたことを知り「同志一同がっかりした」と振り返っている。なお古賀はのちに「二・二六事件が成功していたら、血盟団と五・一五の海軍側は殺されることになっていた」と聞いた。西田税の件があるから、それも当然かと古賀は感じた。

ただし、二・二六関係者と五・一五、血盟団が犬猿の仲であったとまで単純には言い切れない。

血盟団公判の折、井上日召が北一輝・西田税を散々に誹謗《ひぼう》するのを憤った大蔵栄一が、北に不満を言ったところ、北は獄中からの日召の書簡を見せて、初めて日召が二人を事件から切り離すために苦心したことを知ったという（『二・二六事件への挽歌』）。

また陸軍側決起の直前、八木春雄（元士官候補生、表門組）は、栗原安秀《くりはらやすひで》中尉（のち二・二六事件で刑死）が豊多摩刑務所まで面会に来たと記憶している。このとき集められた元士官候補生たちの前で、栗原は「皆さんは決して心配はいらない。私たちが東京にいる限り大丈夫です」と告げたと記している（『五・一五事件と士官候補生』）。公判記録や調書、あるいは第三者の手記などだけでは、複雑な人間の心情まではつかみ切れない一例であろう。

二・二六事件で決起した陸軍青年将校ら（村中・栗原など）一七名、および北一輝・西田税の民間人二名は、極秘のうちに陸軍軍法会議によって死刑判決が下され、東京陸軍刑務所内で銃殺刑に処された。死刑を免れた関係者一五名は、小菅刑務所に入った。池田俊彦（元陸軍少尉）はここで四元義隆・田中清玄らと知り合い、戦後も田中・四元の興した三幸建設で働いている。三上卓との接触は乏しかったようで、「構内清掃夫をしていてたまにやってこられた」と池田は記している。

一九三七年二月、三上は病の祖母を見舞うため、三日間の刑停止を受けて佐賀に向かった。三上の一時出所にメディアは注目し、祖母の宅へ殺到した。三上は「新聞記者二十余名あり、うるさし」と迷惑そうに記している。それでも、祖母を見舞った三上は満足したのか「病祖母歯を喰いしばり、声を呑みて泣く。祖母上よ安神《あんしん》せよ、我誓って君の志を達せん」と記した。幼くして生母を失った三上にとって、祖母は母代わりであった。その祖母に誓う形で、三上は「昭和維新」の初志貫徹をいよいよ深く念じたのである。

第6章　さらに闘う者たち――元受刑者たちの戦争と戦後

出所・仮釈放

五・一五事件から六年後。一九三八（昭和一三）年七月四日朝、三上卓・古賀不二人・黒岩勇の三人が、小菅刑務所から仮釈放された。一九三四年明仁親王御降誕の恩赦に加え、三八年の憲法発布五〇年恩赦によって、三上らの刑期は大幅に短縮された。三八年二月には、中村義雄・山岸宏・村山格之の三人も出所しており、五・一五事件の元軍人受刑者はすべて釈放された。

三上らを出迎えたのは、木下好太郎（血盟団事件弁護士）と、三上の弟二人であった。一行は新橋のホテルに泊まり、翌朝に皇居二重橋を拝した。そこからは挨拶回りで忙しい日々が始まった。

霞が関の海軍省を訪れた一行は、そこで山本五十六《いそろく》海軍次官（中将）に出所の挨拶をした。「長い間、御苦労であった。落ちついたら、海外にでも行って活躍されんことを望む」と山本次官は三人を労《ねぎら》い、「当面の小遣いだ」といって一人あたり一〇〇〇円（現在の約二〇〇万

〜三〇〇万円程度）の金を渡した。すでに日中戦争が始まっており、朝鮮や満州での日本人の活動はますます盛んで、大陸に渡るつもりでいた古賀も山本の言葉に「大いに意を強くした」。

一行は明治神宮で有馬良橘《ありまりょうきつ》宮司（退役海軍大将）に挨拶し、靖国神社に参拝したのち、塚《つか》崎直義《さきなおよし》弁護士邸で記者会見を行った。

「非常時に処する覚悟だけは出来ています。天皇陛下に対し奉る覚悟、国民としての覚悟です」と三上は述べ、さらに皇居を遥拝した気持ちを語り、また「遠く戦線で奮闘している友達」を思う心情に触れ、「今日凡《すべ》ての小異を捨てて大同に就く絶好の機会」であり、「ただ真心一つで」事に当たらねばならないと説いた。

翌日、一行は風見章（内閣書記官長）を訪ねた。風見はかつて森恪が近衛文麿に推挙した茨城県選出の代議士で、事件とも縁がある。「少ないが、当座の小遣いに」と言って、風見も三人に一〇〇〇円ずつを手渡した。このほかにも一行は海軍関係者、佐賀県の関係者、公判支援者などを訪ね、麻布賢崇寺では二・二六事件で処刑された人々の霊を慰め、故相沢三郎《あいざわさぶろう》（元中佐）夫人とも会見した（『私の歩道』）。

挨拶をひととおり済ませた三人は、いったん郷里へ帰ることにした。三上・黒岩は伊勢神宮に参拝してから佐賀へ向かうため、古賀と別れた。古賀は東京駅で浜勇治（戦時中にシンガポールで没）に会い、懐かしそうに声をかわした。浜は「橋本欣五郎の大日本青年党」で仕事をしているといった。古賀が母の実家のある小倉に到着すると、駅頭には親戚・知人のほかに、特高警察や報道関係をふくむ群衆がひしめき合っていた。「五・一五事件の古賀元中尉」は、郷里の人々の記憶に刻まれていた。

しばらくして佐賀に移った古賀は、獄中で婚約した女性に会うために、八月に秋田へ行き、さらに東京へ立ち寄って、海軍省で就職の相談をした。そこで古賀は、中国・青島の特務機関を紹介される。このとき荒木貞夫（文相）にも面会した古賀は「君らの精神を未だ生かすことが出来ず、済まん」と声を掛けられたという。

同月末に九州へ戻った古賀は、福岡にいる西川武敏（元士官候補生）が重病と聞き、見舞いにいった。重い結核であり、西川は九月一二日に病没した。事件に加わった士官候補生一一名のうち、すでに金清豊は病死（一九三七年三月）、さらに奥多摩刑務所を出所後に満州国軍へ参加した中島忠秋・石関栄・野村三郎・八木春雄のうち、中島が大陸での戦闘で戦死（一九三八年一月）していた。

九月に入り、青島への赴任を決めた古賀は佐賀を発った。古賀を送るために、宇都宮《うつのみや》三千《みち》雄《お》（陸軍予備役大佐）や妻・家族、警察関係者などが佐賀駅に集まった。三千雄は宇都宮太郎（陸軍大将）の甥であり、辛亥革命期には孫文を支援したひとりである。また荒木文相や真崎甚三郎（二・二六事件で起訴、無罪）ら旧陸軍皇道派の支援者であり、特に真崎は佐賀中学の後輩にあたる。予備役編入後も、明倫会（在郷軍人の団体）の佐賀支部長などに就き、青年教育などの活動をつづけた三千雄は、五・一五事件の被告で後輩でもある海軍青年将校を熱心に支援した。なお三千雄の娘・わかは、翌一九三九年に三上卓の妻となる。

古賀が青島に着くと、すでに大陸へ渡っていた中村義雄(元海軍中尉)が迎えた。ほかにも村山格之(元海軍少尉)や、篠原市之助(元士官候補生)も大陸で働いていた。古賀を受け入れたのは、「準同志」といえる石川信吾海軍大佐であり、古賀の住まいの持ち主は山口三郎元海軍中佐(神兵隊事件参加)の兄であった。

五・一五事件などの関係者が大陸に多く集まったのは、偶然ではないだろう。陸海軍当局は事件によって起きた事態を最大限に利用しつつも、事件の「元受刑者」たちは内地から離し、海外で活動させるとの暗黙の了解があったようである。

青年育成

ところで五・一五事件元受刑者のなかで、内地にとどまって青年の育成を志し、時に政治にも密に関与した人物もいた。三上卓である。

先に触れたが、三上は出所後の一九三九年に、宇都宮三千雄の三女わかと結婚した。当時としては珍しい恋愛結婚で、義父となる三千雄は「苦労するから」と二人の結婚にやや消極的であった(『青年日本の歌』をうたう者」)。三五歳で結婚した三上は、東京に家をかまえて皇風学舎なる私塾をつくり、三千雄のように青年教育を手がけた。

この頃に三上は、東亜経済調査局の附属研究所に関わっている。一九三八年五月に創設された附属研究所は瑞光寮、別名大川塾とも呼ばれた。五・一五事件に連座した大川周明が一九三七年一〇月に仮出所したのち、南方の調査員を育成するために創られたのである。初代の寮長は、山岸宏（元海軍中尉、敬明と改名）であり、副寮長は菅勤（元士官候補生）であった。三上が呼ばれたのも、事件の関係者つながりであろう。

ところで、三上は同寮で青年教育を実践するかたわらで、この頃に国民的人気を持つ政治家・近衛文麿との接触を繰り返している。出獄した後も三上は、「昭和維新」——ここでは一君万民の平等的な社会をつくり、国民の一人ひとりにその志を遂げさせること、としておく——の実現を諦めてはいなかった。三上の動きは、一九四〇年に発足する大政翼賛会、そして新体制運動と深く関わっていた。

近衛新体制と三上卓

一九三七年七月に始まった日中戦争の長期化が避けられない情勢のなかで、三八年に入ると、近衛文麿を中心とする新党構想を求める運動が浮上する。それは戦争の解決に、強力な政治力と国民組織化が必要とされたためである。近衛新党運動は、近衛の変心と第一次内閣の投げ出し（一九三八年末）により頓挫した。だが、第二次世界大戦勃発後にドイツが欧州大陸を制圧したことを契機として、一九四〇年に運動は再燃し、陸軍は挙国的政党の結成、および総動員体制下の国民組織化を求めて活発な政治的主張を行った。

この前後に、三上は新体制運動の中心とみられた近衛と接点を持った。林正義（元海軍中尉）によれば、三上は大岸頼好（元陸軍大尉）らとともに、何度となく近衛に面会して「新体制に対する意見や陸海軍提携に関する方策を具申」したという。これを裏付けるように、獄中にあった井上日召の日記には「面会。林と、卓。流石に卓だ、近衛を最後まで押詰めて本音を吐かせた点。彼ならではだ」（一九四〇年二月一六日条）とある。三上ら五・一五事件、二・二六事件などの関係者を、ここでは「維新勢力」と呼んでおこう。

六月二四日、近衛が枢密院議長を辞職すると、新体制運動は本格化した。既成政党は近衛新党への合流を見越して、雪崩をうって解党。日独同盟の締結をめざす陸軍は新体制の指導性に期待し、米内光政《よないみつまさ》内閣の倒閣に踏み切った。第二次近衛文麿内閣は、七月二二日に成立する。

ところが七月初旬から、近衛の態度は急変する。近衛側近の有馬頼寧《ありまよりやす》（のち大政翼賛会事務総長）は、新体制運動に従事していた風見章（のち第二次近衛内閣法相）から「組閣の上は新党はやれぬ」との近衛の言葉を聞いている（『有馬頼寧日記』一九四〇年七月一二日条）。やはり近衛側近の富田健治《とみたけんじ》（のち第二次、第三次近衛内閣書記官長）は、近衛が「余程《よほど》官製新政治体制がいやだったらしい」と回顧している（『敗戦日本の内側』）。

近衛の意見は、首相の座についてから新体制運動を推進すれば、「官製」の政治体制になるから駄目というものだった。近衛の変心の理由は謎とされたが、一部の人は、近衛が三上卓ら維新勢力に脅《おど》されたのではないか、と推測した。近衛の政治ブレーンであった矢部貞治《やべていじ》（東大教授）は、三上らの動向を日記に記している。いわく、

二《マ》・二六《マ》の三上中尉や西園寺公一、穂積《ほづみ》兄弟〔五一・七郎〕等の動きも問題となり、〔近衛〕〔公がこんなものを相当に買っているのを変な気持で聴いた。（一九四〇年七月一日条）

後藤隆之助《ごとうりゅうのすけ》〔近衛のブレーン、のち大政翼賛会組織局長〕が下痢で青い顔をして現われ、二三日中関白〔近衛〕の組閣は確定したこと、〔中略〕三上、菅波などという二《マ》・二六《マ》の連中も、皆ここに集まっている由を話していた。（一九四〇年七月一一日条）

近衛が変心したとされる七月初旬、矢部は六日から軽井沢に入り、近衛らと新体制案を検討した。その同じ時期に、三上卓らも軽井沢にあって、近衛と接触していた。

では三上は近衛に、何を伝えたのか。

新体制では強固な政治力を発揮するため、立法・行政を統合する独裁的な「党」の創設が求められた。ところが三上らにとって、現職の首相が率いる独裁的な「党」の創設は、まさに天皇に代わる権力を手中とする「幕府の樹立」であった（新体制幕府論）。討幕と王政復古

によって成立した近代日本で、再び「幕府」を作るとすれば、それは第二の維新（昭和維新）を志す三上ら維新勢力にとって、著しい精神の後退であり、決して許せるものではなかった。

かつて五・一五事件の公判で、「天皇の大御心」をさえぎる政治家・財閥・軍閥の排除を訴えた三上は、同じ法廷で共産主義を攻撃し、さらにファシズムをも「薩長藩閥」と同様だとして、猛烈に批難した。まったく同じ論法で、三上らは近衛首相が君臨する「一国一党」は「幕府」であり、ファシズム・共産主義になると考えて、一君万民の結束を妨げる存在を創ってはならない、と近衛に訴えたのではないか。

ただし矢部貞治は近衛が「テロによる威嚇を武器」とした「井上〔日召〕や三上一派のテロ性にひどく脅《おびや》かされていた」と分析している（『近衛文麿』）が、留保が必要であろう。近衛に近い後藤隆之助は戦後に、こう述べている。

〔幕府論を唱える勢力＝「観念右翼」は〕軍の皇道派に近く、平沼騏一郎、頭山満等にも連絡し、井上日召、三上卓等のテロ派はこれに属しておった。しかして近衛公はどちらかといえば、一国一党論の革新右翼を好まず、皇道派に近く、そしてまた観念右翼にも近かった。（『語りつぐ昭和史』）

後藤のいうように、近衛自身がそもそも三上らの考えに同調していたのであれば、そこに脅迫の必要はない。藤原五摂関家の筆頭にあり、天皇との歴史的な親近者である近衛にとって、「近衛幕府」との批判は最も嫌うものであった。

近代史家の伊藤隆によれば、新体制運動を推進する「革新派」には二通りの潮流があり、ひとつは挙国的政党を求める「全体主義」派で、陸軍（旧統制派）・「革新右翼」に通じる。もうひとつは国体観念の育成などを通じて国民組織化をはかる「日本主義」派で、旧陸軍皇道派・観念右翼の傾向とほぼ共通すると整理する（『昭和期の政治』）。これらの分析でいえば、三上ら維新勢力は「日本主義」派といえる。

新体制運動が進展するなかで、三上ら維新勢力は次第に「全体主義」派に批判的となり、本来は「革新派」と対立するはずの「自由主義（現状維持）」派とゆるやかな提携を結ぶ。維新勢力とつながりのある近衛が、彼らと「自由主義」勢力を結ぶキーパーソンであり、それは戦後の政治史における自由主義派と右派勢力の関係の前提となるものであった。

第二次近衛内閣の成立から三ヵ月後の一九四〇年一〇月一二日、大政翼賛会の発会式が執り行われた。このとき、近衛は準備された綱領や宣言を一切無視して「本運動の綱領は、大政翼賛の臣道実践ということに尽きる」と述べて、一国一党の成立を期待した「革新派」を唖然《あぜん》とさせた。できあがった大政翼賛会は、政党でもなく、政治的機構ですらなくなったからである。他方で、三上を含む維新勢力は快哉《かいさい》を叫んだ。近衛の言葉は、日本国民の精神覚醒が国民各自の「臣道実践」に尽きるという、三上の考えに通じるところがあった。

それでも発足した大政翼賛会の内部には、全体主義的な政治指導体制をめざす「革新派」が残された。陸軍もその動きを後押ししつつ、抵抗する維新勢力への警戒を強めていく。

皇道翼賛青年連盟の結成

大政翼賛会の発足に先立つ一九四〇年八月二八日、首相官邸で新体制運動の第一回準備会が開催された。議題は、新体制の中核となる国民指導組織の構想であった。白羽の矢が立ったのが、三上卓。全国の青年団体を束ねる皇道翼賛青年連盟が結成され、三上は委員長に就任した。

このとき、内地に戻っていた古賀不二人は、ある元血盟団員から「〔三上が〕責任者になるのは時期尚早だから、相談役か顧問ぐらいに納まって貰うように」意見してほしいと頼まれた。古賀も同意見だったので、三上に告げたところ、三上は「みんなの気持ちには感謝するが、引受けることに決定したのだから、俺の一存に任せて貰いたい」と、これを謝絶した。すでに新体制運動に深く関わっていた三上には、青年の自覚をうながし、精神を喚起する役割に、心中期するところがあったのだろう。

三上は東大七生社（学生右派団体）の出身である穂積五一と協同して、青年・学生の組織化を推進した。「新しき青年の出発」と題する誌上座談会で、三上は穂積とともに出席し、大切なのは「臣民としての心構え、皇民としての覚悟の問題」として、次のように語った。

ナチスを真似るのではない、ファッショを真似るのでもない。〔中略〕日本に於ける指導者は上御一人《かみおひとり》である。〔中略〕指導者を通じて天皇に帰命するというのではなくして、指導者と共に只《ただ》一筋の道を歩いて行くという根本の臣民道が確立されなければ、近衛さんが心配して居る幕府的な存在となり、所謂《いわゆる》指導者国家的な、或《あるい》は既成政党的な影に依って、新体制が曇らされる〔中略〕決してそうさせてはならない。

（『日本評論』一九四〇年一〇月号）

これからは青年たちが「各々その職分に応じた懸命のご奉公」をすること、これが新体制の基礎だと三上は言う。天皇と青年が目的を同じくして、ともに歩んでいく。それは国内の激烈な社会格差、そして特権階級の横暴な支配を憎んできた三上ら維新勢力の希求する日本の理想形であった。

だが三上の注力した皇道翼賛青年連盟の試みは失敗に終わる。三上委員長は他団体の委員らと「思想的感情的対立」を起こして、わずか一ヵ月ほどで連盟は分裂。活動は大幅に減退した。民間右派団体を束ねるのは並大抵ではなく、三上の精神主義的な理想は頓挫する。

「ひもろぎ運動」への協力

一九四〇年（昭和一五）一〇月一七日、井上日召と橘孝三郎が仮出所した。二人を出迎えたのは、それぞれの家族と友人、そして三上卓であった。

第二次近衛内閣の風見章法相に、三上は日召ら血盟団関係者の仮出獄をたびたび要望した（「日召日記」三九年七月三〇日）。また日召の出所前後、古内栄司・四元義隆らの血盟団関係者も出所した。四元は三上と親しく、これ以降の行動をともにすることが多くなる。

一九四一年三月頃、近衛文麿首相は井上日召を呼んだ。荻窪の近衛邸（荻外荘《てきがいそう》）で会食した日召と近衛は、意気投合する。日召の回顧によると、日召が近衛に「貴方は二重人格者ですね」と言うと、近衛は「実はそうなんです、それで困っているんです」と答えたという。「何という正直な人だろう！」と日召は驚き、近衛の態度に敬服した。軍閥の打破、粛軍についても一致をみた。そこで日召は「日本の革新は〔中略〕陛下の鶴の一声がなければ、決まらないのです。国民の代表する一人としての日召の意見を、貴方が率直に、陛下にお取り次ぎして下されば宜《よろ》しい」と言った。近衛は「そのくらいのことは、私にも出来ます」と答え、こうして二人は固い盟約を結んだ（『一人一殺』）。

日召は、荻外荘に住むことになった。二階の一室に居る「稀代《きだい》のテロリスト」の存在に、近衛の家族や同居者は戸惑い、側近や宮中・軍部も訝《いぶか》しく感じた。だが近衛は日召に心事を許し、日召も近衛を励ました。千葉の市川に、日召の「ひもろぎ塾」ができたのは同年七月、日召が近衛邸に移って以後のことであり、三上や四元らが開塾に協力した。日召は塾を基盤に「ひもろぎ運動」を展開した。

ひもろぎ〔神籬〕とは、神事を行う際に臨時の依り代となる榊《さかき》などを意味する。ひもろぎ運動の真意は、反戦和平工作にあったと日召は回顧する。「戦争は初めから負けるに決まっている。何年戦争が続くかは知らないが〔中略〕戦後に合法的な革新運動の烽火をあげよう」と。時期の到来を待ち、表立った活動は控えながらも同志を獲得し、俳句・和歌・消息などを掲載した機関紙『ひもろぎ』を送付して、連絡を保った。運動の活動費は、近衛が出したという。日召の回顧をどれほど信じるかは別だが、三上や四元らは日召に協力し、三上の私塾にいた書生たちの多くは『ひもろぎ』編纂に従事した。

「政治の中枢に働きかけての革新工作は脆《あやう》い。如何《いか》にしても下からの同志組織を強化して国を建て直す以外に方法はない」。一九四一年一〇月に近衛内閣が倒れたとき、三上は沈鬱な面持ちで周囲に語った。この年の一二月、海軍の連合艦隊機動部隊が真珠湾を攻撃した頃、三上は同志とともに、いずれ来るであろう時機を待つための準備を始めていた。

東条「幕府」との対立

一九四三年〔昭和一八〕一〇月、三上卓が創立に関わった皇道翼賛青年連盟の構成員が、大挙して特高に検挙された。その数五三名。三上から連盟委員長を継いだ毛呂清輝《もろきよてる》や、穂積五一・七郎兄弟も含まれていた。容疑は戦時刑事特別法第七条違反、「戦時に国政を変乱しようと試みた罪」であった。なぜ彼らは検挙されたのか。

一九四二年二月に公布された戦時刑事特別法（戦刑法）は、空襲などの際の刑法犯を特別に厳重処罰とする内容であった。ところが同年末に召集された第八一議会で、東条英機内閣は「国政を変乱」する目的の刑法犯や、治安・秩序を乱す宣伝活動なども処罰対象とする改正案を提出した。戦時下で規制が強化されてきた言論活動の一層の抑圧が目的であった。

戦刑法の改正過程は、強権化した東条英機政権への反発者を炙《あぶ》り出すものとなった。

一九四三年二月、第八一議会では衆院議員の清瀬一郎（元五・一五事件弁護人）が、「言論の自由」を求め、統制強化をすすめる東条政権を正面から批判した。さらに鳩山一郎（元政友会）ら旧既成政党の非主流派（自由主義派）と、中野正剛《なかのせいごう》（元東方会・東方同志会会長）ら国家主義派、笹川良一・赤尾敏《あかおびん》ら民間右派、水谷長三郎《みずたにちょうざぶろう》（元社会大衆党）ら旧無産政党系など、左右の立場を問わない衆院議員が結集して戦刑法の改正に反対した。皇道翼賛青年連盟も、東方同志会など一四団体と連名で反対を表明した。だが東条内閣は強行採決で改正案を成立させ、反対者への弾圧を強化した。

東条政権の高まる威圧を前に、三上ら維新勢力は軍部との対立を深める。毛呂は回想する。

「東条の憲兵政治は常に私らの動きに眼を光らせていた。〔中略〕当時は支配者は官僚化した軍部であり、その治下での国内革新の運動は技術的にも非常に困難だった」。東方同志会の幹部も、三上とはこの頃に「相提携してともども東条内閣と戦った」と回顧する。

ただし毛呂によると、三上は皇道翼賛青年連盟の一部が「非常手段による東条内閣打倒を計画したとき」に反対し、委員長を辞して脱退したという（「日本クーデターの真相」）。三上の動向は判然としないが、青年たちを危険にさらすテロは本意ではなかったのであろう。

このとき政権批判の急先鋒は、東条首相をこきおろす「戦時宰相論」を『朝日新聞』に寄稿した（即日発禁）中野正剛であった。中野は密かに、天野辰夫（神兵隊事件首謀者）と結んで宇垣一成（元陸相・元外相）擁立工作を進めていた。片岡駿（勤皇まことむすび＝五・一五事件元受刑者の本間憲一郎らを中心に一九三九年結成）の協力によって、東条に予備役へ編入された石原莞爾（陸軍予備役中将）とも密かに連絡した。

一九四三年一〇月二一日の全国一斉検挙は、これらの反東条の動向を圧殺しようとするものであった。東方同志会・勤王まことむすび・大日本勤王同志会などの民間右派から、百数十名を超える大量の検挙者が出た（皇道翼賛青年連盟の構成員もこの数に含まれる）。

東条の狙いは、中野正剛であった。現役議員である中野を議会中に拘留したことには批判が強かったが、中野は警視庁から憲兵隊に身柄を移され、徹底して取調べを受けた。一〇月二五日に中野の釈放が決まったが、翌二六日深夜、中野は自宅で割腹自殺する。

中野の自害直後のこと。頭山満（東方同志会の顧問でもあった）を訪ねた三上卓に、頭山は中野の青年時代からを回顧して、その死を惜しんだ。このとき三上もまた「中野さんの政治生涯には、とかくの評もあるが、最後は立派だと私も思っています」と述べたという。中野の死は、東条「幕府」の強権を見せつける形となった。だが強権による抑圧は、反対者たちの結束力を強め、かえって反抗心を高めていく。そして合法の手段が通じないとき、あらためて合法でない方法が思い起こされる。

東条首相暗殺計画への関与

一九四四年（昭和一九）に入って戦局がいよいよ悪化するなか、海軍内部で東条政権打倒の工作が密かに進行していた。

六月二日、海軍の重鎮三名が密会する。岡田啓介（元首相）・米内光政《よないみつまさ》（元首相）・末次信正（元近衛内閣内相）である。かつてロンドン海軍軍縮条約を擁護した岡田と、厳しく批判した末次。また末次を予備役に編入した米内と、米内内閣の倒閣運動を進めた末次。三名は因縁の関係であった。だが海軍消滅、敗戦の危機を前にして、彼らは因縁を超えて「東条首相排除」と「嶋田繁太郎《しまだしげたろう》海相辞任」で合意し、団結を約した。

海軍重鎮らの密会を差配したのは、高木惣吉《たかぎそうきち》海軍少将（海軍省教育局長）である。高木は東条首相の言いなりとみられていた嶋田海相の更迭をめざし、工作に従事していた。だが嶋田に辞職の意思はなく、うまくいかない。

そこに意外な動きが起こった。六月二一日夜、高木の部下であった神重徳《かみしげのり》大佐（教育局第一課長）が、ある人物と密会した。三上卓である。神大佐の動向を察知した高木は、翌朝、神に告げた。「昨日三上が課長のところに来たそうだネ」「エッ！　驚きましたナ、局長にはどうして判りましたか？」「商売がら永年の修練でネ、まあそれはとにかくとして……」。

高木は神に、サイパン奪回作戦の樹立に向けた部内世論をつくるように要請した。だが高木には、三上のことが頭に残った。その日以来、三上の姿を時折教育局で見かけるようになっていたからである。三上の側には、四元義隆・西郷隆秀《さいごうたかひで》（隆盛の孫、皇道翼賛青年連盟）の顔もある。気になった高木が調べると、神の三上への依頼は、東条首相の暗殺であると推定された。このような計画の実現は、いまの三上の力では至難だ。それればかりか、どのような理由であっても、陸軍の巨頭を海軍が狙うのは「二・二六の裏返し」である。絶対に避けるべきだ。しかし……。

六月二四日、高木は岡田元首相を訪ね、海軍部内の空気は非常に険悪であると報告した。そして、こう述べた。嶋田大臣は相変わらず、オベッカ使いやお茶坊主に取り巻かれており、到底座視できない。「これからはあるいは、閣下方の非常に遺憾に御考えになる事態が続発すると想像しますが、それは御赦《おゆる》しを願いたいのであります」と。

岡田は目を剝《む》いた。「飛んでもないことだ。今我々は大楠公《だいなんこう》〔楠正成〕の心境をもって善処しなければならぬ。決して軽挙すべきでない」とたしなめた。

だが高木は「御言葉ですが大楠公の真似は出来ません」と言い返した。岡田の眼が鋭く光り、汗ばみ緊張する面持ちのなかで、まるで睨むかのような視線が高木に注がれた。二・二六事件の襲撃で九死に一生を得た岡田は、重ねて高木に自重を説いた。そして最後に「もし真にやむを得ずして何かやるときは、必ず私に言ってからやってくれ」と言った。

六月二六日。岡田の秘書である迫水久常《さこみずひさつね》が高木を訪れ、「私はよくは知らんが」と話しながら、岡田が心配していたことを告げた。高木は「必ず御言葉に従うように致させます、と申しあげて下さい」と返事した。東条や嶋田が政権に居座り、サイパンも奪還できなければ、海軍部内は収まるまい。ただ、三上らが出入りしたところで、海軍にはカネがない。だからあまり大きな事態にはならないだろう。高木はそう考えて神を呼び出した。

あまり三上など焚《た》きつけるのは止《よ》したがいい。五・一五当時と今日では先生たちの立場が違うし、プロ右翼というものは決して君等が考えるように、プラトニック・ラヴだけで一生の運命の骰子《さいころ》は振らないから……。

（『高木惣吉日記』）

高木は右翼というものを、口では至純を言うが、カネがなければ動かないものと理解していた。海軍には機密費も少なく（事実、高木が終戦工作で手にした機密費はわずか一〇〇〇円であった）、計画の支援は難しい。暗にそう告げたのである。しばらく黙っていた神は、鋭敏に高木の意図を察知した。「やっぱり局長の言われる通りでしょう」。神は言葉を継いだ。

「しかし局長、最後の極め手がありますか?」

「ないこともない、がそこまで行かなくても済むんでないかと考えている」。そう答えた高木だが、内心では最後の手段として、神の計画はありではないかと次第に思えてきた。

だんだん年をとってみますとね、五・一五や二・二六事件を当時あれほど批判しておきながら、結局自分がやろうとしたのは彼らとおなじ行為じゃなかったのかと思うようになって、恥ずかしくなったんですよ。若いときならともかく教育局長のころは五十代でしたからねえ。

（「高木惣吉元少将の東条首相暗殺計画」）

かつて五・一五事件の海軍側公判が行われたとき、高木は中佐で、横須賀鎮守府の人事部長であった。人事部室で被告らが死刑にならないのはおかしいと言い放った高木は、同僚にたしなめられたという。「犬養総理や殉職した警官の霊に対しては、弔う言葉がない」。高木はたしかにそう感じた。その高木が、いまや首相の暗殺を考え始めていた。それも犬養首相を撃った、三上卓の手を借りて。

六月末にかけて進行していた、岡田元首相の嶋田更迭工作は、思わしくなかった。頼みにしていた伏見宮博恭元帥は熱海へ追いやられ、岡田は東条首相に呼びつけられてきつく釘をさされた。もはや尋常の手段では事態が動かない。

六月二八日、熱海にある金城館に四人の男が集まった。三上・四元・西郷、そして佐々弘雄《さっさひろお》（朝日新聞記者、海軍調査課懇談会員）である。東京に戻った三上らは、待合「増田」へ足繁く通った。築地新富町の増田は、海軍御用達の会合場であった。高木は彼らと会うなかで、三上らにカネほしさの右翼ではない、無私の境地にある国士の一面を感じ取ったのであろう。

計画は具体化していく。実行方法は、海軍省前交差点でのオープンカー襲撃。七人が三台の車に分乗し、前方と両脇から挟み撃ちにして衝突し、銃撃で射殺。実行後は、高木のみが現場に残り、六名は海軍機で台湾に脱出。決行日は、七月一四日。

七月一二日夜。「増田」に集まった高木は、最終的な計画を協議した。三上・四元・西郷・佐々のほか、近衛側近の後藤隆之助（元大政翼賛会組織局長）、工学博士の松前重義《まつまえしげよし》（元大政翼賛会総務部長）らも協力する手はずとなった。厚木海軍航空隊の小園安名中佐も、実行者を台湾に飛ばす役割を引き受けたという。高木の計画は近衛文麿にも届いており、七月三日、近衛は友人の作家山本有三を呼び出して、暗殺後の声明文を依頼した（『濁流』）。また海軍大佐の高松宮宣仁《のぶひと》親王にも計画が伝わっていたという。

ところが、計画の中心にあった神大佐に、連合艦隊司令部参謀への転出内示が出される。七月一三日付である。そのため計画の実行は一週間延期された。そしてその間に、サイパン失陥の責任をとる形で、東条内閣は七月一八日に総辞職する。

高木らの暗殺計画は、紙一重のところで実行されず、闇に葬られた。三上も、二度目の総理大臣殺害を行うことにはならなかったのである。

三上の翼壮中央本部組織部長就任

一九四五年二月八日、三上卓は大日本翼賛壮年団（翼壮・大政翼賛会の下部組織）の中央本部組織部長（兼理事）に就任した。一月には、自決した中野正剛と親しかった緒方竹虎（国務大臣兼情報局総裁・元朝日新聞副社長）が翼壮団長となっており、三上は緒方のもとで働くことになった。

翼壮は「大政翼賛会の実行部隊」とも言われ、各府県ごとに組織されて、東条政権下では翼賛選挙での推薦候補支援の役割を担った。当選した衆院議員は、推薦・非推薦を問わず、事実上の挙国的政治組織である翼賛政治会（翼政）に所属することになっていた。だが非推薦の議員には東条退陣後に脱会するものもあり、さらに地方にある翼壮は自発性・独自性を強めて政治活動を活性化して、翼政や中央の統制に従わない傾向が強まった。

一九四五年二月頃から、翼壮に関係する衆院議員などが相次いで翼政を脱し、新党を立ち上げる。これに対して、翼政は大日本政治会（日政）に改編し（三月三〇日、南次郎《みなみじろう》総裁）、旧政友会・民政党など既成政党主流派の大部分（政友会旧鳩山派などを除く）が属した。

一連の政治的動きに対応して、大政翼賛会を指導してきた内務省は三月二三日、大政翼賛会および翼壮などの諸団体を改組して「国民義勇隊」に再編することを決定した。国民義勇隊は市町村（町内会）や職域単位で構成され、きたるべき本土決戦をみすえた国民の組織化が目的であった。

三上が翼壮の中央部に抜擢されたのは、国民義勇隊への改組を見越して、青年教育や翼壮の地方での活動実績を買われたのであろう。三上の郷里、佐賀県では義父の宇都宮三千雄が翼壮佐賀団長となり、翼賛選挙では真崎勝次（海軍予備役少将）を議員に当選させた。三上もまた、全国各地の翼壮で講演活動などを行った。三上のほか、翼壮理事に四元義隆（元血盟団）、同庶務部次長に吉田義雄など、皇道翼賛青年連盟の関係者も多く役職についた。

とはいえ官僚組織化した翼壮で、三上が事務に勤《いそ》しんだ形跡はない。それどころか、三上は翼壮本部にまったく顔を出さなかった。内務省警保局にいた舘林《たてばやし》三喜男《みきお》を、佐賀中学の同期という縁で本部長に引っ張ったのは三上であったが、官僚畑の舘林は「組織も規則も時間も全く眼中にない」三上らの「天衣無縫」ぶりに戸惑ったと回想している。またあるとき地方の代表者を集めた会合で、三上は一言の挨拶もなくやおら「一管の尺八」を取り出して演奏し、帰ってしまったとの逸話も残されている。

書画も詩想も巧みな三上には音楽の素養もあり、尺八もみずから竹をえらんで作ったと伝えられる。これ以降も三上は公の場で、たびたび弁舌のかわりに尺八を吹く。かつては歯に衣着せぬ法廷演説で、人々の共感を得た三上であったが、この頃には多くの言葉より尺八の音色のほうが、日本精神をよく表すとの境地に至っていたのかもしれない。

鈴木貫太郎、首相となる

三上卓は、戦争終結をめざす指導者のなかで鈴木貫太郎（枢密院議長、元侍従長、退役海軍大将）には一目を置いていた。東条政権下、三上は四元義隆とともに重臣を歴訪し、東条打倒を訴えて回った。他の重臣が尻込みするなか、三上らの説に力強く同意したのが、鈴木であった。隣の部屋で聴き耳を立てている憲兵を後目《しりめ》に、耳の遠い鈴木は大声で東条批判をまくしたてる。むしろ三上や四元が「注意されたほうがいいですよ」と言うと、鈴木は「本当のことだ。広がって結構じゃないか」と返す。鈴木の邸宅を後にした三上と四元は、「この人は本物だ。国のためになる立派な重臣だ」と結論した。

勇気を持ち、私心がなく、身を棄てる覚悟のある指導者を二人は求めていた。鈴木はまさにそうした人物であった。ただ三上にとって、鈴木はロンドン海軍軍縮条約問題で、加藤寛治軍令部長（当時）の上奏を阻止したとされる張本人である。仇《かたき》といっても過言でない。

その後の関わりをみると、鈴木に接近したのは、三上よりも四元と思われる。鈴木内閣成立の十数日前、四元は師の山本玄峰《やまもとげんぽう》を鈴木に引き合わせた。静岡県三島龍沢寺の禅僧・玄峰は、井上日召の師でもあり、四元ら血盟団の弁護を引き受けた高僧である。小菅刑務所の服役中から、四元は玄峰に師事し、三上らもその薫陶を受けていた。無条件降伏論者であった玄峰は「負けて勝つ」と鈴木に語った。

一九四五年四月七日、小磯国昭内閣の総辞職を受けて鈴木貫太郎内閣が成立する。組閣の過程で、三上と四元は組閣本部へ乗り込んだ。このとき二人は鈴木に向かって「拝辞」を迫ろうとしたが、逆に鈴木に「宜敷《よろし》く頼むと先手を打たれ」たとされる（『大木日記』）。近衛の出馬を待望する二人にとって、当初鈴木に想定していた役割は首相ではなかった。ただ結果をみれば、四元は内閣顧問となり、同じ鹿児島出身で内閣書記官長となった迫水久常と協力を密にした。三上も鈴木内閣のもとで、引き続き国民義勇隊の結成にあたった。

四元は翼壮理事の肩書で『朝日新聞』（三月二二日付）に、「国民義勇隊の構想」と題する小論をつづった（実際の執筆者は神道家・葦津珍彦《あしづうずひこ》）。敗戦直前の状況である。兵力の不足は甚だしく、陸海軍は徴兵を乱発して年長者の新兵を急造した。年長者が新兵として軍隊生活に従事させられることで、軍律は乱れ、厭戦《えんせん》気分が広がった。そこで社会経験を持つ人材は、各地域・職域で編成された国民義勇隊で、その技能をふるわせる。軍隊的階級ではなく「すべてが平等の人格と誇りとを有する国民として、自発的な救国精神」が発揮される。ここに三上や四元らが考えた国民義勇隊の理想が込められていた。（『新勢力・三上卓追悼号』）

だが三上らの考えは陸海軍には理解されず、ほとんどが骨抜きとなり、形式組織のみが定められた。また所管についても、三上・四元らは内閣直属の組織を主張したが、内務省は譲らない。密かに終戦を考える鈴木内閣では「大事の前の小事」とされ、義勇隊は内務省の管理下と決まった。すでに敗戦まで一ヵ月あまり、七月七日のことである。

鈴木貫太郎内閣下の敗戦

八月、ソ連の満州侵攻と原爆投下を受けて、鈴木首相は九日の最高戦争指導会議（御前会議）でポツダム宣言受諾の聖断を仰ぎ、終戦の聖断は下った。さらにバーンズ回答（天皇と日本政府は連合国に従属「subject to」する）の解釈をめぐり、一四日に再度の聖断が下った。

終戦の決定を受けて、鈴木首相は四元義隆を介し、玄峰のもとに使者（松岡健一）を送った。八月一二日頃であった。玄峰はただちに一筆を認めた。その文中にあった「忍び難きをよく忍び、行じ難きをよく行じて」とは、もとは達磨《だるま》大師の言葉である。迫水書記官長は御前会議における天皇の言葉をもとに、四元の届けた玄峰の手紙を参照しながら考案し、それを安岡正篤（大東亜省顧問）が校閲して「耐え難きを耐え、忍び難きを忍び……」で知られる終戦の詔書はできあがった。

これより前、迫水書記官長は四元に相談して、鈴木首相の警護を依頼した。四元は後輩（鹿児島二中・熊本四高）の北原勝雄《きたはらかつお》（元翼壮組織副部長）に、四人の学生を率いて警備にあたらせた。「命は俺が預かった」と四元は北原ら五人に言い、「総理の身に何かあれば、日本の再建は困難になる」と述べ、襲撃者に素手で立ち向かえと命じた。五人は盃をかわし、生命を捨てることを誓って、首相官邸での寝泊まりを始めた。

五人の出番は、すぐにやってきた。八月一五日未明、近衛師団の一部が森赳《たけし》師団長を殺害し、終戦の詔書を吹き込んだ玉音盤（レコード）を奪おうとした（玉音盤クーデター・宮城事件）。午前四時、一部隊が首相官邸を襲撃に来た。だが首相が不在とわかると、小石川にある鈴木の私邸に目標を変えた。官邸にいた北原は車で一団を追い越し、四人の学生とともに鈴木首相を私邸から車に乗せ、間一髪で脱出させた。襲撃した一隊はあまりに簡素な鈴木の邸宅を通り過ぎ、近くの豪邸をそれと勘違いしたのである。思い違いに気づいた一隊は、鈴木邸を焼き、さらに新宿の平沼騏一郎（枢密院議長・元首相）邸を焼いた。鈴木首相は避難し、北原らはみごとに任務を遂行した。

玉音放送が流れた敗戦の日の夜、四元は小畑敏四郎（陸軍予備役中将）邸に泊まった。そのとき小畑は四元に「この人たちに会っておけ」と、古島一雄（故犬養毅元首相の側近）・鳩山一郎・吉田茂の名を挙げた。ただし吉田茂の岳父は牧野伸顕（元内大臣）である。元血盟団の四元には、さすがの小畑も紹介をためらった。だが古島の紹介で吉田に会った四元は、わだかまりのない吉田の様子に、「腹の大きい立派な人だ」と感じた。

四元は敗戦後に外相・首相となる吉田を支えた。鳩山一郎には、ついに会わなかった。それが縁で、後には池田勇人・中曽根康弘・細川護熙など、戦後首相の相談役を務める。首相時代の中曽根に、玄峰老師ゆかりの全生庵での坐禅を勧めたのは四元であった。

ところで、四元が鈴木貫太郎首相を警護していたことを、三上は知らなかったようである。八月一〇日頃、三上は吉祥寺の四元邸を訪ねて「四元と北原は何処に居るか」と詰問した。

留守を預かっていた松岡健一（玄峰への使者でもある）は居所を言うわけにもいかず、「あの巨《おお》きな眼で睨まれた」ときは「本当に恐かった」と、のちに北原に語ったという。

厚木海軍航空隊の反乱

敗戦は、本土決戦を覚悟していた人々を動揺させた。安堵し、放心した人もいれば、決戦の機会を失って悲憤する者もいた。八月一五日、尊攘同志会を名乗る一二人が芝の愛宕山に武装してたてこもった。木戸幸一内大臣らの襲撃に失敗した彼らは、警官隊の呼びかけにも応じず、二二日、警官隊の突入とともに手榴弾で自爆。一〇名が死亡した（愛宕山事件）。

愛宕山で散った尊攘同志会の青年は、前田虎雄（神兵隊事件関係者）が小沼正（元血盟団）に「鍛えてくれんか」と頼んだ若者たちであった。執行猶予中であった小沼は三上卓に協力を頼み、三上も快く引受けた。小沼は大洗の護国堂や常陽明治記念館（田中光顕の創建）を借り受け、朝夕の坐行を指導し、「後のことは一切三上任せ」にした。彼らは修行に勤しみ、大洗の浜で海水浴を楽しんだ。「惜しんでも惜しみ足りぬ青年達であった」と、小沼は回想する。

玉音放送からしばらくして、御茶の水駅近くのビルで、三上は古賀不二人と会った。このとき、古賀は「民間の若い連中のことは頼むばい」といい、三上も「ヨーシ、よかよか、部隊の方はしっかりやってくんさい」と応じて、別れたという。

このとき古賀は、厚木の海軍航空隊の抵抗に「一縷《いちる》の望みを托していた」。

終戦時の混乱のなかで、もっとも危険性の高かったのは厚木海軍航空隊事件であった。八月二〇日を過ぎても、海軍機は終戦反対のビラを撒布していた。厚木海軍航空隊は、なかでも強硬に徹底抗戦を主張し、愛宕山の尊攘同志会と連携をとって「尊攘義軍」を結成、抵抗を続けた。反乱の中心人物、厚木海軍航空隊司令の小園安名大佐は元霞ヶ浦航空隊の教官で、古賀ら青年将校の厚い信頼を得た人物であった。

戦時中、古賀は中村義雄（元海軍中尉）とともに南方輸送の事業に関わっていたが、この頃内地に戻って汽船会社の取締役となっていた（中村はアンガウル島沖で米軍機の空襲に遭い、一九四四年三月に戦死）。南方にいた古賀は、戦況の実態を知っている。決戦の体制に程遠い現状を憂いた古賀は、一九四五年一月頃から、最高戦争指導会議を「実戦体験者」で再編成する（つまりクーデター）計画を練り始めた。そして古賀がピストルを貸してほしいと小園を訪れると、小園は古賀の軽挙を戒めた。その小園が……。

八月一九日頃、茨城県出身の布施某大尉が古賀を訪ね、「先輩！　これから厚木に行ってください」と血相を変えて言った。「徹底抗戦ですよ！　先輩が必要なんだ。不承知なら斬ります」「君に斬られてもつまらんな」。二人は厚木へ行き、小園に面会した。司令部内は殺気に満ちている。

「古賀、よう生きとったのぉ」「私は自殺は嫌いですからね」

ホーホーと小園は笑った。次の瞬間、目の色を変え、満面朱となった小園は立ち上がり、「布施ッ、貴様ッ突き殺すぞッ！」と叫んだ。布施大尉は驚いて、横っ飛び気味に立ち上がった。錯乱状態である。副官の菅原英雄中佐（古賀の一期先輩）が「古賀、すまんが団部隊の司令部（相模湾迎撃部隊・伊勢原）に行って、その意向を確めてくれんか」と頼んだ。古賀が自動車で見に行くと、抗戦の意思などまったく見られない。二日後、古賀が厚木に戻ったときには、菅原中佐の手で武装解除が進んでおり、小園部隊は瓦解していた。愛宕山の青年達が散ったのは、その前後であった。

捕らえられた小園は、日本最後の軍法会議で裁かれた。古賀が横須賀刑務所へ面会に行くと、小園は「番替えタイ」と郷里鹿児島の言葉で言った。かつて同じ刑務所で、収監された古賀を小園が見舞ったことがあった。場所が入れ替わったなあ、という意味である。弁護人もつけられず、小園は無期禁固刑を宣告され、大佐の階級を剝奪された。同部隊の将校ら六九名も有期刑に処せられた。古賀は海軍側の態度に、五・一五事件の法廷で感じたような「己《おの》れらの立場を有利にせんとする俗吏の臭気」を、感じないではいられなかったという。

三上卓、二度目の投獄

ポツダム宣言受諾後、鈴木貫太郎内閣は総辞職し、八月一七日に東久邇宮稔彦内閣が成立した。史上初の皇族内閣の中心は、国務大臣として入閣した近衛文麿（元首相）と、内閣書記官長の緒方竹虎であった。近衛に近い小畑敏四郎（旧皇道派）も国務大臣となり、高木惣吉（海軍少将）が副書記官長になった。また舘林三喜男（元翼壮）が首相秘書官になるなど、翼壮団長・朝日新聞副社長であった緒方書記官長の関係者も多かった。

では緒方翼壮団長のもとで副団長をつとめた三上卓はどうか。

実は三上には、宮内大臣にしたいとの声があった。鶴岡にいる石原莞爾が推挙したのだ。石原は東久邇宮首相の信頼を得ている。実際、緒方は石原が三上宮内大臣説を「首相や私共（緒方ら）に熱烈にすすめている」と、葦津珍彦（神道家）に相談している。だが芸術家肌で「常識には乏しい」三上に、円滑な行政は期待できない。緒方らは三上の登用を見送った。後で悔やんだ葦津はそのことを三上に告げた。三上は、ただ微笑していたという。

その後も、三上は緒方書記官長に「駆逐艦を三隻ほど、将来の運動のために頂戴したい」と頼むなど、無茶を言ったそうである。だが、一〇月五日に東久邇宮内閣が総辞職し、三上らが政権に関わる手立ては失われた。一〇月九日に七三歳の幣原喜重郎（元外相）が首相となり、一二月六日、GHQは戦犯容疑で、憲法改正に着手していた近衛文麿をはじめ、木戸幸一・緒方竹虎ら九名の逮捕を指令。近衛は荻外荘で服毒自殺を遂げる。

一九四六年一月四日、いわゆる公職追放令が発せられた。約三五〇の団体と約五万人の公職追放は、右派勢力に大きな変動を与えた。三上卓も追放の対象となった。

四〇歳の三上は、所沢などで農場をはじめ、青年との交流を深めた。敗戦で危機に陥った日本の道を開くのは、しがらみのない青年によらねばならない。自由と独立を回復するために、青年たちが活動しやすいようにするのが、自分のつとめである。敗戦直後の三上は、こうした心境であったようであるが、数年後、ある事件に首を突っ込む。

一九四九年八月、香港から到来した中国招商局船「海烈号」が、川崎の日本鋼管大島工場の埠頭に着いた。船には米国製のペニシリンなど、多数の薬剤が積まれていた。密輸の発覚で中国人八名と日本人六名が検挙され、三上もその中にいた。

「海烈号事件」については、当時の「台湾義勇軍」支援との関連や、右翼再建、日本再軍備のための資金獲得であったなどの諸説がある。真相は不明だが、法廷に立った三上は「全国の農村青年を組織して、真正の国民政党をつくる心算であった」と述べた。また後の回顧では「貨物船延べ六〇隻を動かして、五〇〇億円の純利益金を生み出し、国家改造を実現しようと、本気で考えた」と述べている（「商売は大きらい」）。

一九五〇年三月、米軍（第八軍軍法委員会）による軍事裁判で、重労五年（罰金三〇〇〇ドル、完納まで服役）の判決が下り、三上は横浜刑務所で二度目の獄につながれた。

一九五二年四月、サンフランシスコ講和条約の発効にともなって、独立した日本で大規模な恩赦が実施され、三上もまた減刑の恩典によって、出獄した。

だが三上が獄中にいた三年ほどの間、世の中は大きく変わった。GHQの占領政策が転換し、「反共」「親米」の右派が増えた。公職追放の解除も進み、政財界とのつながりも強靭になっていく。一君万民の理想を掲げる「戦前派」の三上には、厳しい道が待っていた。

参院選挙への出馬

一九五三年三月、三上卓は参議院議員通常選挙の全国区に立候補した。

かつて議会政治の打破を訴えて、政党の時代に終止符を打った三上が、出獄から一年で議会政治家をめざすという。周囲は驚き、反対する者も少なくなかった。だが本人は「わしはどうしても出る」ときかなかった。

応援する人たちもいた。中村武彦《なかむらたけひこ》（神兵隊事件関係者）もそのひとりであった。だが、いざ選挙戦になれば、三上本人は戦中と同じく「悠々尺八」である。ラジオでの政見放送の貴重な五分間で、三上はほとんど言葉を発さずに、ただ尺八を吹いた。有権者に頭など下げるわけもない。たまに喋れば「政治は政策ではない、政治は人です」と精神論を説く。かつて横須賀の軍法会議で、政党の「三バン」選挙の醜悪さを喝破した三上に、当たり前の選挙活動は不可能であった。それにしても、なぜ立候補したのか。

　わたくしは意を決して、幾多の友人が止めるのも承知のうえで、あえて参議院の全国区から立候補することにいたしました。議会と政党を、三十年来、骨の髄まで憎んできたわたくしが、いま、その憎しみを棄てて、自ら立候補する固い決心をしたのは、考えてみれば人生の皮肉とも言えましょう。しかしながら、わたくしは議会政治よりも祖国日本の運命の厳しさに頭《こうべ》を垂れ、身をもって、あえて行じたいと思います。
（『「青年日本の歌」をうたう者』）

本人の演説を聞いても、たしかに「人生の皮肉とも言え」るかもしれないが、やはり立候補の理由はわからない。ただ「祖国日本」を待つ「運命の厳しさ」に比べれば、選挙での労苦など厭《いと》うべきでない。将来のための「捨て石」となる苦行を買う、との思いもあったのだろうか。選挙中、五・一五事件当時よりも今の政治は腐っていると三上は語り、「この泥沼の中に純潔なものを育ててゆくことは同志の、民族の試練さ」と述べた。

霞ヶ浦のある茨城県や、横須賀軍港を持つ神奈川県、そして郷里の佐賀県が、三上の集票基盤となった。とはいえ資金もなければ、関係者の支援も乏しかった。一ヵ月にわたる選挙運動の末、三上は落選した。一位当選は、宇垣一成（元陸相・外相）で得票は約五一万票。約一六万票が当選ラインで、三上への得票は九万票弱であった。

「選挙終えし後の怒りのしづまらぬ」。三上の句からは、無念さも滲む。ただし、右派系統の立候補は他に例がなく、三上の選挙戦を「善戦」とみる向きもあった。

三上の選挙戦も影響したのか、この頃「戦前派」の右派を中心に、団結の動きが起こっていた。この年の三月二一日、前田虎雄（神兵隊事件関係者）の葬儀を井上日召が執り行い、その席で右派団結の気運が高まった。選挙から二ヵ月後の六月一三日、水戸弘道館で「救国懇談会」が開かれた。大川周明・橘孝三郎・本間憲一郎・天野辰夫ら五・一五事件民間側元受刑者らのほか、井上日召・三上卓らも加わり、影山正治（大東塾塾長）・毛呂清輝・中村武彦など、三上と縁の深い右派勢力の代表が一堂に会し、その数は一〇〇名を超えた。

この会合を皮切りに、関東・東海・関西などで次々に協議会がもたれ、翌一九五四年五月には全国組織として「救国国民総連合」が結成された。血盟団事件、五・一五事件、神兵隊事件の関係者らを軸とする維新勢力が、戦後に再結成されようとしたのである。

ところが、統一化の動きは長く続かなかった。戦前からの系譜を持つ大東塾や大日本生産党が総連合から離脱し、井上日召や佐郷屋留雄（嘉昭）の結成した護国団は参加ができなかった。「一人一党」の伝統を重んじ、全体主義に抵抗してきた伝統右派の全国組織化は、やはり困難であった。協力の機運は失われ、政治勢力としての戦前右派の結集は幻に終わる。

五・一五事件招魂祭

一九五七年五月一五日。事件から二五年が過ぎたこの日、三上卓は靖国神社で、五・一五事件の関係物故者を祀る「招魂祭」を主宰した。

午後二時半。他界した海軍・陸軍・民間の元受刑者などをはじめ、藤井斉（海軍少佐）、高須四郎（海軍軍法会議判士長）、小林省三郎（海軍中将）らを含む二三人の名が、三上によって読みあげられた。そして「かなしくも斃れ給ひし、木堂犬養毅之命」と、「官邸護衛の警視庁巡査田中五郎之命の英霊」も招き祀られた。祭文《さいもん》で、三上は決起に至る「祖国覆滅の危局」を説き起こした。

驚くべき国家内外の危機を根底より打開して、民族の生気を回復する方法は〔中略〕悲しい哉、合理主義合法手段の及ぶ処ではありません。力のない私共は〔中略〕やむことを得ざる直接行動に訴へ、敢て不忠不義の臣となり、この初一念を透して民族の奇蹟を実現したいと念ずるより他ありませんでした。

さらには、犬養毅首相、および田中五郎巡査の死を「昭和維新の尊き人柱」と崇めて、これを祀った。

時の宰相は犬養木堂翁、老骨をささげて何物にも屈せず、救国済民の一念に生きる憲政護持の尊い先駆者でありました。この尊き老宰相に対して、いささかの憎しみも憤りもなく、その故にこそただやむにやまれぬ、昭和維新の尊き人柱たれかしと乞い求めたのは私共でした。

三上は先輩同志が求めた「昭和維新のみ業」も達成できないまま、「恐ろしき大東亜戦争に突入して」敗戦降伏に至ったことの「責任」は「私共にあります」と、先の敗戦を語った。さらに現在の「赤化」状況と民族派の分裂抗争を憂い、「右翼も左翼も遂に祖国を亡すもの」と難じて、「先輩同忠の万霊に対し、まことに恥しい限りであります」と一句を捧げた。

おくれても　おくれても又君達に　誓ひし言葉　われ忘れめや

参院選の敗退、右翼戦線統一運動の瓦解など、思うような成果が挙がらないなか、五・一五事件の招魂祭は、あらためて三上自身の「初一念」を強く刻む決意の表れであった。

ところで、招魂祭には犬養毅の息子・犬養健も招かれていた。八木春雄（元士官候補生）はこの催しについて、吉原政巳（元士官候補生）とともに三上の相談にあずかった。だが二・二六事件と違い、襲撃側で亡くなった者はいない。「敵側の犬養位のもんだ」と八木が言うと、三上は一瞬なるほど、という表情をして「犬養でいいさ」と答えたという。

当時の犬養健は、造船疑獄に対する指揮権発動で法相を辞任し、事実上の政治生命を絶たれていた。当日たしかに犬養健は出席し、涙まじりの談話をしたようである。どのような心境で三上の催しに参加したのか、残念ながら手掛かりは乏しい。

他方で事件の計画中心者である古賀は、この日、浅草寺で山岸敬明（旧名・宏）の主催する事件関係慰霊祭に出席していた。敗戦直後、山岸は製塩事業で得た資金をもとにタクシー会社を設立し、経営者として成功した。そして仏壇には「犬養先生の位牌」を安置し、朝夕の祈りを欠かさなかった（「五・一五事件に想う」）。

古賀は一九五五年に目黒区の自宅を改築して大地塾道場を設立し、「不二流体術」の指導を通して青年教育の実践に勤しんでいた。山岸のほか、安岡正篤・藤井五一郎（公安調査庁長官、血盟団事件の裁判長）・四元義隆などの関係者も、古賀の道場運営を支援した。

古賀は一九六八年末に、佐賀にも道場を開設した。その道場を、三上が訪ねたのは三年後の一九七一年であった。

藤井斉墓参と三上卓の死

佐賀県福富の宝海寺に、藤井斉の墓がある。

一九七〇年晩春、天皇論を脱稿した橘孝三郎が、藤井の墓参を希望した。そこで翌七一年、橘と三上卓が佐賀県へ行き、藤井の法要を行うことにした。二人はかつて、三上が井上日召と初めて会った旅館「あけぼの」に泊まり、五月一五日に古賀不二人と合流して、宝海寺で藤井を弔う法要を営んだ。

三上には、心残りがあった。藤井とともに上海へ出征して以来、三上は戦死した藤井を思い、その遺骨を持ち帰りたいと念願した。そして上海に赴いた折に三上は現地の聞き取りを経て、藤井の墓所とおぼしき場所から大腿骨を掘り出したという。

「之が藤井の遺骨だ。神の引合せだよ」と三上は涙ぐんだ。さらに上海から一〇キロメートルほどの地点にあった、藤井の墜落現場も発見された。三上は「何とかして、此処に記念碑を建てたい。藤井!! 待っておれ」と叫んだ。

藤井の骨は、一九六九年春に西郷隆秀が訪ねた三上の宅に、まだあった。そのとき、三上は玄関の方を顎で指し「今でも其処《そこ》にある」とほほ笑んだという。それから三上は橘に手紙とともに骨を送った。それを受けて、橘は藤井の墓参を計画したのである。

「これで肩の荷が下りた」

三上はたいへん喜んだ。二、三年したら佐賀に戻りたいなどとも語った。帰京の前、古賀の道場を見学した三上は「オイもあと二三年ばい。しっかりやいごサイ」と言い、二人は別れた。古賀には何となく、予感もあったという。一九七一年の一〇月、三上は中伊豆を旅行中に倒れ、そのまま不帰の客となった。享年六六。

それから五年後、一九七六年五月一五日。古賀は藤井斉の遺骨を宝海寺の墓所に納めた。藤井の死、そして五・一五事件から四四年の歳月が経っていた。

五・一五事件の精神とは

五・一五事件の招魂祭で誓った三上卓の「初一念」は、果たされなかった。青年を主体とした日本とアジアの再建をめざし、右派の団結による勢力の結集と、一君万民の平等的理想の実現を願うも、実現はできなかった。

ただ日本が国をあげて経済成長に狂奔《きょうほん》し、精神を置き去りにし始める時代のなか、三上は金をほしがらず、非合法活動を厭わない憂国の青年を精神的に指導し、若者の力をそれぞれの形で発揮させようとした。利己主義を制し、青年の志を支援する。それもまた三上の考える維新であり、青年日本の育成であった。

海烈号事件で逮捕されて以来、三上は資金を稼ぐことに関心を失った。三上と橘孝三郎には「金を欲しがらない右翼」だとの評も立った。ただ三上のそれは裕福という意味ではなく、むしろ生活資金も十分でないことさえあった。妻わかは陸上自衛隊内売店（ＰＸ）で雑貨を売って働き、表に出にくい三上はルノーの中古車を運転して、妻の送迎をした（「商売は大きらい」）。ところが、その妻の売店の売り上げも、あるときを境に激減した。

三無事件（一九六一年一二月）で、三上が三度目の逮捕（不起訴釈放）をされたのである。無税・無失業・無戦争を唱えた「戦後初のクーデター未遂」とも言われる三無事件は、帝国陸軍最後の世代にあたる陸軍士官学校五九・六〇期の出身者や村山格之（元海軍少尉）が関係し、のちの三島由紀夫事件にも影響したとされる。だが決起の相談を受けた三上は、「この様な計画は世間を騒がすだけで、決して成功しない」「幻想に過ぎない」と中止を強く勧告した。それが明らかになって、一八日間の拘留で三上は釈放された。

先輩たる指導者が自戒しなければ、祖国の現状を憂う青年は「非常手段」に走り、「まじめな有為の青年がまきこまれて犠牲にならないとも限らない」。三無事件の暴発を止めようとした三上は、それを「私の責任と感じた」としている（「私はおもう」）。

一九六三年七月には、三上のもとに出入りしていた二八歳の野村秋介《のむらしゅうすけ》（新右翼・一九九三年に朝日新聞社内で抗議自決）が、神奈川県平塚市に新築された河野一郎建設相の邸宅を焼き払い、懲役一二年の実刑判決を受けた。

三上は証人として出廷した。そして「既成の右翼に対して何ら信頼もしていない」と述べて、河野とその背後にあるとされた児玉誉士夫を批判し、「青年を突きつめた気持ちにならせることのないように」しなければと熱弁した。

毛呂清輝によると「三上さんのあの激烈な弁論を聴いて初めて両人の縁の深さを思い知った」というが、三上と野村は会って二年ほどしか経っていなかった。それでも三上は長い手紙を書き、死の一ヵ月前には千葉刑務所の野村に面会して言った。「日本を信じるんだ」「君自身が日本なんだ。悲観することないよ」「唯《ただ》、精いっぱいやるんだね」。のちに野村は、三上のことを何度も語った。若いときに三上の薫陶を受けた毛呂も、野村への手紙を見て「三上さんという人は、本当に青年を愛した方だ」とあらためて感激したという。

三上の訃報を聞いて、元血盟団の小沼正（廣晃と改名）は、「三上を理解出来る人間は少ないだろう」との井上日召の言葉を紹介し、「世間並の感覚と常識とをある意味で持っていない男」と評したうえで、次のように記している。

三上は、異材の人物であった。一生を日本の維新に捧げ、燃焦し尽きた感がある。〔中略〕ここ一番という時は私心なく、黒白を肚の中に蔵して行動していた。晩年、宿痾《しゅくあ》から来る気力の衰えはみえたが、本性の純粋さと素直さを失なっていなかった。

そして小沼は「三上も日本人として、昭和の激動期に於《お》ける役割は終った」と、「諸行無常の理」を説いている。昭和維新運動の只中に青春の身を晒《さら》した三上は、その精神を、時代の異なる戦後までも貫こうとして、その死をもって役割を終えた。そのように評してもよいのではないか。

付言すると、三上の最終的に至った昭和維新の精神は、単にテロリズムに徹する、ということではなかった。

三上の著作に、一九五三年の参院選落選後に掲載された「五・一五の作戦本部」と題する小文がある。事件を回顧するなかで、三上は次のように述べる。

凡《すべ》てのテロやクーデターは、日本では、必ず失敗する。断じて、五一五事件をくり返してはならぬ。くりかえさしてはならぬ。

五・一五事件の中心人物が、このように説くのはなぜか。次のような文章が続く。

言葉をかえて云えば、暴力革命は幾度やっても成功しないが、絶対に失敗することのない「維新運動」のみが凡《すべ》てであり、無窮の生命力を持つことを忘れてはならない。

かつて三上は軍法会議の公判で、「革命と維新とは同意義である」と述べた。だがここでは異なる意味を与えている。

日本では、祖国（天皇）を脅かすクーデターなどの暴力革命は成功しない。その一方で、維新を求める運動は、いつの世も途絶えることはない。維新運動の精神とは、祖国の「いのち」（＝天皇・国体）の悠久を信じ、「国民が真に覚醒」することを「いのり」、そのための「私心なき精神」を発揮することである、と。

続いて三上は、二・二六事件のように、なぜ軍隊を使わなかったのかと問う人がいるが「天皇の軍隊を私兵化することは考えても見なかった」という。「私の様に、最初から自分一人で死ぬつもりの計画が、陸・海・民を含めて、五・一五事件だけで四十一名になったことを思えば、数や量は問題ではない」とも述べる。

つまり権力奪取を目的としない五・一五事件の参加者にとって、テロやクーデターの成否は重要ではなかった。兵力の大小も問題でなかった。

軍法会議の公判で、三上は「支配階級諸公が天皇の大御心を体して、私〔心〕なき日本の国利民福を思ったならば、私どもの行為は必要がなかった」と述べた。また「願わくば国民が真に覚醒して、昭和維新の実を挙げて貰いたい、これ以外に念願はありません」などとも弁じた。テロリズムはあくまで絶望の末の手段であり、その目的は、犬養首相や高官たちの殺害そのものではなく、テロの実行による腐敗堕落した支配階級や、その支配に甘んじる国民の「精神の覚醒」にあった。

かつて三上の先輩・藤井斉少佐は、陸軍青年将校と合力して大規模なクーデターを起こし、一大国家変革をなすことを切望した。変革をめざす藤井の想いは、三上も共有していた。だが藤井の戦死後、井上日召の影響を強く受けた古賀清志の計画では、クーデターは私利を離れた「捨て石」としての集団テロに変わり、私心で権力を動かす支配階層や国民の覚醒をうながすことが目的となった。三上はその変化を受け入れた。

そして年月を経て、テロリズムではなく、異なる手段による国民の覚醒は可能だと三上は考えた。青年の育成に注力し、それぞれが己のできる最善を尽くして、永遠に続くであろう日本を信じる。それが彼らの昭和維新運動となった。

ところで「五・一五の作戦本部」には、犬養首相と対峙した三上の問答も載っている。「靴ぐらい脱いだらどうか」と犬養に言われた三上は、ここでは次のように答えたとある。

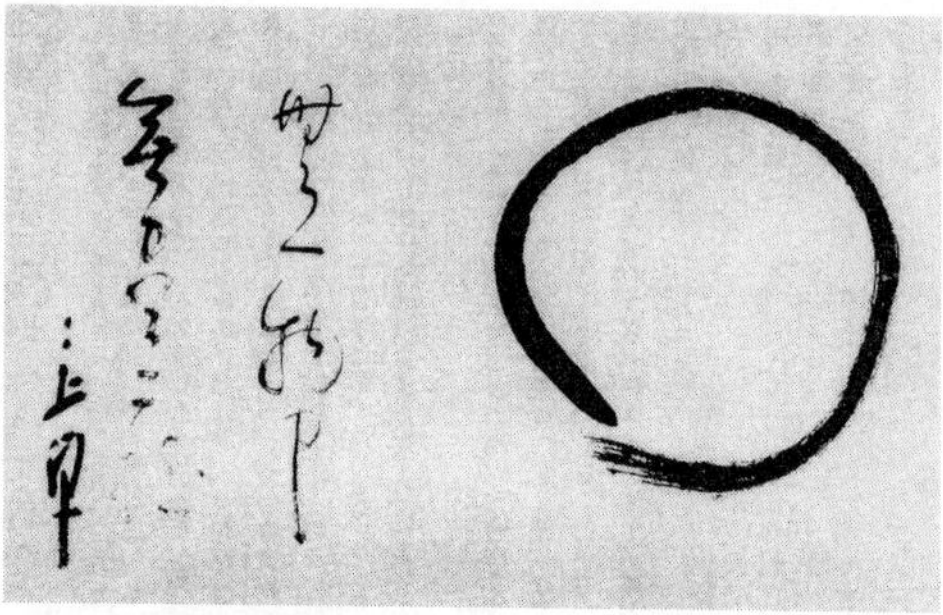
三上卓の絶筆「円相」

靴の御心配は後でよろしい。我々が何の為に参上したかはお解りでしょう。我々は国家の為に、貴方の一命を申し受ける。最後にただ一言、言い残して置きたいことをお言いなさい。それで、凡《すべ》てが終り、凡てが始まる。

「凡てが終り、凡てが始まる」とは、三上の好きな禅の文句であった。どの一点をとっても始点であり、終点である「円相《えんそう》」。奇しくも三上が生涯を閉じる直前、中伊豆の旅館で求められて描いた絶筆は、ひとつの「円相」であった。

あとがき

「五・一五事件」は歴史となった。

本書の執筆中に、犬養毅（本書では史料などに基づき「つよき」と読む）の孫・道子氏が死去した（二〇一七年）。犬養毅を曽祖父に、緒方竹虎を義父に持つ緒方貞子氏（元国連難民高等弁務官）の訃報（二〇一九年）にも接した。いよいよ当事者のいた「昭和」が遠くなり、事件は歴史となる。そんな感覚をあらためて強くした。

関係者の処刑という結末を迎えた二・二六事件と異なり、五・一五事件の受刑者はほぼ全員が出獄し、一部は戦中・戦後も活動を続けた。遺族である犬養家の人々もまた、折々に事件を語ってきた。だが当事者のほぼ全員が物故したいま、当時を直接知らない世代の著者が、事件を描く時期が訪れたのである。

それにしても、本書には骨が折れた。

中央公論新社の白戸直人氏より新書執筆のお誘いを受けたのは、博士論文を刊行して二年ほど経った頃であった。著者も高校生のときから、よく読み耽っていた中公新書からお声がけいただけるとは、たいへん光栄なお話であった。

テーマの選定では、博士論文の書き直しや人物伝などの案も出たが、最終的に五・一五事件が選ばれた。その週のうちに「まえがき」を書き送り、白戸氏はとても喜ばれた。

ただ、この時点で予感はあった。筆者は博士論文で、五・一五事件後の政変について考察を加えた。だがそれはあくまで政局史である。事件と正面から向き合うなら、当時の社会思想状況を含む国家改造運動、昭和維新運動の流れを追い、なぜ事件が起きたかを問わねばならない。そして調べを進めるほどに、筆者の疑問はふくらんだ。

厖大《ぼうだい》な二・二六事件の研究史に比べ、五・一五事件は研究が乏しい。保阪正康『五・一五事件』(一九七四年)は、事件に加わった愛郷塾と橘孝三郎を中心に、昭和恐慌で荒廃する農村を背景とした国家改造主義に着目した画期的著作である。だがそれ以前も以後も、事件自体の研究は活発でない。中心的計画を立てた海軍将校たちについては、まともに扱った研究すらほぼない。加えて事件の経緯は複雑怪奇。関係人物は受刑者だけでも四一名にのぼり、文献は相互に矛盾して、史料は整合しない。

政局史と運動史の隔たりの大きさ、そして相互の影響がもたらす錯綜した様相に、筆者は認識の甘さを痛感した。事件の全体を扱う著作が乏しいのは、当然であった。白戸氏も、六年弱もかかるとは想像されなかったと思う。怠惰と不勉強を、深く反省したい。

ただ本書の課題には、真摯《しんし》に取り組むべき価値があったと感じる。

現代よりも激しい格差社会のなか、決してわかり合うことのない、支配階層と一般大衆のあいだの強い不信感。五・一五事件の決起は、庶民を顧みない政治への不信と、眼前の惨状に憤る青年の焦燥を背景として、支配する者とされる者、そして権力を振るう政党と反発する軍部との間隙《かんげき》に、銃弾で楔《くさび》を打ち込んだ。だが銃口の先には倒れた人があり、その家族もいる。撃ち込まれた銃弾も、湖面に投げた石のように波紋を広げながら、やがてはそれぞれの組織や階層の論理に回収されていく。そんなやりきれなさを、書きながら幾度も覚えた。

こうして出来た本書では、これまで本格的に扱われなかった海軍青年将校たちを、あえて中心に取り上げた。そのうえで事件当日の様子を描き（第1章）、さらに「どのように事件は起きたのか（第2・3章）」「なぜ政党政治はほろびたか（第4章）」「どうして被告たちは減刑されたのか（第5章）」「釈放された被告たちはその後どうしたのか（第6章）」と、各章に問いかけを設定した。

本書がとくに示した点を章立てに沿ってまとめれば、次のようになる。

第一に、事件の発生は、大正期以来続く国家改造運動の延長線上にある。巷間で事件の原因と言われている、犬養首相個人の言動（満州国不承認、陸軍・森恪との対立や軍部批判演説など）は直接の要因ではない。

第二に、政党政治の中断には、元老西園寺に影響力を行使した昭和天皇の意向が大きい。従来謎とされた西園寺の「変心」は、天皇の存在を抜きにしては考えられない。

第三に、減刑嘆願運動の高揚には、政治介入を強める陸軍の思惑や、格差に憤る国民の反「特権階級」感情があった。その一方で海軍将校の減刑には、海軍部内の権力関係が強く影響していた。最後に、昭和維新を求めた人々の、戦中戦後における合縁奇縁を描いた。

読者の関心のある章から、自由に読めるように書いたつもりではある。ただ登場人物は大幅に削り、複数章にまたがる人物を中心に構成した。紙幅の関係上、棄てざるを得なかったエピソードも数知れない。もし本文のどこかに興味を覚えた読者がおられたら、それぞれの章の参考文献をご覧いただきたい。「すべてを一冊で」という新書のあり方を超えてしまうが、それもまた知的関心を満たすあり方であろう。

なお本書は一部ノンフィクション的な記述を含んでいるが、小説ではない。登場人物の「 」内の台詞は（表記を改めた箇所があるものの）すべてに典拠があり、著者の創作はない。ただし典拠があることは、ただちに史実であるとの保証を意味しない。たとえば海軍将校が犬養首相を撃ったとき、「問答無用」と叫んだとされる。しかし事件直後の三上卓の手記では「問答無益」と書かれており、「問答いらぬ」とする証言も多い。有名な「話せばわかる」も、犬養首相が言ったかどうか、それすら史料によってまちまちである。記憶や記録には、誤りや省略、当事者の思いなどがつきまとう。確かめようのないものが残ること、それもまた「歴史になる」ことだと筆者は考える。

拙い本書であるが、執筆にあたって数多くの方々からご助力を頂いた。著者の勤務校で一方ならぬお世話になっている、筒井清忠、C・W・A・スピルマンの両先生には、国家主義運動研究の大切な事柄をご教示頂いた。髙杉洋平・田中宏巳・福家崇洋・坪内隆彦の各先生には、拙稿に貴重なご指摘を頂いた。岡山犬養木堂記念館・予科練平和祈念館・岐阜大夢館の関係者、大塚健洋・滝沢誠の両先生、および犬養俊輔・犬養拓・古賀正二郎・花房東洋の各氏には、事件にまつわる興味深いお話や、史料をお寄せ頂いた。その他にも示唆を頂いた諸氏に御礼を申し上げたい。もちろん本文に関わる文責の一切は著者にある。

末尾に、勝手ばかりを言って執筆の時間を取ろうとする筆者を、寛容に許してくれた妻と娘ら家族に感謝する。そして、かつて若き日の日記に五・一五事件の一報を記し、相沢三郎中佐とともに連隊生活を送り、今なお一〇六歳にして健在な母方の祖父・藤井春雄に、筆者は近現代史への興味を授かった。ここに謹んで本書を捧げたい。

二〇一九年一二月

武相国境の丘陵にて　小山俊樹

主要参考文献

【五・一五事件の全般に関するもの】

基本史料

今井清一・高橋正衛編『現代史資料　国家主義運動一〜三』（みすず書房、一九六三〜七四年）

専修大学今村法律研究室編『五・一五事件』（全四巻、同研究室、一九八〇〜八三年）

原秀男・澤地久枝・匂坂哲郎編『検察秘録五・一五事件　匂坂資料』（全四巻、角川書店、一九八九〜九一年）

北博昭編『五・一五事件期憲兵司令部関係文書』（不二出版、二〇〇六年）

当事者の回想類

井上日召『日召自伝』（日本週報社、一九四七年。『一人一殺』新人物往来社、一九七二年、増補改訂版）

井上日召「血盟團秘話」（『文藝春秋』「臨時増刊昭和メモ」一九五四年七月。『文藝春秋にみる昭和史』第一巻、文藝春秋、一九八八年所収）

井上日召『炎の求道者――井上日召獄中日記』（上下巻、毎日新聞社、一九七八・七九年）

三上卓「秘録　昭和血盟団前後」（『ゼンボウ』一九五三年五月一五日刊）

三上卓「五・一五事件の作戦本部――五・一五事件をくり返すな」（『文藝春秋』「臨時増刊第二昭和メモ　讀本・現代史」一九五四年一〇月）

三上卓「私はおもう」（『祖代』一九六二年陽春号）

三上卓「若い日の情熱――『青年日本の歌』をめぐる」（『祖代』一九六二年六月号）

三上卓「商売は大きらい」（『祖代』一九六二年八月号）

三上卓「『忠誠心』の回復を――人渾身のなやみあり」（永淵一郎編『現代維新の思想』一九七〇年）

三上卓「藤井斉の骨を送る　橘孝三郎兄へ」（『大夢』「五先覚慰霊祭特集号」一九七六年一〇月二四日刊）

古賀不二人「初めて語る五・一五の真相」（『文藝春秋』一九六七年六月号。『文藝春秋にみる昭和史』第一巻、文藝春秋、一九八八年所収）

古賀不二人「日曜日の弾痕『五・一五事件』」（三国一朗・井田麟太郎編『昭和史探訪』二・日中戦争、番町書房、一九七五年。同、角川文庫、一九八五改版）

古賀不二人『私の歩道――五・一五反乱将校の鎮魂譜』（島津書房、一九八六年）

小沼正・高橋正衛（対談）「ある国家主義者の半生」（『昭和思想史への証言〔改訂新版〕』毎日新聞社、一九六八年）

小沼正『一殺多生』（読売新聞社、一九七四年）

山岸敬明「五・一五事件に想う」（『人と日本』一九七〇年一〇月号）
林正義『5・15事件――海軍士官の青春』（新人物往来社、一九七四年）
長谷川義記・猪野健治解説『証言・昭和維新運動』（島津書房、一九七七年。鈴木邦男編『BEKIRA の淵から――証言昭和維新運動』皓星社、二〇一五年、復刻新装）
八木春雄『五・一五事件と士官候補生』（私家本、一九八八年）
近藤好『遠い日――五・一五の人達』（日本図書刊行会、二〇〇四年）

その他全般に参照したもの

堀幸雄『最新右翼辞典』（柏書房、二〇〇六年）
内務省警保局編『復刻版　社会運動の状況』（三一書房、一九七一～七二年）
内務省警保局編『社会運動の状況』（不二出版、一九九四年）
森正蔵『旋風二十年』（上下巻、鱒書房、一九四五年）
大谷敬二郎『昭和憲兵史』（みすず書房、一九六六年）
全国憲友会『日本憲兵正史』（全国憲友会連合会本部、一九七六年）
憲兵司令部編『日本憲兵昭和史』（復刻版、原書房、一九七八年）
児玉誉士夫『悪政・銃声・乱世』（弘文堂、一九六一年）
秦郁彦『軍ファシズム運動史』（河出書房新社、一九六二年）
末松太平『私の昭和史』（みすず書房、一九六三年）
高橋正衛『二・二六事件――「昭和維新」の思想と行動』（中公新書、一九六五年）
高橋正衛『昭和の軍閥』（中公新書、一九六九年。講談社学術文庫、二〇〇三年）
木下半治『日本国家主義運動史』（Ⅰ巻、福村出版、一九七一年）
木下半治『日本右翼の研究』（現代評論社、一九七七年）
大蔵栄一『二・二六事件への挽歌――最後の青年将校』（読売新聞社、一九七一年）
池田俊彦『その後の二・二六――獄中交友録』（東林出版社、一九九七年）
慶應義塾大学玉井清研究会編『五・一五事件と日本のマスメディア』（同、一九九三年）
筒井清忠『昭和期日本の構造――その歴史社会学的考察』（有斐閣、一九八四年。改題『昭和期日本の構造――二・二六事件とその時代』講談社学術文庫、一九九六年）
筒井清忠『二・二六事件と青年将校』（吉川弘文館、二〇一四年）
橋川文三『昭和維新試論』（朝日新聞社、一九八四年。講談社学術文庫、二〇一三年）
橋川文三（筒井清忠編・解説）『昭和ナショナリズムの諸相』（名古屋大学出版会、一九九四年）
中村政則『昭和の恐慌』（小学館、一九八二年）
猪瀬直樹監修・山崎博編『目撃者が語る昭和史』（第2巻昭和恐慌、新人物往来社、一九八九年）

【第1～3章】

第五十三期級会『第五十三期級会会誌』（第二号、一九六五年一月。第七号、一九七八年五月）
須山幸雄「泣血三十七年西田税の生涯」（『公論』二〇三号、一九七六年、鼎政治経済研究所）
岩松要輔「五・一五事件の思想的指導者――藤井斉について」（『佐賀の歴史と民俗』二〇〇一年）

主要参考文献

秦郁彦「藤井斉——海軍革新派の先駆」(『経済往来』三三巻五号、一九八一年。『昭和史の軍人たち』文藝春秋、一九八二年)
須崎愼一「軍ファシズム運動研究ノート——藤井齋の思想を中心に」(『近代』六九号、一九九〇年)
堀真清『西田税と日本ファシズム運動』(岩波書店、二〇〇七年)
田中惣五郎『北一輝——日本的ファシストの象徴』(未来社、一九五九年)
宮本盛太郎『北一輝研究』(有斐閣、一九七五年)
宮本盛太郎『北一輝の人間像』(有斐閣選書、一九七六年)
渡辺京二『北一輝』(朝日新聞社、一九七八年。朝日選書一九八五年。ちくま学芸文庫、二〇〇七年)
岡本幸治『北一輝』(ミネルヴァ書房、二〇一〇年)
クリストファー・W・A・スピルマン『近代日本の革新論とアジア主義——北一輝、大川周明、満川亀太郎らの思想と行動』(芦書房、二〇一五年)
福家崇洋『満川亀太郎——慷慨の志猶存す』(ミネルヴァ書房、二〇一六年)
原田幸吉『大川周明博士の生涯』(大川周明顕彰会、一九八二年)
松本健一『大川周明』(作品社、一九八六年。岩波現代文庫、二〇〇四年)
大塚健洋『大川周明——ある復古革新主義者の思想』(中公新書、一九九五年。講談社学術文庫、二〇〇九年)
大川周明関係文書刊行会編『大川周明関係文書』(芙蓉書房出版、一九九八年)
大森美紀彦『日本政治思想史研究——権藤成卿と大川周明』(世織書房、二〇一〇年)
滝沢誠『権藤成卿覚え書』(滝沢清司、一九六八年)
滝沢誠『権藤成卿』(紀伊國屋新書、一九七一年)
滝沢誠『近代日本右派社会思想研究』(論創社、一九八〇年)
滝沢誠『権藤成卿その人と思想——昭和維新運動の思想的源流』(ぺりかん社、一九九六年)
権藤成卿『権藤成卿著作集』(全八巻、黒色戦線社、一九七二~九一年)
権藤成卿研究会編『権藤成卿の君民共治論』(展転社、二〇一九年)
海軍軍令部編田中宏巳・影山好一郎監修『昭和六・七年事変海軍戦史』(全四巻、緑蔭書房、二〇〇一年)
山下武・高橋隆治監修『上海叢書4　昭和七年上海事変誌』(大空社、二〇〇二年)
影山好一郎『第一次上海事変の研究』(錦正社、二〇一九年)
五味幸男・濱廣匡編著『五・一五事件の謎——濱大尉の思想と行動』(鳥影社、一九九六年)
木内曽益『検察官生活の回顧』(私家本、一九五五年)
木内曽益「命名者の見た『血盟団』」(三国一朗・井田麟太郎編『昭和史探訪』一・昭和初期、番町書房、一九七五年。同、角川文庫、一九八五年改版)
『血盟団事件公判速記録』(全三巻、血盟団事件公判速記録刊行会、一九六七~六八年)
『血盟団事件上申書・獄中手記』(血盟団事件公判速記録刊行会、一九七一年)
専修大学今村法律研究室編『血盟団事件』(全七巻、同研究室、一九六八~九二年)
安田常雄「「血盟団」事件の発想と論理」(『暮らしの社会思想——その光と影』勁草書房、一九八七年)
岡村青『血盟団事件——井上日召の生涯』(三一書房、一九八八

九年。光人社NF文庫、二〇一六年）
北博昭「血盟団事件　五・一五事件——裁判記録から読み解く」（筒井清忠編『解明・昭和史——東京裁判までの道』朝日選書、二〇一〇年）
中島岳志『血盟団事件』（文藝春秋、二〇一三年。文春文庫、二〇一六年）
愛郷塾編『橘孝三郎獄中通信』（建設社、一九三四年）
松沢哲成『橘孝三郎——日本ファシズム原始回帰論派』（三一書房、一九七二年）
保阪正康『五・一五事件——橘孝三郎と愛郷塾の軌跡』（草思社、一九七四年。中公文庫、二〇〇九年。ちくま文庫、二〇一九年）
斉藤之男『日本農本主義研究——橘孝三郎の思想』（農山漁村文化協会、一九七六年）
豊島武雄『橘孝三郎——その生涯と周辺』（筑波書林、一九八二年）
菅谷務『近代日本における転換期の思想』（岩田書院、二〇〇七年）
長山靖生『テロとユートピア——五・一五事件と橘孝三郎』（新潮選書、二〇〇九年）
福家崇洋『戦間期日本の社会思想——「超国家」へのフロンティア』（人文書院、二〇一〇年）
福家崇洋「二・二六前夜における国家改造案」（『文明構造論』第八号、二〇一二年）
中野雅夫『昭和史の原点3　五・一五事件消された真実』（講談社、一九七四年）
伊藤隆『昭和初期政治史研究——ロンドン海軍軍縮問題をめぐる諸政治集団の対抗と提携』（東京大学出版会、一九六九年）
刈田徹『昭和初期政治・外交史研究——十月事件と政局』（増補改訂版、人間の科学社、一九八九年）
池井優・波多野勝・黒澤文貴編『濱口雄幸日記・随感録』（みすず書房、一九九一年）
波多野勝『浜口雄幸——政党政治の試験時代』（中公新書、一九九三年）
川田稔『激動昭和と浜口雄幸』（吉川弘文館、二〇〇四年）
関静雄『ロンドン海軍条約成立史——昭和動乱の序曲』（ミネルヴァ書房、二〇〇七年）
畑野勇「ロンドン海軍軍縮条約と宮中・政党・海軍」（筒井清忠編『昭和史講義』ちくま新書、二〇一五年）
長谷川雄一「血盟団事件と五・一五事件」（筒井清忠編『昭和史講義2』ちくま新書、二〇一六年）

【第4章】

国立国会図書館憲政資料室蔵「斎藤実関係文書」「財部彪関係文書」「倉富勇三郎関係文書」
原田熊雄『西園寺公と政局』（第二巻、岩波書店、一九五〇年）
木戸日記研究会編『木戸幸一日記』（上巻、東京大学出版会、一九六六年）
木戸幸一他『木戸幸一政治談話録音速記録』（国立国会図書館専門資料部、一九九七年）
伊藤隆・佐々木隆「鈴木貞一日記——昭和八年」（『史学雑誌』八七巻一号、一九七八年）
牧野伸顕他『牧野伸顕日記』（中央公論社、一九九〇年）
犬養健「追憶」（『中央公論』四七巻七・九号、一九三二年）
犬養健「山本條太郎と犬養毅・森恪」（『新文明』一九六〇年七月号）
城南隠士（御手洗辰雄）『政界夜話』（東治書院、一九三三年）
山浦貫一『森恪』（森恪伝記編纂会編、一九四〇年）

古島一雄『一老政治家の回想』（中央公論社、一九五一年。中公文庫、一九七五年）
田畑政治「森恪の断面」（『政界往来』一八巻六号、一九五二年）
木舎幾三郎『戦前戦後』（政界往来社、一九五六年）
芳澤謙吉『外交六十年』（自由アジア社、一九五八年。中公文庫、一九九〇年）
植原悦二郎『日本民権発達史』第二巻（日本民主協会、一九五八年）
植原悦二郎『八十路の憶出』（同回顧録刊行会、一九六三年）
小山完吾『小山完吾日記』（慶応通信、一九五五年）
緒方貞子『満州事変と政策の形成過程』（原書房、一九六六年。改題『満州事変――政策の形成過程』岩波現代文庫、二〇一一年）
松本清張「五・一五事件」（『昭和史発掘』第四巻、文藝春秋新社、一九六六年。新装版第三巻、文春文庫、二〇〇五年）
横溝光暉『昭和史片鱗』（経済往来社、一九七四年）
横溝光暉「五・一五、二・二六事件」（『語りつぐ昭和史――激動の半世紀』第二巻、朝日新聞社。一九七六年、『語りつぐ昭和史』第一巻、朝日文庫、一九九〇年）
犬養道子『花々と星々と』（増補版、中央公論社、一九七四年）
犬養道子『ある歴史の娘』（中央公論社、一九七七年）
山本四郎『政変――近代政治史の一側面』（塙新書、一九八二年）
粟屋憲太郎『昭和の政党』（小学館、一九八三年。岩波現代文庫、二〇〇七年）
時任英人『犬養毅――リベラリズムとナショナリズムの相剋』（論創社、一九九一年）
時任英人「犬養道子との関係に見る晩年の犬養木堂」（『倉敷芸術科学大学紀要』二〇号、二〇一五年）
増田知子『天皇制と国家――近代日本の立憲君主制』（青木書店、一九九九年）
犬養康彦『五・一五事件と私』（犬養木堂記念館、二〇〇三年）
小林惟司『犬養毅――党派に殉ぜず、国家に殉ず』（ミネルヴァ書房、二〇〇九年）
筒井清忠『昭和戦前期の政党政治――二大政党制はなぜ挫折したのか』（ちくま新書、二〇一二年）
井上寿一『政友会と民政党』（中公新書、二〇一二年）
小山俊樹『憲政常道と政党政治』（思文閣出版、二〇一二年）
小山俊樹「満州事変後の政局と政党政治の終焉」（筒井清忠編『昭和史講義2』ちくま新書、二〇一六年）
小山俊樹『評伝森恪』（ウェッジ、二〇一七年）
林新・堀川惠子『狼の義――新犬養木堂伝』（KADOKAWA、二〇一九年）

【第5章】

国立国会図書館憲政資料室蔵「山本孝治関係文書」「木内曽益関係文書」「匂坂春平関係文書」「橘孝三郎関係文書」「太田耐造関係文書」「財部彪関係文書」
防衛省防衛研究所蔵「海軍中将岩村清一日記」
「国家主義（農本主義）運動の状況」（『特高月報』内務省警保局保安課、各号）
「五・一五事件被告減刑運動の概要」（『特高警察関係資料集成』第一三巻、不二出版、一九九二年）
伊藤隆他編『海軍　加藤寛治日記』（みすず書房、一九九四年）
飯島直樹「小笠原長生日記　昭和八年」（『東京大学日本史学研究室紀要』二一号、二〇一七年）
『調査彙報号外――五・一五事件陸軍軍法会議公判記事』（陸軍

省、一九三三年）
『血で描いた五・一五事件の真相――陸海軍大公判と血盟団公判の解説』（関東朝日新聞社編、共同館、一九三三年）
『五・一五事件の人々と獄中の手記』（新潮社『日の出』、一九三三年一一月号別冊付録）
『五・一五事件陸海軍大公判記』（時事新報社、一九三三年）
『五・一五事件――陸海軍公判記録』九州日報編集局編（九州日報社、一九三三年）
『五・一五事件公判記録』（国民新聞社・新愛知新聞社、一九三三年）
『五・一五の全貌と解説』（東京日日新聞・大阪毎日新聞、一九三三年）
『五・一五事件海軍側弁護人林逸郎氏弁論要旨』（謄写版、〔一九三三年〕）
福本亀治「五・一五事件の公判に現はれた軍人と政治問題に就て」（『憲友』二七巻一一号、一九三三年一一月）
小笠原長生『晩年の東郷元帥』（改造社、一九三四年）
三武錠史『五ヶ年を顧みて』（国体擁護聯合会、一九三七年）
塚崎直義『弁護三十年』（岡倉書房、一九三七年）
桜井治八「五・一五事件　三上卓の法廷陳述」（『人物往来』一九六五年五月号）
雨宮昭一「血盟団事件」、田中時彦「五・一五事件」（『日本政治裁判史録』昭和・前、第一法規、一九七〇年）
野村実『歴史のなかの日本海軍』（原書房、一九八〇年）
池田清『海軍と日本』（中公新書、一九八一年）
杉本健『海軍の昭和史――提督と新聞記者』（文春文庫、一九八五年）
田中宏巳「昭和七年前後における東郷グループの活動（二）」（『防衛大学校紀要』五二号、一九八六年三月）
田中宏巳『東郷平八郎』（ちくま新書、一九九九年。吉川弘文館、二〇一三年）
佐藤国雄『東郷平八郎元帥の晩年』（朝日新聞社、一九九〇年）
北博昭「東京陸軍軍法会議検察官匂坂春平の虚実」（『日本歴史』五一六号、一九九一年五月号）
樋口秀実『日中関係史からみた日本海軍』（芙蓉書房出版、二〇〇二年）
山本政雄「旧陸海軍軍法会議法の意義と司法権の独立」（『戦史研究年報』一一号、二〇〇八年）
加藤陽子『昭和天皇と戦争の世紀』（講談社、二〇一一年。講談社学術文庫、二〇一八年）
平松良太「ロンドン海軍軍縮問題と日本海軍」（『法学論叢』一六九巻二・四・六号、二〇一一年）
手嶋泰伸『昭和戦前期の海軍と政治』（吉川弘文館、二〇一三年）
手嶋泰伸『日本海軍と政治』（講談社現代新書、二〇一五年）
太田久元『戦間期の日本海軍と統帥権』（吉川弘文館、二〇一七年）
萩原淳「昭和初期テロ事件の司法過程と軍部・社会」（『年報政治学』2018-Ⅰ、二〇一八年七月）
筒井清忠『時代劇映画の思想』（PHP新書、二〇〇〇年。ウェッジ文庫、二〇〇八年）
筒井清忠『陸軍士官学校事件』（中公選書、二〇一六年）
筒井清忠『戦前日本のポピュリズム』（中公新書、二〇一八年）
戸部良一「日本軍人政治化の論理と心理」（『帝京史学』三四号、二〇一九年）

【第6章】
『新勢力　三上卓追悼号』（新勢力社、一九七二年）
江面弘也「三上卓――語られなかった戦中戦後」（『中央公論』、

二〇〇五年六・七月号）
江面弘也『「青年日本の歌」をうたう者――五・一五事件、三上卓海軍中尉の生涯』（中央公論新社、二〇一二年）
花房東洋編『「青年日本の歌」と三上卓』（島津書房、二〇〇六年）
猪野健治『日本の右翼』（ちくま文庫、二〇〇五年）
猪野健治編『右翼・行動の論理』（ちくま文庫、二〇〇六年）
安田浩一『「右翼」の戦後史』（講談社現代新書、二〇一八年）
田中健之『昭和維新――日本改造をめざした草莽たちの軌跡』（学研プラス、二〇一六年）
細川護貞『天皇情報に達せず――細川日記』（上下巻、同光社磯部書房、一九五三年。改題『細川日記』上下巻、中公文庫、一九七九年）
岡義武『近衛文麿――「運命」の政治家』（岩波新書、一九七二年）
矢部貞治『矢部貞治日記』（銀杏の巻・紅葉の巻、読売新聞社、一九七四・七五年）
矢部貞治『近衛文麿』（読売新聞社、一九七六年）
筒井清忠『近衛文麿――教養主義的ポピュリストの悲劇』（岩波現代文庫、二〇〇九年）
古川隆久『近衛文麿』（吉川弘文館、二〇一五年）
今井清一・伊藤隆『現代史資料四四　国家総動員二　政治』（みすず書房、一九七四年）
赤木須留喜『近衛新体制と大政翼賛会』（岩波書店、一九八四年）
酒井三郎『昭和研究会――ある知識人集団の軌跡』（中公文庫、一九九二年）
伊藤隆「昭和一七〜二〇年の近衛――真崎グループ」（『年報・近代日本研究一　昭和期の軍部』近代日本研究会編、山川出版社、一九七九年）
伊藤隆『昭和十年代史断章』（東京大学出版会、一九八一年）
伊藤隆『近衛新体制――大政翼賛会への道』（中公新書、一九八三年。改題『大政翼賛会への道―近衛新体制』講談社学術文庫、二〇一五年）
伊藤隆『昭和期の政治』（山川出版社、一九八三年）
伊藤隆『昭和期の政治〔続〕』（山川出版社、一九九三年）
髙杉洋平「『近衛新体制』前夜の国策研究会と陸軍省軍務局」（『史学雑誌』一二六巻四号、二〇一七年四月）
髙杉洋平「『新体制』をめぐる攻防」（『年報政治学』2018―I、二〇一八年七月）
髙杉洋平「『新体制運動』と陸軍（一・二）」（『政治経済史学』六二七・六二八号、二〇一九年）
菅谷幸浩『昭和戦前期の政治と国家像』（木鐸社、二〇一九年）
松本重治『近衛時代――ジャーナリストの回想』（上下巻、中公新書、一九八六・八七年）
「日本クーデターの真相」（『日本週報』第五三六号、一九六二年一月一五日号）
高木惣吉『自伝的日本海軍始末記』（光人社、一九七一年）
高木惣吉『自伝的日本海軍始末記（続編）』（光人社、一九七九年）
高木惣吉『高木海軍少将覚え書』（毎日新聞社、一九七九年）
高木惣吉『高木惣吉日記』（毎日新聞社、一九八五年）
伊藤隆ほか編『高木惣吉　日記と情報』（下巻、みすず書房、二〇〇〇年）
「高木惣吉元少将の東条首相暗殺計画」（『週刊文春』一九七三年八月六日号）
山本有三「濁流」（『山本有三全集』第十二巻、新潮社、一九七七年）

田崎末松「東条首相暗殺未遂事件の全貌」（『歴史と人物』一九七九年八月号）
吉松安弘『東條英機暗殺の夏』（新潮文庫、一九八九年）
纐纈厚『日本海軍の終戦工作』（中公新書、一九九六年）
緒方竹虎『人間中野正剛』（鱒書房、一九五一年。中公文庫、一九八八年）
緒方竹虎伝記刊行会編『緒方竹虎』（朝日新聞社、一九六三年）
栗田直樹『緒方竹虎――情報組織の主宰者』（吉川弘文館、一九九六年）
栗田直樹『緒方竹虎』（吉川弘文館、二〇〇一年）
照沼康孝「国民義勇隊に関する一考察」（『年報・近代日本研究一　昭和期の軍部』山川出版社、一九七九年）
北博昭編『十五年戦争極秘資料集第二三集　国民義勇隊関係資料』（不二出版、一九九〇年）
中村武彦『私の昭和史――戦争と国家革新運動の回想』（昭和史研究所、二〇〇五年）
大須賀瑞夫編『田中清玄自伝』（文藝春秋、一九九三年。ちくま文庫、二〇〇八年）
大須賀瑞夫『評伝田中清玄』（勉誠出版、二〇一七年）
高木蒼梧『玄峰老師』（大法輪閣、二〇〇九年）
金子淳一『昭和激流　四元義隆の生涯』（新潮社、二〇〇九年）
田原総一朗『「戦後五十年の生き証人」が語る』（中央公論社、一九九六年）
鈴木貫太郎傳記編纂委員会編『鈴木貫太郎傳』（鈴木貫太郎傳記編纂委員会、一九六〇年）
迫水久常『機関銃下の首相官邸』（恒文社、一九六四年。ちくま学芸文庫、二〇一一年）
鈴木一「総理私邸の炎上」（『オール讀物』一九六五年一〇月号）
大木操『大木日記――終戦時の帝国議会』（朝日新聞社、一九六九年）
北原勝雄「八月十五日」（『敬天舎同人』第二号、一九八二年）
小山寛二「厚木航空隊叛乱の真相」（『日本週報』第三九四号、一九五七年一月一五日）
相良俊輔『あゝ厚木航空隊』（光人社、一九七一年。光人社NF文庫、一九九三年）
秦郁彦『八月十五日の空』（文藝春秋、一九七八年。文春文庫、一九九五年）
渡辺洋二『首都防衛三〇二空』（上下巻、朝日ソノラマ文庫、一九九五年）
福家崇洋「三無事件序説」（『社会科学』四六巻三号、二〇一六年一一月）
花房東洋編『三上卓証言――河野一郎建設相私邸焼き討ち事件「刑事訴訟記録」』（大夢館、二〇一三年）

◎主要図版出典一覧

国立国会図書館　一二、五五上中下、五七、六四、一二七、一四一、一六一頁。毎日新聞社　七二頁。共同通信　一八六、一九三、二一九頁

五・一五事件 関連年表

西暦（元号）	国家改造・昭和維新運動関連	国内外の動き
一九一九 大正八	8月 大川周明ら「猶存社」設立	1月 パリ講和会議開催　5月 五・四運動
一九二〇 九	12月 上海より北一輝帰国	3月頃～ 戦後恐慌
一九二一 一〇	9月 朝日平吾、安田善次郎を暗殺。10月 バーデンバーデン密約（永田鉄山・小畑敏四郎・岡村寧次）	11月 原敬首相暗殺　12月 四ヵ国条約締結
一九二二 一一	8月 藤井斉、佐賀中学より海軍兵学校に入学	2月 ワシントン海軍軍縮条約調印
一九二三 一二	5月 北一輝『日本改造法案大綱』出版	9月 関東大震災
一九二四 一三	4月 大川周明、行地会結成（翌年行地社）	6月 第一次加藤高明内閣（護憲三派）成立
一九二五 一四	7月 藤井斉、兵学校卒業。この頃、西田税・陸軍青年将校らとの交流始まる	1月 日ソ基本条約成立　3月 普通選挙法・治安維持法成立
一九二八 昭和三	3月 藤井斉、王師会を結成	6月 張作霖爆殺事件
一九二九 四	11月 藤井斉、霞ヶ浦海軍航空隊の飛行学生となる	7月 浜口雄幸内閣（与党立憲民政党）成立
一九三〇 五	この頃、藤井斉と井上日召・権藤成卿ら会う　4月 藤井斉、『憂国慨言』を頒布　11月 浜口首相狙撃事件　12月 藤井斉、大村海軍航空隊に赴任	1月 金輸出解禁　3月頃～ 昭和恐慌のきざし　4月 ロンドン海軍軍縮条約調印　10月 枢密院本会議、ロンドン海軍軍縮条約可決　同条約批准
一九三一 六	3月 陸軍クーデター計画中止（三月事件）　8月 郷詩会会合、陸軍・海軍・民間の維新勢力集う　9月 柳条湖事件、満州事変の勃発　10月 十月事件	2月 幣原喜重郎首相代理、衆議院予算総会で失言　4月 第二次若槻礼次郎内閣（与党立憲民政党）成立　12月 犬養毅内閣（与党立憲政友会）成立

一九三二	昭和七	1月 井上日召・古賀清志ら決起計画　2月 藤井斉戦死 小沼正、井上準之助元蔵相を射殺　3月 菱沼五郎、団琢磨三井合名理事長を射殺　井上日召出頭（血盟団事件）　5月 三上卓ら海軍青年将校・陸軍士官候補生ら、犬養毅首相を官邸で射殺、政友会本部・日本銀行・三菱銀行・警視庁など襲撃、愛郷塾生による農民決死隊が変電所を襲撃（五・一五事件）　7月 橘孝三郎、ハルビンで自首　9月 本間憲一郎逮捕。11月 頭山秀三逮捕	1月 上海で海軍陸戦隊が中国第19路軍と交戦（第一次上海事変）（5月停戦）　3月 満州国成立　5月 鈴木喜三郎政友会総裁に就任　斎藤実内閣（非政党内閣）成立　12月 森恪病没
一九三三	八	5月 五・一五事件の報道解禁、陸海法三省による事件概要発表　7月 天野辰夫らのクーデター計画が発覚（神兵隊事件）　五・一五事件陸海軍側公判開始　9月 海軍側論告求刑（最高刑死刑）、世論沸騰する　陸軍側判決（全員禁固四年）　民間側公判開始　11月 海軍側判決（最高刑禁固一五年）	1月 独ヒトラー内閣成立　3月 国際連盟脱退　5月 塘沽停戦協定
一九三四	九	2月 民間側判決（最高刑無期）　大川・本間・頭山のみ控訴　11月 民間三名控訴審判決　被告・検察ともに上告　血盟団事件判決（最高刑無期）	7月 岡田啓介内閣成立　12月 ワシントン海軍軍縮条約破棄通告
一九三五	一〇	8月 相沢三郎中佐、永田鉄山軍務局長を斬殺（永田事件）　10月 民間三名大審院判決（最高刑禁固五年）	2月 天皇機関説問題起きる
一九三六	一一	2月 陸軍青年将校、軍隊を率いて重臣殺害、永田町一帯を四日間占拠（二・二六事件）　7月 陸軍軍法会議、二・二六事件関係者一七名に死刑判決	1月 ロンドン海軍軍縮条約脱退　3月 広田弘毅内閣成立
一九三七	一二	2月 三上卓、三日間の禁固刑停止	7月 盧溝橋事件（日中戦争勃発）

五・一五事件 関連年表

一九三八	三三	7月 三上卓・古賀清志・黒岩勇仮釈放	4月 国家総動員法公布
一九三九	三四	3月 三上卓、宇都宮わかと結婚	9月 第二次世界大戦勃発
一九四〇	三五	8月 皇道翼賛青年連盟発足（委員長三上卓） 10月 大政翼賛会発足 井上日召仮釈放	7月 第二次近衛内閣成立 10月 日独伊三国軍事同盟調印
一九四一	三六	7月 井上日召、ひもろぎ塾開設	10月 東条英機内閣成立 12月 真珠湾攻撃、アジア・太平洋戦争開始
一九四二	三七	1月 大日本翼賛壮年団（翼壮）創設	6月 ミッドウェー海戦
一九四三	三八	10月 東方同志会他右派団体一斉検挙、中野正剛自決	11月 大東亜会議 12月 カイロ宣言
一九四四	三九	7月 海軍一部将官、東条首相暗殺計画（三上卓参加）	7月 小磯国昭内閣成立
一九四五	四〇	2月 三上卓、翼壮理事兼組織部長 8月 ポツダム宣言受諾、終戦の詔書が放送（玉音放送） 尊攘同志会一〇名自爆（愛宕山事件） 厚木海軍航空隊の反乱鎮静	4月 鈴木貫太郎内閣成立 8月 東久邇宮稔彦内閣成立 10月 幣原喜重郎内閣成立 GHQ、五大改革指令 12月 近衛文麿元首相自殺
一九四六	四一	1月 GHQ、公職追放指令	1月 天皇、人間宣言
一九四九	四四	8月 三上卓、海烈号事件で逮捕	7月 下山事件・三鷹事件
一九五〇	四五	3月 海烈号事件判決、重労五年・罰金三〇〇〇ドル	6月 朝鮮戦争勃発
一九五二	四七	4月 サンフランシスコ講和条約発効（三上卓は恩赦釈放）	7月 破壊活動防止法公布
一九五三	四八	4月 三上卓、参議院議員通常選挙に出馬落選 6月 水戸弘道館で救国懇談会開催	12月 奄美群島、日本返還
一九五四	四九	5月 救国国民総連合結成	4月 造船疑獄・犬養健法相指揮権発動して辞任
一九五七	五二	5月 五・一五事件関係招魂祭が靖国神社で行われる	2月 岸信介内閣成立
一九六一	五六	12月 三無事件、三上卓逮捕（同月不起訴釈放）	5月 韓国、軍事クーデター

一九六三	昭和三八	7月 野村秋介、河野一郎邸焼き討ち事件	11月 米ケネディ大統領暗殺
一九六七	四二	3月 井上日召死去	2月 初の「建国記念日」
一九七一	四六	5月 藤井斉の法要、佐賀宝海寺で行われる　10月 三上卓死去	6月 沖縄返還協定調印
一九七四	四九	3月 橘孝三郎死去	10月 立花隆（橘孝三郎が父親の従兄弟）「田中角栄研究―その金脈と人脈」を公表
一九七六	五一	5月 古賀不二人ら藤井斉の納骨を行う	7月 田中角栄元首相逮捕（ロッキード事件）

小山俊樹（こやま・としき）

1976（昭和51）年広島県生まれ．京都大学文学部（日本史学専攻）卒．京都大学大学院人間・環境学研究科博士後期課程修了．博士（人間・環境学）．帝京大学文学部史学科講師，准教授を経て，現在帝京大学文学部史学科教授．専攻・日本近現代史．

著書『憲政常道と政党政治——近代日本二大政党制の構想と挫折』（思文閣出版，2012年）
『評伝 森恪——日中対立の焦点』（ウェッジ，2017年）

共著『昭和史講義1～3』（ちくま新書，2015～17年）
『大学でまなぶ日本の歴史』（吉川弘文館，2016年）
『日本政治史の中のリーダーたち——明治維新から敗戦後の秩序変容まで』（京都大学学術出版会，2018年）他多数

五《ご》・一五《いちご》事件《じけん》
中公新書 *2587*

2020年4月25日初版
2020年5月20日再版

著　者　小山俊樹
発行者　松田陽三

本文印刷　暁印刷
カバー印刷　大熊整美堂
製　　本　小泉製本

発行所　中央公論新社
〒100-8152
東京都千代田区大手町1-7-1
電話　販売 03-5299-1730
　　　編集 03-5299-1830
URL http://www.chuko.co.jp/

Published by CHUOKORON-SHINSHA, INC.
Printed in Japan　ISBN978-4-12-102587-6 C1221

中公新書刊行のことば

いまからちょうど五世紀まえ、グーテンベルクが近代印刷術を発明したとき、書物の大量生産は潜在的可能性を獲得し、いまからちょうど一世紀まえ、世界のおもな文明国で義務教育制度が採用されたとき、書物の大量需要の潜在性が形成された。この二つの潜在性がはげしく現実化したのが現代である。

いまや、書物によって視野を拡大し、変りゆく世界に豊かに対応しようとする強い要求を私たちは抑えることができない。この要求にこたえる義務を、今日の書物は背負っている。だが、その義務は、たんに専門的知識の通俗化をはかることによって果たされるものでもなく、通俗的好奇心にうったえて、いたずらに発行部数の巨大さを誇ることによって果たされるものでもない。現代を真摯に生きようとする読者に、真に知るに価いする知識だけを選びだして提供すること、これが中公新書の最大の目標である。

私たちは、知識として錯覚しているものによってしばしば動かされ、裏切られる。私たちは、作為によってあたえられた知識のうえに生きることがあまりに多く、ゆるぎない事実を通して思索することがあまりにすくない。中公新書が、その一貫した特色として自らに課すものは、この事実のみの持つ無条件の説得力を発揮させることである。現代にあらたな意味を投げかけるべく待機している過去の歴史的事実もまた、中公新書によって数多く発掘されるであろう。

中公新書は、現代を自らの眼で見つめようとする、逞しい知的な読者の活力となることを欲している。

一九六二年一一月